河北省社会科学重要学术著作出版资助项目

毒气战

谢忠厚　谢丽丽

知识产权出版社
全国百佳图书出版单位
—北京—

图书在版编目（CIP）数据

毒气战／谢忠厚，谢丽丽著． —北京：知识产权出版社，2022.1
（日本侵略华北反人类罪行丛书）
ISBN 978-7-5130-7107-9

Ⅰ. ①毒… Ⅱ. ①谢… ②谢… Ⅲ. ①日本—侵华事件—化学战—研究 Ⅳ. ①K265.607

中国版本图书馆 CIP 数据核字（2020）第 146937 号

内容提要

本书依据档案与调查资料，考察日本侵略者向华北派驻的毒气部队，将华北作为毒气战的实验场，揭露其用抗日战俘和无辜平民演练毒气战的效力与方法，全面地使用毒气武器，大量杀害抗日军民的反人类罪行。

责任编辑：宋 云 刘 江	责任校对：王 岩
封面设计：北京麦莫瑞文化传播有限公司	责任印制：刘译文

日本侵略华北反人类罪行丛书·毒气战

谢忠厚 谢丽丽 著

出版发行：知识产权出版社 有限责任公司	网　　址：http://www.ipph.cn
社　　址：北京市海淀区气象路 50 号院	邮　　编：100081
责编电话：010-82000860 转 8388	责编邮箱：hnsongyun@163.com
发行电话：010-82000860 转 8101/8102	发行传真：010-82000893/82005070/82000270
印　　刷：三河市国英印务有限公司	经　　销：各大网上书店、新华书店及相关专业书店
开　　本：880mm×1230mm 1/32	印　　张：10.75
版　　次：2022 年 1 月第 1 版	印　　次：2022 年 1 月第 1 次印刷
字　　数：233 千字	定　　价：66.00 元
ISBN 978-7-5130-7107-9	

出版权专有　侵权必究
如有印装质量问题，本社负责调换。

学校，担负起对日军进行毒气战骨干力量的教育培训任务。短短数年，到1937年，日本即依靠其工业实力，完成化学毒剂和毒气武器的研究、化学毒剂和毒气武器的制造定式、毒气部队和毒气战的训练工作。全面侵华战争前夕，日本陆海各军均已做好了进行毒气战的各种准备。而直至此时，积贫积弱的中国尚不具有反击日本毒气战与细菌战的能力。

在这种情势之下，日本发动侵华战争，违背国际公约，实施了大规模的毒气战，华北地区成为日本侵华战争的毒气战及战败时遗弃毒气武器的重灾区之一。

1937年7月7日，日本帝国主义策动卢沟桥事变，发动全面侵华战争。7月28日，日军大举进攻北平、天津之际，日本空军就在河北省宛平县（今属北京市）卢沟桥投下了毒气炸弹。同一天，日本大本营参谋总长闲院宫载仁以临参命第65号命令，下达了在侵华日本陆军中设置毒气部队的命令。从此，拉开了日本全面侵华战争的毒气战序幕。

1937年9月，日本大本营派往华北地区参战的师团、旅团中，所配置的毒气部队，已有1个野战瓦斯队本部、2个迫击炮大队、3个乙种迫击炮中队、2个迫击炮小队、2个野战化学实验部和2个野战毒气工厂。到1938年11月10日，日本华北方面军得到补给的毒气弹药有九四式轻迫击炮特种发烟弹、四一式山炮特种发烟弹药筒、八九式催泪筒（甲、乙）、九四式山炮特种发烟弹药筒、特种发烟筒（甲、乙），共计21.5万发（个）；消耗的毒气弹药有九四式轻迫击炮特种发烟弹2556发，九四式山炮特种发烟弹药筒91发，八九式催泪筒甲447个、乙2141个，特种发烟筒甲14 271个，

前　言

　　读者朋友，在《细菌战》中，我们一起讨论了日本侵略华北实施细菌战的来龙去脉及其反人类罪行，在这本书里，我们将一起讨论日本侵略华北实施毒气战的来龙去脉及其反人类罪行。

　　什么是毒气战呢？军事科学家告诉我们，毒气（化学）战，是指将各种毒气武器用于战争的行为，而毒气武器，是指利用各种化学毒剂对人类和其他生物进行大规模杀伤的武器。在第一次世界大战中，毒气武器曾给人类带来很大的灾难。因此，禁止在战争中使用毒气武器，早已成为1925年日内瓦国际公约的基本原则。

　　众所周知，在第二次世界大战期间，日本是唯一在中国战场上同时使用了细菌武器和毒气武器的国家。那么，日本为什么如此胆大妄为呢？

　　这是因为，日本从第一次世界大战中看到了毒气武器具有的特殊杀伤效果，认为这是在"未来的战争中取胜的秘诀之一"，因此，快速走上了准备毒气战的道路。日本政府于1918年4月成立"临时毒气调查委员会"，1919年8月成立陆军科学研究所，开始研究各种化学毒剂及毒气武器，后来组建为研究和制造毒气武器的专门机构——陆军第六技术研究所；1927年在大久野岛建立生产化学毒剂及制造毒气武器的陆军兵工厂——忠海兵器制造所；1933年建立陆军习志野

前言

共计消耗毒气武器 19 506 发（个）。❶

据不完全统计，这一时期，日军在华北战场实施毒气战达 170 余次。如山西省曲沃作战，日军第 20 师团于 1938 年 7 月 4～7 日，向中国第二战区部队进攻，日军共发射毒气弹 2197 发，施放毒气筒 12 600 个，致使中国守军中毒甚多，被迫撤离阵地（据晋察冀军区第一军分区部队在大龙华战斗中所缴获日军绝密文件，其中《日中事变中发烟攻击战例》记载）。❷ 又如自 1938 年 9 月 20 日至 11 月 7 日，日本华北方面军 5 万余人，第一次围攻晋察冀根据地，在五台、阜平地区，使用毒气作战 13 次以上，发射毒气炮弹数百发，仅在阜平、定襄方向即使用各种毒气筒达 3236 个（据晋察冀军区第一军分区在大龙华战斗中缴获日军绝密文件记载），晋察冀军区部队中毒者有第 1 团大部、第 3 团 1 个营、第 717 团 4 个连。

1939～1940 年，日本华北方面军在作战中加强了毒气攻击作战，由主要使用催泪性、喷嚏性等刺激性毒气，扩大为全面使用包括糜烂性、窒息性等各种毒气，还在军、师团、联队中组建了各种临时毒气队，将毒气武器大量配备给步兵大队、中队、小队乃至战士。据不完全统计，两年间，日军在华北地区使用毒气武器达 400 余次。如震惊中外的百团大战，自 1940 年 8 月 20 日开始交通破袭战，至翌年 1 月 24 日

---

❶ 步平：《化学战》，黑龙江人民出版社 1997 年版，第 159 页。

❷ 步平、高晓燕：《阳光下的罪恶——侵华日军毒气战实录》，黑龙江人民出版社 1999 年版，第 144 页。纪道庄、李录：《侵华日军的毒气战》，北京出版社 1995 年版，第 81 页。

反"扫荡"结束，日军使用毒气武器达 20 次以上，致使八路军官兵上万人中毒伤亡，其中旅级干部中毒者有陈赓、周希汉、陈锡联、范子侠、谢富治、尹先炳等 8 人。

1941~1942 年，中国抗日战争处于最困难时期，日军华北方面军进入了更加残酷的实施毒气攻击的作战阶段，由主要针对部队转变为主要针对平民，由间隔使用为主转变为经常使用为主，由较小规模使用为主转变为大规模使用为主。据不完全统计，全面抗战前三年，日军在华北使用毒气作战 570 次以上，八路军中毒官兵 10 475 名。❶ 而 1941~1942 年，日军在华北地区进行毒气作战 280 余次，仅第 129 师在抗战第四周年即有官兵中毒者 4390 人，比前三年官兵中毒总数还多 532 人。❷

由于中国战局与世界战局的变化，1943~1944 年，日本华北方面军使用毒气武器每年减少为 40 余次，1945 年更减少为 10 余次。但为挽救其命运，1944 年 1 月 29 日，日军参谋总长杉山元以大陆指 1822 号命令，下达了"化学战准备要纲"。因此，日军使用毒气武器，虽转入低潮，但表现出更加依赖毒气武器以负隅顽抗的特点。1945 年 8 月 15 日，日本宣布无条件投降，9 月 2 日签署投降书。但是，8 月 23 日，八路军晋绥军区第 120 师第 17 团进攻汾阳城，日军第 114 师团第 201 大队为阻止八路军攻城，向地道内连续施放毒气，致使八路军官兵 67 人全部中毒殉国。10 月 4 日，八

---

❶ 《解放日报》1944 年 7 月 22 日。
❷ 刘伯承、邓小平："关于一二九师抗战四周年的战斗收获损耗统计的报告"，1941 年 6 月 26 日，原件存中央档案馆，档案号 267-2。

前言

路军冀中军区部队对石家庄外围日军据点藁城发动攻击,5日拂晓,日军施放毒气,掩护其反扑,至7日上午,才解放藁城。

抗日战争期间,日军在华北使用毒气武器作战达千余次之多,仅据90次已查明其毒气武器种类、数量者,日军就使用催泪性、喷嚏性毒气筒12 921个,毒气弹1384发以上,窒息性毒气弹(毒气筒)103发(个)以上,糜烂性毒气弹1037发及液体630公斤,未记录种类的毒气弹4292发,毒气筒21 989个;仅据132次已查明的致使中国军队中毒伤亡达4.4万人以上。

在华北地区,日军使用毒气武器的一个突出特点是故意毒杀大量和平居民。日军从师团到联队、大队、中队,乃至小队,不论步兵、炮兵,不仅使用抗日战俘做"活体"实验,还广泛且大量地把和平居民作为毒气战训练的"活靶"。据日军战俘加藤喜久夫、木村初雄、清水永吉、村山隼人等19人的供词,1940年9月至1944年7月,仅在河北、山西、山东、河南,他们在亲自参与的瓦斯教育训练中,就将和平居民当作"活靶"进行训练达18次之多。日军不论在其占领区、抗日根据地,还是在游击区,为摧毁中国人民的抗日意志,总是以各种借口和卑劣手段,驱集和平民众,使用毒气进行集体审讯和毒杀。日军对华北各抗日根据地进行"扫荡"、"蚕食"、封锁、"围剿"时,特意向老百姓藏身的山洞、地道、地窖、矿坑中施放毒气,制造了多起骇人听闻的毒杀惨案。日军还经常在抗日根据地及边缘地区,在村口、房屋、河流、水池、水井中投放大量毒质,使群众随时都会遭受毒伤、毒杀,甚至把各种毒质放在粮食、食盐等食品中

毒气战

和毛巾、牙刷等用品上，以致群众吃了、用了就会中毒。日军甚至随意向无辜平民投放毒气弹而取乐。至1945年日本投降，日军在华北地区对无辜平民使用毒气武器，仅110次不完全统计，即造成华北平民中毒伤亡超过1.7万人以上。

侵华日军在华北的毒气战持续八年，战争结束时又将大量毒气武器隐藏遗弃在华北各地。华北地区是日本军队遗弃毒气武器最多的地区之一，分布地域广、种类多、数量大、贻害严重。据已发现的情况，日军遗弃的化学毒气弹和毒剂，分布于山西、河北、河南、内蒙古等地，约有毒气弹上万发，毒剂数百公斤。1959年9月2日，山西省太原市化学材料厂进行施工时，发现日军当年埋藏在地下的毒气炮弹，因炮弹严重锈蚀导致内部毒剂泄漏，造成作业人员80多人中毒。在此前后，山西省为集中力量搜寻和处理日本军队遗弃的化学毒气弹和毒剂，在几个地区分别组织了数十人、数百人的专门作业队伍，用了近半年的时间，耗费了大量的人力、物力和财力。1991年5月21日，河北省石家庄市附近的藁城中学在建宿舍楼挖地基时，当挖到1米多深的时候，突然发现表面已经生锈的52发炮弹。当时，作业人员闻到一股怪味，有的炮弹因锈蚀严重，弹头与弹身已分离，其中一枚炮弹上面还注有"大阪"两字。现场作业人员和公安人员用手把炮弹搬运到距工地150余米的仓库里去，经总参防化专家化验确认为"光气弹"。从挖掘、搬运、储藏到运走的一个月中共有90多人直接接触"光气弹"，因其中一枚"光气弹"毒气溢漏，90多人均有中毒症状，6人症状较重。另有6个教室与储存"光气弹"的房子相距20多米，300多名学生出现不同程度的中毒症状。这所中学2000余名师生顿时一片惊慌，不得不停工、停课。经调查，日本在侵华战争期间曾在藁城中学设置军队训练所。2003年3月上旬，在河南省淮阳县城开挖万亩龙湖的施工现场，淮阳县郑集乡民工在县城西平信桥北50米处的施工地域，发现有股白烟在不停地冒出，并有强烈的辣眼刺鼻的气味。淮阳县人民武装部有关人员指导民工挖出202枚炮弹。经河南省军区及有关专家和国际组织及有关专家鉴定确认，此为日本侵华战争期间日本军队遗弃的常规炮弹和毒气炮弹，其中有毒气炮弹72枚，为5个种类的化学毒气武器。经调查检验，日本军队曾在淮阳盘踞6年11个月零9天，除烧杀奸淫抢掠外，还在周围地区投下了大量的炸弹和毒气弹，投降时又隐蔽遗弃了各种化学毒气武器。

　　日本侵华战争给中国人民造成人类历史上未从有过的劫难。但是，由于日本把细菌战和毒气战列为绝对机密，战败时又下令销毁一切罪证，加之战后美国的庇护，使日本细菌战犯和毒气战犯逃脱了远东国际军事法庭的审判，原本搜集并准备作为追究日本毒气（化学）战罪责的证据被转移到美国国家档案馆保存。战后半个多世纪，几乎没有人注意到日本的毒气（化学）战问题，那些被遗弃的化学武器大都早已锈蚀、渗透，但仍继续严重地危害着中国人民的生命、财产安全。

　　直到20世纪80年代中期，人们才逐步了解日本毒气（化学）战的档案材料，并将之陆续公布于世。1989年中央档案馆等单位出版《细菌战与毒气战》一书，1991年中国抗日战争史学会在沈阳召开纪念九一八事变60周年国际学术会议，以此为契机，研究揭露日本军队进行毒气战的罪行,追索"损失赔偿",成为一个历史与现实的重要热点问题。中国抗日战争史学会、中国人民抗日战争纪念馆编写的《侵华日军的毒气战》,纪学仁主编的《日本侵华战争的化学战》,步平主编的《化学战》及步平、高晓燕著的《阳光下的罪恶——侵华日军毒气战实录》,这样一批专著及极有分量的论文的先后发表,使人们对于日本军队在中国进行的那场罪恶的毒气战的全貌有了一个较为清晰的认识。

1992年11月30日,第47届联合国大会通过《关于禁止发展、生产、储存和使用化学武器及销毁此种武器的公约》,其中第一条第三款规定:"每一缔约国承诺按照本公约的规定销毁其遗留在另一缔约国领土上的所有化学武器。"中、日两国是该国际公约的签字国,并已正式签署有关备忘录,日本政府承诺2007年前销毁其遗弃在中国领土上的所有化学武器。现在已经超过十多年了!

日本法庭在审理中国毒气战受害人诉讼案时,虽然不得不承认毒气战事实,但自相矛盾地拒绝赔偿,宣判中国诉讼团败诉。2003年8月4日、2004年6月23日,在黑龙江省齐齐哈尔市发生两起日本遗弃毒气弹中毒事件,把妥善解决毒气武器包括道歉、赔偿问题紧迫地提到了世人面前。中国人民理所当然地表示强烈愤慨,强烈要求日本政府妥善处理毒气战及遗弃毒气武器,正式道歉和赔偿。日本政府能否兑现其承诺,妥善解决这一历史遗留问题,中国人民和世界一切正义人士正拭目以待!

毒气战问题,是一个历史问题,又是一个影响中日关系走向的现实敏感问题。正视历史,以史为鉴,才能更好地面向未来,防止历史悲剧的重演,使中日及亚洲各国向着和平

前 言

与发展的友好合作关系稳定、持久地前进。而维护历史真相,又是不可或缺的前提。

如何维护历史真相?如何维护人类正义?如何讨回历史公道?如何发展中日友好合作关系?基于此目的,我们用了多年时间,搜集档案等资料并进行调查研究,编写了《日本侵略华北反人类罪行丛书》之《毒气战》,把日军在华北地区进行毒气战的罪恶事实告诉读者朋友们,希望通过你们告诉世界上一切尚不明真相的善良的人们,特别是希望青年朋友能从中有所获益。

| 目 录 |

第一章　日本派驻华北的毒气部队 …… 1
　第一节　日本派驻华北的毒气部队有多少 …… 1
　第二节　在华北毒气部队的编制与训练 …… 11
　第三节　保密措施如此严格 …… 22

第二章　在华北的毒气战实验与推广 …… 27
　第一节　战斗、战役中的毒气实验 …… 27
　第二节　用抗日战俘做毒气实验 …… 50
　第三节　用平民做毒气实验 …… 58

第三章　在华北全面实施毒气战 …… 67
　第一节　毒气战提升到新阶段 …… 67
　第二节　在百团大战中大量使用各种毒气 …… 85
　第三节　在华北储备和使用了多少毒气武器 …… 102

第四章　在华北疯狂实施毒气战 …… 107
　第一节　中条山战役疯狂毒攻 …… 107
　第二节　对平原抗日根据地的毒气战 …… 114
　第三节　对山区抗日根据地的毒气战 …… 125
　第四节　在华北各地大量使用糜烂性毒气 …… 134
　第五节　毒气武器不能挽救日军灭亡 …… 140
　第六节　日军在华北战场使用了多少毒气武器 …… 149

第七节　日军的毒气战残杀了多少华北抗日军人 …… 170
第五章　日军使用毒气武器残害华北民众
　　　　　……………………………………………… 193
　　第一节　毒杀华北民众六大惨案 ……………… 193
　　第二节　以各种方法用毒气残害民众 ………… 269
第六章　毒气武器仍遗患华北人民 ………………… 302
　　第一节　毒气战遗害是日本侵华战争的遗留问题 …… 302
　　第二节　遗弃毒气武器还在危害华北人民 …… 312
参考文献 ………………………………………………… 325
后　记 …………………………………………………… 327

第一章 日本派驻华北的毒气部队

第一节 日本派驻华北的毒气部队有多少

一、连发六道毒气战命令

日本侵华战争期间,日本大本营给日本华北方面军下达了多少毒气战命令?目前还不可能作出精确的统计,据现有资料不完全统计,日本大本营先后下达毒气战命令至少15次,其中近半数是下达给日本华北方面军的。❶

之一:临命第421号 1937年(昭和十二年)7月28日

日军参谋总长闲院宫载仁亲王,根据临参命第64号及第65号,特作如下指示:

命令中国驻屯军司令官香月清司,行使武力之场合,以下述原则为依据:1.军队作战区域(航空兵除外)一律以保定独流镇一线以北;2.可根据情况使用催泪筒。

——《大本营陆军部(大陆命)(大陆指)总成集》第2卷第139~144页

之二:大陆指110号 1938年(昭和十三年)4月11日

日军参谋总长闲院宫载仁亲王根据大陆命第39号及第

---

❶ 步平:《化学战》,黑龙江省人民出版社1997年版,第104-114页。

75号，指示如下：

命令华北方面军司令官伯爵寺内寿一、驻蒙兵团司令官莲沼蕃：

一、在下述情况下可使用赤筒及轻迫击炮用赤弹：1. 使用目的，在对盘踞在山区的敌匪进行扫荡战时；2. 使用地域，山西省及与之毗邻的山区；3. 使用方法，尽量与烟幕混用，严格隐匿使用毒气事实，注意不得残留痕迹。

二、赤筒与赤弹的交付见附件。

——《大本营陆军部（大陆命）（大陆指）总成集》第2卷第188页

之三：**大陆命**119号 1938年（昭和十三年）6月18日

日军参谋总长闲院宫载仁亲王奉旨传宣华北方面军司令官寺内寿一、华中派遣军司令官畑俊六：今后可使用赤筒及赤弹。

——《大本营陆军部（大陆命）（大陆指）总成集》第2卷第67页

之四：**大陆命**241号 1938年（昭和十三年）12月2日

日军参谋总长闲院宫载仁亲王奉旨传宣华北方面军司令官杉山元、华中派遣军司令官畑俊六、第21军司令官安藤利吉：在华各军可使用特种烟（赤筒、赤弹、绿筒），但在使用时避开市街及第三国人居住区，与烟混用，严格隐匿使用毒气的事实，注意不遗留痕迹，要进一步训练、提高使用特种烟部队的能力。

——《大本营陆军部（大陆命）（大陆指）总成集》第3卷第151～152页

之五：**大陆命**241号 1938年（昭和十三年）12月2日

第一章 日本派驻华北的毒气部队

日军参谋总长闲院宫载仁亲王奉旨传宣华北方面军司令官杉山元、华中派遣军司令官畑俊六、第21军司令官安藤利吉：华北方面军司令官应在占领区作战时研究黄剂及特种资材在作战时的价值。

——《大本营陆军部（大陆命）（大陆指）总成集》第3卷第151~152页

之六：大陆指452号 1939年（昭和十四年）5月13日

日军参谋总长闲院宫载仁亲王根据大陆命241号，命令华北方面军司令官杉山元：

一、华北方面军在现占领区域内作战时可使用黄剂等特种资材以研究其作战上之价值。

二、上述研究应在下列情况下进行：

1. 必须注意严格隐匿事实，特别注意决定不得伤及第三国人，并对其严格保密；

2. 尽量减少对中国军队以外的普通中国人的伤害；

3. 可在山西境内偏僻地区使用以便于掩盖，尽量在局部地区进行实验研究以达到目的；

4. 可使用飞机播撒毒剂。

——《大本营陆军部（大陆命）（大陆指）总成集》第4卷第145页

看到上面六道使用毒气武器的命令，你可能会首先想到一个问题，这里的"临命""临参命""大陆命"与"大陆指"是怎么一回事呢？这到底是谁发布的命令呢？

这里的"临参命""大陆命"等，都是战时日军大本营即最高统帅部向陆海军发布命令时使用的术语。日本侵华战争时期，日军大本营即日军最高统帅部是1937年11月17

日成立的，由日本天皇和陆军、海军首脑组成。自七七事变至1937年11月17日，日军大本营即最高统帅部尚未组成以前，由日军总参谋长奉命传宣的"大命"，称"临命""临参命"；在日军大本营即最高统帅部组成以后，由日军参谋总长奉命传宣大本营命令，称"大命"，传宣陆军部的命令称"大陆命"，传宣海军部的命令称"大海命"。而向陆海军发布大本营之"大命"，向陆军发布"大陆命"，向海军发布"大海命"，其最高权力属于陆海军大元帅日本天皇。日军大本营即最高统帅部向部队发布命令的程序，如向陆军发布命令的程序是：先由大本营陆军作战部起草命令稿，再由参谋总长上奏天皇，同时提交此命令理由之"御说明"，天皇准奏颁发后的"大陆命"，无须参谋总长及其他大臣副署，即由参谋总长奉旨宣颁；而参谋总长根据"大陆命"向部队发出更为具体的大本营陆军指令，则称"大陆指"，"大陆指"也必须经过天皇的批准才能发布。这就表明，上面六道使用毒品武器的命令，都是由日军大本营即最高统帅部陆海军大元帅日本天皇批准颁发的。

　　读了上面六道使用毒气武器的命令，你也可能注意到了日军参谋总长闲院宫载仁亲王首次颁布"临命"第421号，命令中国驻屯军司令官香月清司，在保定独流镇一线以北行使武力"可根据情况使用催泪筒"，其时间节点是1937年7月28日。这个时间节点有什么样的意义呢？

　　要了解这个时间节点的意义，就要同时考察以下两点。

　　第一，日军参谋总长闲院宫载仁在颁发"临命"第421号的前一天，即7月27日，颁发了"临参命"第65号，命令中国驻屯军司令官香月清司"可以适当时机使用催泪筒"，

第一章 日本派驻华北的毒气部队

并向华北地区派遣两个毒气战迫击大队和一个野战毒气实验部,将迫击第3大队配属第8师团,迫击第5大队配属第14师团,第1野战实验部配属第1师团。也就是说,日本天皇批准中国驻屯军使用毒气武器催泪筒的命令,是与批准中国驻屯军配置毒气战部队的命令同时下达的。

第二,7月27日,即日军发动卢沟桥事变后20天,7月28日,日军大举进攻南苑,日军飞机在卢沟桥投下了毒气炸弹。7月29~30日,日军占领北平、天津。也就是说,日军进攻平津地区之时,就使用了毒气武器。

这两个事实表明,日本侵华战争在一开始就使用了毒气(化学)武器,同时是一场毒气(化学)战,而日军使用毒气(化学)武器,是首先从华北地区开始的。在下面的两节里,我们将具体地讨论日军大本营派驻华北地区的毒气部队。

仔细阅读上面六道使用毒气武器的命令,你还会很清楚地注意到以下三个特点。一是这些命令发布的密度很大。在战争爆发后的22个月中,仅日军大本营就颁发了六道使用毒气武器的命令,其中1938年这一年就颁发了四次使用毒气武器的命令。二是使用毒气武器的力度越来越大,地区不断扩大,种类不断增多,杀伤性不断增强。1938年4月,毒气武器使用范围由平津地区扩大到华北的山区地带,由催泪筒扩大到赤筒与迫击炮用赤弹;同年12月,使用毒气武器的地区扩大到在华各军,只是"避开市街及第三国人居住区",种类扩大为赤筒、赤弹、绿筒,特别指令华北方面军司令官应"在占领区作战时研究黄剂及特种资材在作战时的价值";1939年5月,更进而指令华北方面军司令官"在现占领区域内作战时可使用黄剂等特种资材以研究其作战上之价值",由在占领区内"研究黄剂及特种资材"变更为在占领区内"使用黄剂等特种资材以研究其在作战上之价值"。三是反复强调严格保密。使用方法,尽量与烟幕混用,注意不得残留痕迹;在使用时避开市街及第三国人居住区,严格隐匿使用毒气的事实;可在山西境内偏僻地区使用以便于掩盖,尽量在局部地区进行实验研究以达到目的;可使用飞机播撒毒剂。这些特点表明,华北是日军使用毒气武器的重点地区和实验地区,使用和实验了催泪性、喷嚏性、窒息性、糜烂性等各种毒气武器,而冀西与山西的山区地带则是重点区中的重点。

二、日本天皇批准的毒气战部署

前面已经谈到,1937年7月7日,日本帝国主义发动全面侵华战争。11日,日本政府发表《关于向华北派兵的政府声明》。28日,日本空军在河北省宛平县(今属北京市)卢沟桥投掷了毒气炸弹。同一天,日本参谋总长闲院宫载仁以临参命第65号命令,下达了在侵华日本陆军中设置毒气部队的命令。从此,拉开了日本全面侵华战争的毒气战序幕。

根据日本天皇的命令,在临参命第65号命令中,派往华北的部队有第5、第6、第10师团,同时包括迫击第3大队、迫击第5大队和第1野战化学实验部等毒气部队。❶ 7月28日,又以临参命第421号命令,指令中国驻屯军在平津地区"扫荡"时,可以"根据情况使用催泪性毒气筒"。8

---

❶ [日]粟屋宪太郎、吉见义明:"毒气作战的真相",载《世界》1985年第9号,第79页。

月31日，根据临参命第82号命令，下达了华北方面军战斗序列，同时决定再次向华北增派毒气部队，包括第4、第7野战毒气工厂，第13迫击中队（乙）和第6、第8迫击小队。至此，侵华日军在华北战场完成了实施战略展开的部署，同时也完成了实施毒气战的作战、实验及后勤保障的部署。

此后，日军大本营不断向华北增派部队，包括各种毒气部队。据统计，到1937年9月，日军大本营派往华北地区参战的毒气部队，已有1个野战瓦斯队本部、2个迫击大队、3个乙种迫击中队、3个迫击小队、2个野战化学实验部和2个野战毒气工厂。

其基本情况，大致如下。

迫击第3大队，又称冲字第5533部队。由第8师团秋田步兵第17联队于1937年7月27日奉命改编而成，8月31日起配属日本华北派遣军第1军。随即由第1军配属第一线师团之第8师团，于9月参加千军台附近战斗、永定河附近战斗、保定战斗、石家庄附近战斗；10月参加娘子关附近战斗；11月参加进攻太原战斗及太原附近的"扫荡"。1938年2月，参加山西灵石附近战斗及黄河追击战；3月，参加吉县附近"扫荡"；4月，参加山西南部作战；5月，配属第20师团作战。1938年9月起，又先后配属第13师团、第5师团，投入进攻华中、华南地区的作战。1940年4月起，改隶第11军、第25军。1942年2月转隶第14军，离开中国赴东南亚作战。

迫击第5大队，又称海字第3503部队。由第14师团步兵第50联队于1937年7月27日改编而成，配属华北派遣军第1军第14师团。9月，进攻永定河、涿州附近及保定；

毒气战

10月，进攻石家庄；12月，进攻太原。1938年2月，进攻潞安、泽州、沁县、曲沃；4月，参加黄河渡河作战；5月，切断陇海线作战；6月，进攻兰封作战；8月，参加临汾附近作战后，配属华北派遣军第2军，参加晋东南作战；10月，参加河口镇附近作战；11月，参加开封附近作战。1939年2月，进攻南昌；5月，参加襄东作战。1940年1月，参加高平作战；4月，参加晋南作战；8月，参加晋中作战。1941年2月，参加陵川作战；3月，参加中原作战；9月，警备高平；11月，改隶第25军，赴东南亚作战。

日本陆军派到华北的第13、第5、第6三个乙种野战迫击中队和第6、第7、第8三个野战迫击小队，于1937年8月和9月分别由第2、第7师团某部编组而成，第13乙种野战迫击中队和第6、第7、第8野战迫击小队配属华北方面军第7师团，第5、第6乙种野战迫击中队配属华北方面军第2师团。后来，在完成其战斗任务后，于1939年7月和1940年8月，分别复员回日本国内。

据《陆军习志野学校校史》的分析，"在事变发生之际，有情报说中国的军队装备很难对付，所以紧急建立了这样的部队。但根据占领后的调查，判定并没有受化学武器攻击的危险。于是野战毒气实验部和野战毒气厂等不久就奉命调回内地复员了。……但与此相反，迫击队获得了极高的评价。它携带榴弹活跃在中国战场从事野战，特别在南方是极其重要的战斗力，所以编成的迫击队一直到战争结束"[1]。

---

[1] 步平等：《日本侵华战争时期的化学战》，社会科学文献出版社2004年版，第202页。

三、日军化学实验部的报告

那么,日军的野战化学实验部来到华北战场上,都干了些什么呢?

根据日军大本营的指令,派往华北的野战化学实验部以研究华北战区有关毒气武器的生产、实验和毒气作战及搜集中国军队的毒气战情报为目标,包括军医、兽医、药剂官等,它装备有各种实验用具和车辆。

第一野战化学实验部曾广泛搜集中国军队防护情况的情报,自1937年9月21日起,不断向陆军省提出调查"要报",在"要报"中称:

> 估计中国军队能够制造芥子气、催泪剂氯气等各种毒气,筹建拥有各种化学武器和实施抗撒毒、放射、防毒任务的化学部队,不过其使用毒气的能力相当小。
>
> 中国军队四种防毒面具(二二式、二四式、二六式及意大利制)都是直接联结式。为了弥补防毒面具之不足,在大学等处紧急制造了一批,其性能更差。而即使如此,防毒面具仍未在中国全军普及,只有军官才能配发。❶

由此,第一野战化学实验部得出结论:

> 中国军队几乎没有防毒服、消防粉,几乎没有防护糜烂

---

❶ 步平等:《日本侵华战争时期的化学战》,社会科学文献出版社2004年版,第210页。

性毒剂的能力,在野战防守时也几乎见不到防护毒气的设施。

因中国军队防护毒气的能力极差,故对敌人用毒极为害怕,因此,对其实施赤剂、黄剂的进攻极为有效。

第一野战化学实验部还鉴于上述情况,推测并提出了使用各种赤弹的标准:1分钟内对1公顷面积施放赤弹的枚数,迫击炮为50发,野山炮为50发,10厘米榴弹炮为25发,15厘米榴弹炮为12发,如果有风,弹数可考虑适当增加。❶

第三野战化学实验部,1938年2月向陆军省提出两个调查报告,一份是对中国军队当时穿的棉军衣的防毒能力的报告,另一份是对中国军队的毒气战能力的报告,得出如下基本结论:

中国军队化学战能力尚十分低劣,无有效的毒气攻击能力,且防护能力亦极不充分,故对其实施各种毒气攻击均可获巨大之效果。

中国军队高层对于化学战相当关心,所以其中央直属部队可望在近年有所进展,但中国军队整体的化学战能力的提高尚需时日。

根据中国军队的防护能力,对其实施少量的赤剂的攻击即可充分达到强袭之目的;亦可使用难以防护的糜烂性毒气

---

❶ 步平等:《日本侵华战争时期的化学战》,社会科学文献出版社2004年版,第210页。

或其他毒气，同样可以达到急袭之目的，而且效果显著。❶

上述第一、第三野战化学实验部关于中国军队毒气战及防护能力的调查评估报告，为日军大本营作出在华北及整个中国战场实施毒气战的决策提供了重要的依据。他们在华北完成其实验调查任务后，于1938年2月被调回日本国内。

第二节 在华北毒气部队的编制与训练

一、编制与装备

日本毒气部队的编制繁多，配制比较灵活。在日本华北方面军中，首先派遣配属了使用毒气武器的专门部队，设有野战毒气队本部、化学部和野战化学实验部。

日本华北方面军的毒气部队，各种迫击队——迫击大队、迫击中队、迫击小队是毒气战的主力。以迫击大队和迫击中队为基础，组成迫击联队。作战时，以迫击大队、迫击中队、迫击小队为单位，配属给军或师团、旅团及其以下部队。

迫击大队一般配属主要作战方向的第一线部队，用毒气弹来杀伤、压制、扰乱敌方部队，以支援步兵进攻或反冲击，还以毒剂封锁隘路或不准备占领地区。迫击大队设有大队本部、3个迫击中队（每1个迫击中队，又设3个迫击小

---

❶ 步平等：《日本侵华战争时期的化学战》，社会科学文献出版社2004年版，第212-215页。

队）和后勤分队，装备迫击炮 36 门（每中队 12 门，每小队 4 门），毒气炮弹 3600 发（每中队 1200 发，每小队 400 发），人员 963 名，马匹 429 头。❶ 迫击大队进行强度压制射击（使无防护或防护不良的中国部队不能战斗）时，每 4 公顷（200 米×200 米）地区，耗弹 400 发，150 秒射击完毕；进行压制射击（使防护缺乏或防护不良的中国部队半数不能战斗）时，每 4 公顷地区，耗弹 200 发，80 秒射击完毕；进行妨害射击时，每 4 公顷地区，耗弹 80 发，30 秒射击完毕。一个迫击大队，一般可进行压制或造成 12 公顷地区染毒，最大可进行压制或造成 36 公顷地区染毒。❷

野战毒气中队有多种编制形式，主要分甲、乙两种，主要任务是实施大面积布毒，以杀伤、迟滞敌方部队行动；或实施大面积消毒，以保障日军行动。甲种野战毒气中队，是以撒毒车为主要布毒及消毒武器的部队。编制为人员 157 名，下有 3 个小队（为战斗部队，每个小队有 4 个分队），5 个分队（为后勤部队）。主要装备有九四式撒毒及消毒车 10 辆，探测器 3 个，检测器 24 个，九五式消毒箱 30～45 个，手动毒气撒布器 18 个。乙种野战毒气中队，是以手动撒毒器为主要布毒武器的部队。编制为人员 185～391 名。主要装备有手动毒气撒布器 100 个，九五式消毒箱 30 个，探测器 3 个，检测器 24 个。野战毒气小队，主要装备有探测器

---

❶ 步平：《化学战》，黑龙江人民出版社 1997 年版，第 121－122 页。

❷ 中央档案馆、中国第二历史档案馆、吉林省社会科学院：《细菌战与毒气战》，中华书局 1989 年版，第 407－409 页。

第一章 日本派驻华北的毒气部队

3个，检测器30个，九五式消毒箱数百个。❶

在日军大本营确知中国军队不具有毒气战防护能力的情况下，在将3个野战毒气中队（乙）、2个野战毒气小队及第1、第3化学实验部调回日本国内，将迫击第3、第5两个毒气大队调往中国南方作战之后，日军在华北地区的毒气战，不仅没有削弱，反而更加普遍，更加残酷，更加肆无忌惮了。

为了适应作战需要，日本陆军各师团、旅团及联队编组了各种临时形式的毒气部队。据中国官方调查资料显示，这种临时编组的毒气部队，有特种毒气大队、独立瓦斯中队、临时瓦斯大队等。特种毒气大队，是师团为适应大规模施毒而临时编组的毒气部队，由大队本部、抛射中队、撒毒中队和后勤分队编成，共500人，装备毒气抛射器18个、撒毒车16辆、轻便撒毒器80个，并配备毒气弹及消毒器若干。❷独立瓦斯中队，是师团为适应不同地形之毒气作战需要而临时编组的毒气部队，分为摩托独立瓦斯中队和驮马瓦斯中队，前者由中队本部和5个毒气小队组成，共200人，装备轻型和重型毒气抛撒器若干及撒毒车、消毒车等77辆；后者由中队本部和3个毒气小队及后勤分队编成，官兵共400人，驮马180匹，装备毒气抛撒器和消毒器若干。❸临时瓦

---

❶ 步平：《化学战》，黑龙江人民出版社1997年版，第129页。
❷ 中央档案馆、中国第二历史档案馆、吉林省社会科学院：《细菌战与毒气战》，中华书局1989年版，第401页。
❸ 中央档案馆、中国第二历史档案馆、吉林省社会科学院：《细菌战与毒气战》，中华书局1989年版，第404页。

· 13 ·

❀ 毒气战 ❀

斯大队,是师团为适应山地作战而临时编组的毒气部队,由临时瓦斯大队本部和3个毒气中队及后勤分队编成,共510人,装备化资车85辆及手推车10辆,各种轻武器460余支,可在山地作战时以手推车代替撒毒车,对敌部队进行毒气攻击。❶ 陆军联队临时编组的毒气部队有临时发烟大队、临时发烟中队等。临时发烟大队,是步兵联队为适应大规模毒气攻击而临时编组的毒气部队,由大队本部和3个毒气中队编成,每中队有3个小队,每小队有3个分队,每分队官兵23人、驮马7匹、装备瓦斯24箱(每箱15个毒气筒);可大规模施放催泪性、喷嚏性毒气,同时兼负施放烟幕的任务,分队施毒正面200米,小队施毒正面600米,中队施毒正面1800米,大队施毒正面达5400米。❷ 临时发烟中队,是步兵联队为进行局部地区毒气攻击而临时编组的毒气部队,由中队长及指挥小队和3个毒气小队编成,共165人、19匹马,每小队装备瓦斯36箱(540个毒气筒),中队共装备瓦斯108箱(1602个毒气筒),可配合联队所属部队进行局部地区的毒气攻击,小队施毒正面达300米,中队施毒正面达900米。❸

日本华北派遣军为满足其长期、广泛、大规模毒气作战的需要,除了从日本国内和中国东北运来大量毒剂和毒气武

---

❶ 中央档案馆、中国第二历史档案馆、吉林省社会科学院:《细菌战与毒气战》,中华书局1989年版,第403页。

❷ 中央档案馆、中国第二历史档案馆、吉林省社会科学院:《细菌战与毒气战》,中华书局1989年版,第405页。

❸ 中央档案馆、中国第二历史档案馆、吉林省社会科学院:《细菌战与毒气战》,中华书局1989年版,第406页。

第一章 日本派驻华北的毒气部队

器外，还在天津、太原、济南、德州等地建立毒气工厂，不仅能大量装填毒气筒、毒气炸弹、毒气手榴弹等，而且能就地生产大量毒气武器。例如，日军太原兵工厂能制造"大量硫黄弹及瓦斯弹，其毒气可在树林及人烟稠密处停留30小时不散，高度为4公尺"。❶

以上是当时中国官方的调查材料，再来看一看日军战俘的证词吧。据日军战俘的供词，日本派往华北的陆、海、空军中，都编有数量相当大的毒气战勤人员。其陆军师团、旅团、联队及以下部队，普遍设置了瓦斯兵、瓦斯下士官、瓦斯军官等"瓦斯特业"。

村上勇二是个日本宪兵少佐，曾任华北特别警备队情报主任、第59师团作战主任、情报主任、教育主任等职。他的供词，应是可信的。他在1954年6月25日的笔供中说：

根据1937年及1941年第5号动员之编制，师团编制的定员有瓦斯兵、瓦斯系下士官、瓦斯系军官，其总数534人，为"瓦斯特业"。其具体编制配属：

1. 步兵：每小队2人。中队指挥班，下士官1人，兵1人。1个步兵中队3个小队，共8人。1个大队6个中队（把机枪和大队炮兵算作1个中队），共48人。

大队本部：军官1人，下士官1人，兵2人。1个大队共52人。步兵8个大队共416人。

2. 迫击炮大队：本部军官1人，下士官1人，兵2人。1个中队8人，3个中队24人，加本部共28人。

---

❶ 《新华日报》1939年2月8日。

3. 工兵队：3个中队为28人。

4. 辎重队：3个中队为28人。

5. 通信队：本部军官1人，下士官1人，兵2人，加2个中队共20人。

6. 旅团司令部：军官1人，下士官1人，兵2人，2个旅团司令部共8人。

7. 师团司令部：军官1人，下士官1人，兵4人，共6人。

这些人员，受"瓦斯特业教育"，在编制上是"瓦斯特业"。❶

二、教育与训练

日军大本营特别关注日军"瓦斯特业"人员的教育与训练，而且这种教育与训练，不是在使用毒气武器的专门部队——迫击大队、迫击中队、迫击小队等调回日本国内或派往南方作战以后，而是在此之前就已经有计划地展开了，当时日军大本营派遣瓦斯教育要员赴华北方面军及驻蒙兵团，开始对日军的瓦斯特业人员进行专门的教育与训练。

先看一看安达千代吉是怎样说的吧。他于1932年1月被征入东京近卫骑兵联队受下士官候补生的训练，同年12月升任伍长，先后受过两次毒瓦斯训练。前者为1个月，后者为3个月。第一次负责毒瓦斯教育的教官是西村中尉。第

---

❶ 村上勇二的笔供，1954年6月25日，原件存中央档案馆，档案号119-2-2-3-55。

第一章 日本派驻华北的毒气部队

二次负责毒瓦斯教育的教官是三桥少尉。他接受的毒瓦斯教育的主要内容为"日军瓦斯教范",也就是毒瓦斯的性质、效力、使用法、防护法、除毒法、救护法以及瓦斯气象学等。学过的毒瓦斯种类有窒息性、催泪性、喷嚏性、糜烂性、瘟剂性（一酸化炭素性质的）等。他于1938年4月受近卫骑兵联队的命令,随日本千叶县习志野学校（该校是专门研制毒气武器与培养毒气部队骨干力量的教育基地）所编制的由早坂一郎少佐负责的瓦斯教育要员（第一线部队的瓦斯教员）来华。当时,他被编入的班共6人,以班长为首,有3名军官和3名下士官。另外,还有像这样的气候班4个。到华北方面军司令部后,他被派往张家口驻蒙军司令部参谋部任瓦斯教育系军曹,1939年4月升任曹长,1941年升任准尉,1944年升任副官部庶务主任,1945年5月调到绥远省托克托县第4警备队步兵第21大队任准尉庶务、骑兵小队长。他在1954年7月31日的口供中说:"编成瓦斯教育要员赴中国的目的,是对侵入中国领土上的日本陆军进行瓦斯教育,使日军在侵华战争中使用毒瓦斯。"

安达千代吉在1938年5月至1939年4月,受驻蒙兵团司令官莲沼蕃之命,参加了对当地日军进行大规模的毒瓦斯使用法的教育。教育主任是早坂一郎少佐,教官是酒井大尉、一之濑大尉。教育的方针,是以前线使用红筒的问题为重点,如红筒的性质、效力、瓦斯气象、在战斗中瓦斯班的行动、瓦斯班和步兵在战斗中的联系配合等。

安达千代吉供认:1938年5月,为了准备在清水河作战中使用毒瓦斯,他到大同市对日军第26师团瓦斯系将校、下士官等约100人进行了3天瓦斯教育。同年8月,在绥远省天镇县,对日军独立混成第2旅团第4大队将校、下士官以及瓦斯兵等40人进行了红筒使用法教育。同月,由绥远省天镇县回到张家口后,又参加了对张家口日军独立混成第2旅团第1、第2、第3、第5大队及炮兵大队瓦斯系将校、下士官约60人进行瓦斯教育。同年9月在张家口,对日军电信第11联队瓦斯系将校、下士官约40人进行了瓦斯教育。1939年到大同市,对日军第26师团瓦斯系将校及下士官等100人进行了瓦斯教育。同年4月在张家口,对日军独立混成旅团通信队瓦斯系约40人进行瓦斯教育。以上6次瓦斯教育,即培训瓦斯将校、下士官380人。

安达千代吉还供认:"毒瓦斯的组织,在日本是秘密的。来中国后,该组织在军队内部是公开的,但对使用毒瓦斯的活动是严守秘密的。当时上级严命在使用毒瓦斯后必须把瓦斯弹壳交回去,以防止被敌人发觉和暴露秘密。"❶

另据村上勇二的供词,在华北的日军毒气战教育分为一般瓦斯教育和瓦斯特业教育两种:

1. 一般瓦斯教育:当年兵第一期教育,除射击、刺刀术、站岗、冲锋、白刃攻击外,有防毒面具的佩戴,瓦斯地区的通过,防毒面具佩戴时的战斗教练,以及有关瓦斯的学科。教育书籍是各兵科操典及《瓦斯防护教范》。瓦斯的学科是:瓦斯的种类(伊装里搜特、雷晒荷斯原、一氧化碳、

---

❶ 安达千代吉的口供,1954年7月31日,原件存中央档案馆,档案号119-2-58-1-5。

氯气等糜烂性、窒息性、中毒性、催泪性等）及对人的影响、防护法等。

第一期完了以后，在中队教练及部队战斗教练中，进行瓦斯战斗教练。

2. 瓦斯特业教育：第一期教育完了后，作为瓦斯专业兵，进行特业教育。内容是：瓦斯检知器材管理，防毒被服的装配，气象观测，瓦斯的搜索、检知、消毒要领，消毒路线设定，以及与这些教育有关的综合训练，时间大约40天。

村上勇二说："以上这些教育的本质，表面是进行'瓦斯防护'，实际是为了熟悉瓦斯的使用，作为一旦使用瓦斯时的准备训练。"❶

战俘后口笃文，曾于1941年在日本广岛，同年9月在中国湖北省江陵县沙市，1942年3月在江苏省南京市，先后3次接受毒瓦斯训练。他在1954年9月13日的笔供中，供述了日军进行毒瓦斯教育的内容和目的，他写道：

甲、瓦斯的种类：有红、绿、蓝、茶褐色及黄等5种，有瓦斯筒（大、中、小）、瓦斯手榴弹、瓦斯弹。

乙、瓦斯的性能：红是喷嚏性（一时性），绿是催泪性（一时性），蓝是窒息性（一时性），茶褐色是路塞特（持久性），黄是依皮利特（持久性）。

丙、瓦斯的效力及使用目的：

---

❶ 村上勇二的笔供，1954年6月25日，原件存中央档案馆，档案号119－2－2－3－55。

一时性的毒瓦斯是气体，其杀害效力是刺激呼吸器官及眼睛，使人们失去行动的自由而加以杀伤之，特别是在短距离战斗及拂晓攻击时，利用风速，为进行大量杀戮而使用。

持久性毒瓦斯是液体，具有糜烂性，其杀伤效力是侵蚀全身的皮肤使其腐烂而夺取人的生命，是一种最非人道的杀人瓦斯，特别是为了杀戮整个区域的人民和彻底消灭抗日爱国者，常在拂晓时使用。

丁、瓦斯的使用方法：将瓦斯筒的下部盖取下，该处附有点火装置，点火后投掷。发射“红筒”有铁系装置，将其倾斜 45 度插在地上，可发射距离 120 公尺远，能向密集的目标放毒。更远的距离则利用瓦斯放射器和炮发射。

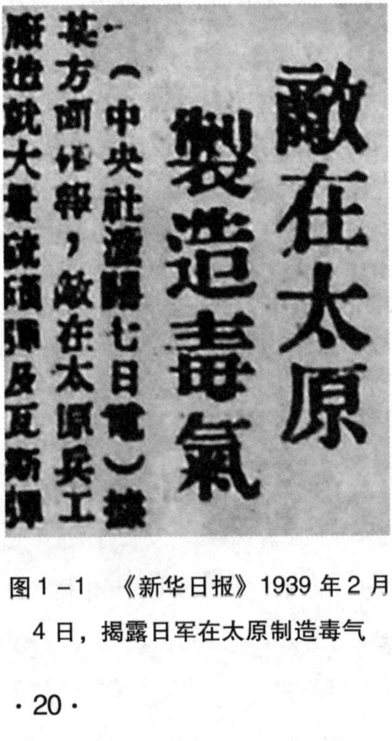
敵在太原
製造毒氣
（中央社潼關七日電）據
某方面[illegible]，敵在太原兵工
廠趕製大量硫磺彈及瓦斯彈

图 1－1 《新华日报》1939 年 2 月 4 日，揭露日军在太原制造毒气

戊、瓦斯的配备：每个中队配备大型“红筒”1 个，中型“红筒”“绿筒”20 个，小型“红筒”“绿筒”约 150 个，发射“红筒”约 200 个。行动时，小队曾携带过中型“红筒”2 个，小型“红筒”“绿筒”10 个，发射“红筒”20 个。联队配备持久性毒瓦斯。大队配备瓦斯放射器、瓦斯炮弹、瓦斯手榴弹。

己、防毒装备：九五

式防毒面具、九九式防毒面具、防毒服。❶

战俘内藤一男，曾于 1932 年和 1939~1945 年两度侵入中国，历任炮兵联队小队长、中队长、大队长、兵器系将校等职。他在供词中交代了 1939 年 4 月至 1940 年 7 月在驻张家口日军独立混成第 2 旅团任兵器系将校期间，该旅团毒气武器的装备及供给情况，我们从中也可窥一斑。他说：

对张家口、蔚县、涞源、怀来、宣化这 5 个步兵大队，每月经常供给瓦斯筒 30 个，在 16 个月共发了 2400 个瓦斯筒；对张家口通信队、工兵队、炮兵队、宣化速射炮队及张北的步兵部队，每月供给 20 个瓦斯筒，计 1600 个瓦斯筒。作为增加部队的，给涞源附近及怀来附近战斗，共计 900 个。总计发给了瓦斯筒 4900 个。增加补给瓦斯弹，每次作战 50 个，共计发给了 150 个。❷

从上面日军战俘的供词可以看出，日本华北派遣军的陆军中，一般官兵均受过瓦斯教育，均有防毒装备，而部队中的"瓦斯特业"则有良好的毒气战训练和毒气武器装备。

---

❶ 后口笃文的笔供，1954 年 9 月 13 日，原件存中央档案馆，档案号 19－2－671－1－7。

❷ 内藤一男的口供，1954 年，原件存中央档案馆，档案号 119－2－455－2－9。

第三节 保密措施如此严格

日本侵略者深知使用毒气武器是违背国际公法的反人类罪行，因此，对其毒气部队的编成、训练与使用毒气武器，均采取了极为严格的保密措施。在全面侵华战争爆发后，日军大本营参谋总长闲院宫载仁在向华北派遣军下达使用毒气武器及配置毒气部队命令的同时，即下达了严格的保密命令。

一、第1军的保密措施

总参谋长闲院宫载仁在1938年4月11日下达的大陆指110号令，要求"严格隐匿使用毒气事实"，明确规定：

在下述情况下可使用赤筒及轻迫击炮用赤弹：
1. 使用目的，在对盘踞在山区的敌匪进行扫荡战时；
2. 使用地域，山西省及与之毗邻的山区；
3. 使用方法，尽量与烟幕混用，严格隐匿使用毒气事实，注意不得残留痕迹。

日本华北方面军司令官寺内寿一根据大本营这一命令，于4月23日，以方面军作命甲293号令，向下属下达了使用毒气武器并严格保密的命令，要求第1军即日起至5月中，应为使用特殊资材对敌匪进行"扫荡"实施训练和准备，临时航空兵团配属之临时野战气象队配合上述化学作战。第1军司令官香月清司中将接此命令后，于5月3日以一军作命233号令,将第1、第2、第4特种指导班及特种审查班在太原配属第109师团长指挥,将第3特种指导班调至济南配属第2军司令官指挥,下达了混用特种资材及保守秘密的指令。

关于使用特种资材及其保密,香月清司在一军作命233号令的附件中规定:

一、使用特种资材的方针:

1. 特种资材的使用应限于讨伐作战,且在战况上处于有利的场合;严禁为使用特种资材而进行讨伐或为检验资材的效力而使用;

2. 利用特种资材进行训练,重点应面向实战;

3. 实施训练的部队须严格保密,可考虑在师团中指定将来在讨伐中可使用化学武器的部队(进行训练)。

二、本训练应于5月20日完成。

三、师团长应使实施训练的部队了解防毒面具的性能,掌握其使用要领并进行检查。

四、实施毒气战教育时应使用普通发烟筒,特种发烟资材在教育时仅限于检查其效力。

五、保守秘密事项必须严格注意。

关于隐匿使用特种资材的事实,香月清司在一军作命233号令的附件中规定:

第一,方针

隐匿使用特种资材的任何意图和使用的其他证据,坚决

毒气战

否认敌方关于我使用化学武器的宣传。

第二，资材

1. 后勤部队须抹去毒气筒及容器上的一切标志后，方可提供战斗部队使用；

2. 使用后的特种发烟筒，必须收集带回交还；

3. 严格按发放单发放，防备遗失。

第三，教育

1. 尽量实施口头教育和实际演习，避免发放印刷物；

2. 实施教育时须严格警戒，被教育者以外人员绝对不得介入；

3. 被教育者对于其学习情况，除普及教育外，一律不得外传。

第四，使用场合的处置

1. 使用时，尽量全歼使用地区之敌，不能遗留证据；

2. 使用时，尽量避开居民聚居地或交通便利地区；

3. 不得使特种资材落入敌方，使用后的发烟筒必须切实收回；

4. 不得使用当地居民或雇佣其车辆运输特种资材；

5. 迅速将使用时间、地点、人数及效果等上报军司令部。

第五，检查

1. 使用特种发烟筒和特种发烟弹要在得到允许的情况下，需要检查其效力；

2. 检查时不得使用军人以外的人员；

3. 检查时尽量避开居民点，禁止无关人员接近。

第六，防谍

作为防谍的需要，在使用毒气的时候，向对方宣传是使用烟幕。❶

二、第 2 军的保密措施

徐州会战后，日本大举进攻武汉。为保障总攻武汉战役的顺利实施，1938 年 8 月 6 日，日军大本营总参谋长闲院宫载仁以大陆命 119 号及大陆指 225 号，向华北方面军司令官寺内寿一、华中派遣军畑俊六，下达了可以使用赤筒和赤弹的命令。据此，侵华日军立即制订了使用毒气武器的计划，并提出了更严格的保密措施。当时，华北方面军第 2 军调配华中派遣军序列参加武汉会战。日本立教大学名誉教授粟屋宪太郎、中央大学教授吉见义明合编的《关于毒气作战的资料》一书，于 1989 年由日本不二出版社出版，书中披露了第 2 军制定的更严格的保密措施，规定：

1. 为保守秘密，将历来所称的特种发烟筒（赤筒）、特种发烟弹（赤弹）统称为"特种烟"；
2. 将筒及包装箱上的标记涂掉后再交作战部队使用；
3. 交接时应有特别手续，以防遗失；
4. 使用时适当混入发烟筒或绿筒，以便掩盖，起到保守秘密的作用；

---

❶ 步平等：《日本侵华战争时期的化学战》，社会科学文献出版社 2004 年版，第 663－667 页。

毒气战

5. 使用之际须不失时机，充分利用，以全歼为目的；

6. 使用时尽量避开城镇、有第三国人居住区域及交通便利地点；

7. 不得用当地居民的车马运输特种资材；

8. 特种资材不可落入敌方手中，运输及发烟之际须切实加以掩护，如有落入敌手之危险时，可将其引爆、销毁，使用后之烟筒应埋入地下或带回上交，切不可留下凭证；

9. 应将使用时间、地点等情况从速上报。❶

实际上，日本毒气部队的编制、训练及使用毒气武器的保密措施并不止如此。从日军大本营至各级司令官，均一再指示，日军使用了毒气武器，当遭到中国方面揭露和其他国家人士斥责时，要立即声明只是使用烟而不是使用毒气，并立即作出反宣传，说成是中国军队使用了毒气武器。日本侵略者为什么如此害怕使用毒气武器的秘密外泄，这难道不是十分值得今天的人们关注与思考的吗？

---

❶ 步平等：《日本侵华战争时期的化学战》，社会科学文献出版社2004年版，第235页。

第二章　在华北的毒气战实验与推广

第一节　战斗、战役中的毒气实验

一、南口战役

七七事变后，1937年7月28日，日本违反国际公法，由参谋总长闲院宫载仁以临命65号下令中国驻屯军可使用催泪筒，并在华北日军中配置了专门的毒气部队，揭开了侵华日军毒气战的序幕，而华北地区则成为其使用和推广毒气战的实验场。

从七七事变至武汉会战，侵华日军把华北作为使用和推广毒气战的实验场，先后使用和实验推广了催泪性、喷嚏性、窒息性等毒气武器。

据统计，自1937年7月7日至1938年11月10日，日本华北方面军得到的毒气弹药补给有九四式轻迫击炮特种发烟弹、四一式山炮特种发烟弹药筒、八八式催泪筒（甲、乙）、九四式山炮特种发烟弹药筒、特种发烟筒（甲、乙），共计21.5万发（个）；消耗的毒气弹药有九四式轻迫击炮特种发烟弹2556发，九四式山炮特种发烟弹药筒91发，八九式催泪筒甲447个、乙2141个，特种发烟筒甲14 271个，

毒气战

共计消耗毒气武器 19 506 发（个）。❶

据中国方面资料不完全统计，自卢沟桥事变至武汉会战结束，日军在华北战场实施毒气战达 170 余次。

从这一组资料看，有两点值得特别关注：

第一，全面侵华战争一开始，日军大本营就将大量毒气武器补给了日本华北方面军，这一时期，在战场使用毒气武器 1.9 万余发（个），尚存有近 19 万发（个）。

第二，以实施毒气战 170 次计算，日军在华北平均每月实施毒气战 10 次左右，每次使用毒气武器约 114 发（个）。

这表明，日军在全面侵华战争之初，在华北地区就频繁地实施了毒气战的实验。

7 月 27 日，侵华日军对平津地区发动总攻。在日军大本营下令使用催泪性毒气的当天，日本飞机在卢沟桥投下两颗毒气炸弹。第二天，日本飞机又在门头沟一带投下了毒气弹。

日军占领平津地区后，沿平绥、平汉、津浦三条铁路，全面进攻华北。日军在华北战场上首次大量使用毒气，是在南口战役中。1937 年 8 月上旬，日军以第 11 旅团和第 5、第 10 师团各一部从北平、天津地区出发，沿平绥铁路向西北进犯；以关东军一部由多伦、沽源，南下张北，企图会攻南口、居庸关、怀来、张家口，以保障平津侧背的安全，掩护主力沿平汉铁路、津浦铁路向河北地区进攻。当时南口要隘只有第 29 军两个步兵营防守，没有任何防御工事。8 月 5 日至 7 日晨，第 7 集团军前敌总指挥汤恩伯率第 13 军，高

---

❶ 步平：《化学战》，黑龙江人民出版社 1997 年版，第 159 页。

第二章 在华北的毒气战实验与推广

桂兹率第17军先后进入南口一带防地,"堆石为垒,聊作遮蔽"。❶ 8月8日,日军独立第11旅团一部进攻得胜口,被守军第13军第89师530团击退。9日,日军约5000人在飞机、大炮、坦克的掩护下猛攻南口及两翼阵地,中国军队第89师顽强抵抗,双方伤亡惨重。12日,日军突破南口阵地;当晚中国军队反攻,又夺回阵地。13日,经激战,日军占领南口,中国军队退守居庸关以南两侧高地。14日和15日,日军向居庸关方向猛攻,中国军队顽强抵抗,反复肉搏,日军受阻,遂以飞机、大炮狂轰滥炸,大量施放毒气。16日,日军第5师团转攻西面的横岭城、镇边城,对居庸关实行右翼迂回。中国军队第4师英勇迎敌,战况空前激烈。日军于23日向横岭城、居庸关阵地猛攻,再次大量施放毒气,中国守军第4师、第89师死伤枕藉。25日,南口失守,26日,汤部退守怀来。至此,平绥路东段作战告一段落,中国军队先后投入作战6万余人,伤亡1.6万人;日军投入兵力约7万人,伤亡1.5万人。日军在华北战场上第一次较大规模实验性地使用毒气,给中国军队造成巨大伤害。而后,关东军一部沿同蒲铁路进攻山西,第5师团南下蔚县增援平汉铁路方面作战。

南口、张家口失陷后,日本关东军察哈尔兵团本间旅团和铃木旅团沿平绥路向西进攻,8月中旬攻击山西省天镇县城西南附近一个村庄,旅团长命令第5大队临时领导的野炮大队使用毒气,屠杀抗日军及和平居民200人。9月5日、6日,日军步骑兵3000多人,进攻晋绥军战略防地的主阵

---

❶ 武月星:"南口之战",载《北京档案史料》1987年第3期。

地——天镇县城东南的盘山，配合飞机、坦克、大炮、装甲车，实验性地发射了毒气弹。驻守盘山的晋绥军第400团奋勇杀敌，伤亡800多人后被迫撤出阵地。日军攻破天镇县城后，9月12～14日，屠杀平民2300余人。

9月14～18日，日本华北方面军第1军向固安方向进攻，沿途大量杀害平民，并施放窒息性毒气，造成辛务、西玉、东扬、辛立、北流召等29个村900余人死亡，其中平民多人中毒而死。

二、忻口战役

1937年10月8日，日军独立第15旅团进攻山西省原平镇，其第30联队第7中队向防守在地下室内的中国军队施放毒气，致十余人中毒。10月13日，日军2万人发起忻口战役。日军连续攻击10天，伤亡3000余人仍未得逞。10月20日，日军施放烟幕弹掩护步兵进攻，占领部分阵地。22日，日军发起猛烈进攻，发射大量烟幕弹、燃烧弹，施放大量催泪性、呕吐性毒剂，使中国守军难以坚持。23日，中国守军反攻，激战一昼夜，日军再次使用烟幕弹、燃烧弹、达姆弹、毒气弹。

为配合国民党军队作战，八路军第120师第358旅宋时轮支队于10月18日在雁门关附近伏击日军运输车队，歼敌300余人，乘势收复雁门关。激战中，日军增援部队以飞机进行轰炸，并大量施放毒气。八路军第129师第769团于10月20日夜袭击阳明堡日军临时飞机场，炸毁日军飞机24架，日军又施放毒气以掩护突围。

忻口战役的结果是日军于1937年11月8日占领太原。

第二章 在华北的毒气战实验与推广

至此,日军第一、第三化学实验部已经调查清楚:中国军队几乎没有毒气武器的防护能力和报复能力。日军大本营据此作出了为确保占领地区及作战的需要,可以使用红筒和赤弹的决定。1938年3月10日、4月11日,日军参谋总长闲院宫载仁分别以大陆命第75号、大陆指110号,指令华北方面军司令官寺内寿一、驻蒙兵团司令官莲沼蕃,可在下述情况下使用红筒和轻迫击炮用赤弹:(1)使用目的,对盘踞在山区地带的敌匪进行扫荡时;(2)使用区域,山西省及与之相邻地区;(3)使用方法,尽量与烟混用,严格隐匿用毒事实,注意不留痕迹。

6月18日,参谋总长闲院宫载仁又以大陆命第119号,指令华北方面军司令官寺内寿一、华中派遣军司令官畑俊六"今后可使用红筒及赤弹"。

上述命令下达后,据日方资料显示,日军大本营一次就拨给华北方面军轻迫击炮用赤弹1.5万发、赤筒4万个,拨给驻蒙兵团赤筒1万个。

从此,侵华日军的毒气战迅速从战斗规模向战役规模扩展。

三、徐州会战

1938年3月23日,日军第2军第10师团以濑谷支队为主力,进攻战略要地山东台儿庄。中国第五战区守军坚守阵地。24日,在激战中,日军受挫,遂以重炮发射毒气弹,突入台儿庄东北角,复被中国军队击溃。25日,日军在飞机、重炮和毒气掩护下,一部攻入台儿庄内,又被中国军队击退。27日,日军在大批飞机、坦克、重炮的支援下,大量使

毒气战

用毒气,向台儿庄以北守军阵地发射毒剂弹 10 余发,混用发烟弹 40 余发,造成守军多人中毒,突破北门,占领东北角,双方展开巷战。28 日起,双方展开空前惨烈的拉锯战。在台儿庄东北角,在仅距 10～20 米处,日军投掷毒气手榴弹,守军又反掷回去。4 月 3 日,中国军队向日军发动总攻,在猛烈战斗中,日军发射了大量催泪性、喷嚏性和糜烂性的毒气弹,中国军队中毒伤亡甚多。但中国军队仍奋力战斗,日军腹背受击。4 月 6 日晚,中国军队全线出击,至 7 日晨,被围日军大部被歼。

4 月 7 日,日军大本营下达徐州作战命令,并于 4 月 19 日派遣第 2 野战毒气大队由神户开往青岛转赴鲁南,于 5 月 8 日派遣菊池光明率领配属有 1 个野战毒气大队的机械化部队开往鲁南,以加强毒气战攻击。北路日军第 2 军于 5 月 3 日进攻台儿庄东北大官庆,遭中国鲁南兵团重创,撤退时施放了催泪性毒气筒。5 月 5 日,进攻台儿庄东北泥沟,中国鲁南兵团奋起追击,日军逃窜时发射了催泪性毒气弹。同时,日本华中派遣军从津浦路南段北上,会攻徐州。至 6 月 8 日,会战结束。其间,日军在进攻受阻时以及追击受阻时,多次对中国军队使用了毒气筒、毒气弹,致使中国守军官兵有时甚至全营官兵中毒伤亡。

《新华日报》1938 年 4 月 22 日载文,揭露日军使用毒气武器的铁证:

台儿庄一役,俘获甚多,其中有敌之毒瓦斯弹(注有昭和十二年十月制造字样)及剧性瓦斯坏疽菌血清(昭和十二

第二章 在华北的毒气战实验与推广

年十二月十八日制造）等，均经中国电影制片厂战地摄影队携回，昨由该厂郑厂长送呈政治部陈部长。陈诚部长以敌人违反国际公法，使用此种之惨无人道之毒气，决于下周招待外报记者时，公之于世界。

1938年5月16日，国民政府政治部部长陈诚召开驻汉口外国记者会，揭露了日军准备大规模使用毒气的反人类罪行。他说：

顷据确息，敌大本营于4月19日派遣化学兵两营，由本间中将率领，自神户开往青岛转赴鲁南。又于5月8日派遣机械化部队（附有化学兵营），由菊池少将率领开往鲁南。这是敌人大规模使用毒气的准备。

陈诚揭露了日军使用毒气武器的事实证据。他指出：

其实单从4月5日起，敌人在中国各地使用了毒气七八次。例如4月5日敌人在台儿庄连续使用催泪瓦斯弹毒质手榴弹；4月19日宜兴、溧阳，敌人放射燃烧弹瓦斯弹，使我兵士多人中毒；5月6日，沿长江各镇，发现大批含有毒质的咸盐，查系敌人在芜湖盐仓投毒，再用兵舰运往沿江各镇，由汉奸兜售；5月3日，芜湖敌人在老山施放绿色毒气，我军中毒者多人，同日敌人又在台儿庄东北大官庄一带施放催泪瓦斯；5月4日，孙家埠敌人于巷战中施放催泪瓦斯，并使用达姆弹；5月5日，台儿庄东北泥沟，敌人被我军迫击时，又使用催泪弹。以上均系根

毒气战

据前线之确实报告，日军违反国际公法与人道主义的禽兽行为。

陈诚在外国记者会上公开申明：关于敌人大规模使用毒气，国民政府已于1939年5月13日向国联行政院提出申诉，行政院于14日大会通过决议案，申诉日本所布置的大规模的化学战争。日本违反国际公法及人道主义的兽行，已引起了全世界的注意与反对。中国政府希望：

（一）国联行政院接受中国政府的申请，明白痛斥日本进行化学战争的违法，并给予警告。假使日本再使用毒气，妆即实施对日集体的制裁。（二）各国拥护国际公法及人道主义的政府，个别向日本提出警告，日本不得再使用毒瓦斯，否则一致拥护国联对日的制裁办法。（三）各国报章杂志，一致著论申斥日本使用毒瓦斯，造成全世界舆论对日本野蛮行为的大制裁。（四）各国广大民众，如慈善宗教团体、劳动团体等，以种种行动，如示威、集会、播音、讲演、传单等，痛斥日本的兽行，以全世界民众压倒的姿势，来阻止日本在鲁南准备施行野蛮惨无人道之化学战争。（五）各国民众加紧抵制日货，加紧阻止军用及一切原料运往日本，加紧拒绝起卸日货，以唤起日本国内民众广泛的不满，以加速日本民众对日阀侵华战争的一般的反对。❶

---

❶ 陈诚部长在外国记者会上的谈话，载《新华日报》1938年5月17日。

第二章 在华北的毒气战实验与推广

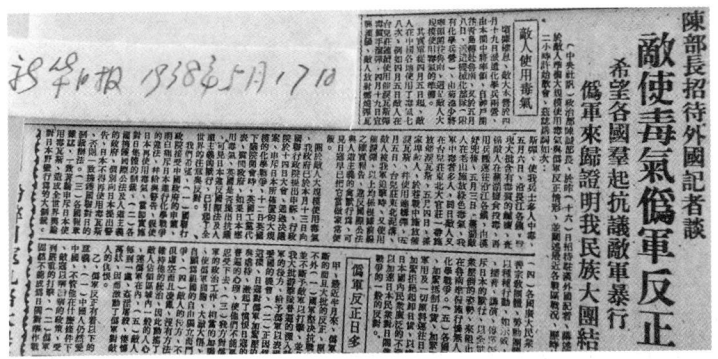

图2-1 《新华日报》1938年5月17日，揭露日军使用毒气暴行

日军战俘的供词也证实了日军在台儿庄战役中使用毒气武器的罪恶事实。如宫下胜弥在1954年8月10日的笔供中说：

1938年4月中旬，他所在的野战重炮第2联队第1大队第1中队协助步兵第10联队，在中队长菊池光明的指挥下，对山东省峄县台儿庄北约10千米的某村庄抗日军阵地，以3000米的射程，用4门炮，进行了约5分钟的集中射击，发射毒气弹赤筒12~14发，发烟弹40发，他当时作为战炮队第4分队第一炮手上等兵参加了集中射击，发射发烟弹10发，掩护了第1分队的毒气弹发射。❶

从上面的事实可以看到，在台儿庄战役和徐州会战中，

---

❶ 宫下胜弥的笔供，1954年8月10日，原件存中央档案馆，档案号119-2-297-1-5。

日军不仅将毒气战扩展到了战役规模,而且使用了糜烂性的毒气。

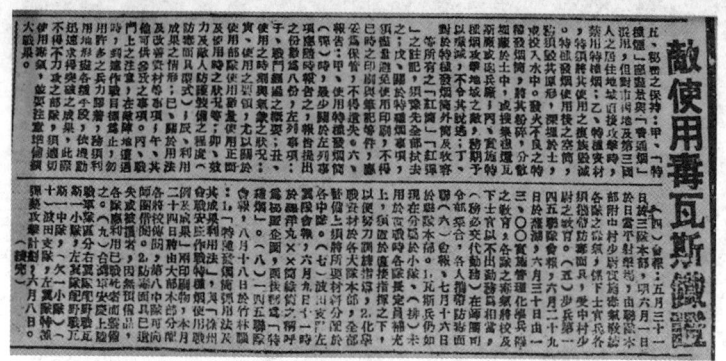

图 2-2 《新华日报》1939 年 1 月 6~8 日,连续揭露日军使用毒气的暴行,文为 1 月 8 日载文

四、对居民用毒之开端——九路围攻晋东南

为配合国民党军队徐州会战,晋察冀、晋冀豫等抗日根据地军民对平汉路、津浦路、德石路等交通线展开袭击。如第 129 师在晋东南,从 1938 年 2 月起,连续取得长生口、神头岭、响堂铺三次伏击战的胜利,粉碎日军六路围攻,4 月底宣布晋冀豫军区成立。1938 年 4 月 4 日,日军第 1 军集中第 16、第 20、第 108、第 109 师团各一部,配合骑兵、炮兵、工兵、辎重兵,共 3 万余人,从同蒲路、平汉路、正太路、邯(郸)长(治)大道、临(汾)屯(留)公路的各要点出动,分为九路,向晋东南抗日根据地进行围攻,企图在武乡、辽县、榆社地区合击歼灭八路军总部、第 129 师及部分国民党军队。八路军在 23 天反围

第二章 在华北的毒气战实验与推广

攻作战中，采取以一部兵力钳制日军其他各路，集中主力歼敌一路的作战方针，先后取得武乡县长乐村、高平县张店与张度岭及阳城町店作战的胜利，给敌以重创，歼敌4000余人，收复县城18座，使刚刚建立的晋冀豫抗日根据地站稳了脚跟。日军在遭到打击时，多次惨无人道地对抗日军民施放毒气。4月14日，日军一部围攻山西阳城，遭受八路军打击后，向10余个地洞内放毒、放烟，致使平民700余人丧生。4月15日，日军第108师团由武乡东窜时，途经西营村，向逃入山洞的居民70余人施放毒气，致使居民全部死亡。4月16日，在武乡与长乐村之间，日军第108师团一部遭到八路军第129师第769、第771、第772团等部的伏击，被歼2000余人，该敌残部在突围逃窜时，施放了大量喷嚏性毒气。

与此同时，日军第109师团在离石一带集结兵力，企图渡过黄河向陕甘宁边区进犯。八路军留守兵团警备第8团主力东渡黄河，进至汾离公路两侧打击敌人。4月15日，八路军一部夜袭中阳城，在登城之际，日军使用催泪性毒气，致使攻城部队50人中毒。在离石战斗（4月28日至5月6日）及李家山战斗（5月20日）中，日军均投掷了催泪性毒气筒。

五、用毒高峰——曲沃作战

1938年上半年，由于八路军和国民党军队一部不断袭击同蒲铁路等日军交通线及据点，日军被迫放弃蒲州、运城，退守曲沃、侯马、新绛地区。5月27日，日本华北方面军第

毒气战

1军下达命令,允许在侯马、曲沃进攻中国军队的第20师团时使用赤弹。6月上旬,日军第20师团及独立混成第4旅团准备向晋南地区中国军队实施反击。6月15日,日军第1军新任司令官梅津美治郎给第20师团长川岸文三郎下达了"作命甲第263号"命令,准许在主力攻击急袭时使用红筒,并为第20师团配属了第1~4特种指导班和迫击炮第3大队,配发红筒1.8万个。在曲沃方面,7月4日,日军第20师团由曲沃向秦岗镇中国第二战区部队进攻,发射了毒气炮弹。7月5日,向盈村、南下张急袭时,发射毒气炮弹约600发,造成正面空间毒区3.3公里。7月6日拂晓,在向西阳村、白水村、西明德一带攻击时,发射毒气炮弹1600余发,致使中国守军中毒甚多,战斗力顿减。同日晨5时20分,又在仪门村、北樊村以南高地4~5公里正面上施放红筒7000个,滚滚的喷嚏性毒气沿着东北的风向,以每秒1.7米的风速,深入中国守军阵地,守军官兵中毒500余人,日军乘势发起攻击,一举突入纵深3公里,中国军队被迫撤退。7月7日晨,日军又在东韩村至南吉村一线3公里正面,施放红筒5600个,中国守军因中毒甚多而被迫撤离阵地。随后,日军第20师团及第4混成旅团进入全线追击,很快占领运城。据1939年5月20日八路军晋察冀军区第1军分区部队在河北易县大龙华战斗中所缴获日军文件,其中《日中事变中发烟攻击战例》记载,日军在曲沃作战中,共发射毒气弹2197发,施放毒气红筒12 600个(见表2-1)。

第二章　在华北的毒气战实验与推广

表2-1　日军曲沃作战使用毒气武器统计表[1]

日　期	地　点	弹　种	数量（发/个）	射击距离（米）
7月5日	盈村	特种弹	295	2000
7月5日	南下张	特种弹	300	1800
7月6日	西阳村	特种弹	258	1750
7月6日	白水村	特种弹	144	1800
7月6日	西明德	特种弹	200	1500
7月6日	西阳村西南	特种弹	1000	3000
7月6日	北樊村	红筒	3000	2000
7月6日	仪门村	红筒	1000	1000
7月6日	仪门村	红筒	3000	2000
7月7日	东韩村	红筒	5600	3000

与此同时，在垣曲方面，7月4日，日军由垣曲以东向南羊圈一带中国军队进攻，发射了大量毒气弹，中国守军伤亡甚多。至7月下旬，在垣曲作战中，日军被中国军队围攻，伤亡甚多，遂大量施放催泪性毒气及烈性糜烂性毒气。在阳城方面，7月6日，日军在阳城西北之町店义城战斗中，使用达姆弹，致使八路军徐海东旅伤亡约500人。在夏县方面，7月16日，日军第78联队一部进犯在夏县西南大台村至下淹底一带，遭到中国第3军一部阻击时，施放大量毒气，中国守军虽中毒甚多，但仍奋勇抵抗，加之增援部队迂回侧击，日军被迫回窜。7月23日，日军第78联队另一部

---

[1]　步平、高晓燕：《阳光下的罪恶——侵华日军毒气战实录》，黑龙江人民出版社1999年版，第144页。

毒气战

在夏县西南大台村至下淹底一带，受到中国军队的重创时，发射了大量窒息性毒气弹，中国军队中毒伤亡甚众。晋南地区作战，日军得以驱逐国民党军队，控制同蒲铁路，使用毒气作战起了决定性的作用。另外，在晋西离石，7月初，日步兵第136联队在离石县金罗镇南方某村道路上，发射毒气赤筒30个，毒杀八路军约200名。

当时，《新华日报》《抗敌报》等对日军使用毒气进行了多次揭露，指出："闻喜、曲沃、垣曲之役，敌以久疲之师遭我生力部队包围歼击，屡战屡败，于羞恼之余，乃不顾公法人道，使用极剧烈之糜烂及催泪瓦斯，向我军放射。"敌我在夏县西南5公里大台村至下淹底之线激战，敌放射大量毒气炮弹，我官兵中毒者，均感觉窒息、牙酸、腿痛、头晕，毒性剧烈异常。"敌在晋南一带，近三周内，曾行使此种不顾公法人道之卑劣作战手段，不下20次余。晋南之战，日军借助优势火力和毒气攻击，虽占领了一些县城，但对抗日根据地的围攻，面对中国军民英勇抗战，收效甚微，败绩累累。相反，抗日根据地在粉碎日军围攻之后，得到了巩固与扩大。"❶

日本著名化学战研究专家粟屋宪太郎在美国国家档案馆发现的日本陆军习志野学校1942年编制的《中国事变中化学战例证集》❷，有如下一段记载：

---

❶ 《新华日报》1938年7月22日、7月24日。

❷ 粟屋宪太郎、藤原彰："化学战例集——日本帝国主义侵略中国时的化学战例证集"，赵成材摘译，载《国外社会科学情报》1985年第5期。

第二章 在华北的毒气战实验与推广

[战例] 11 曲沃附近的战斗（"晋南清洗战"）

昭和十三年（1938年）4月，为徐州作战而抽出兵力的在山西省的第1军，由于兵力不足，南部的第20师团（指挥部曲沃，师团长川岸文三郎中将）从5月中旬开始受到中国军队的还击，激战两个月。其间，破坏后方同蒲路的师团，极度缺乏弹药、粮食，仍继续苦战。针对这种情况，第1军从其他方面集结兵力，7月初旬开始转为反攻。第20师团从7月5日晚开始向曲沃南方、绛县北方高地一带的敌军进行总攻击，据《战史丛书》记载：6日夜敌军全面撤退。

《中国事变中化学战例证集》记载的"7月6日拂晓，曲沃附近的战斗"，可以推断就是这次攻击。据记载，师团正面准备了1.8万支毒气弹，由于气象的关系，只发射了其中的7000支左右。第一线部队一举突进3公里。但在一部分地区出现毒烟倒流或停滞的情况，以致未能压倒敌人后方阵地。于是，作为教训，《中国事变中化学战例证集》说，"大规模发射时，特别要周密调查气象，以掌握发射时机""由于常常受到局部地区风力的影响，利用化学战所产生的效果而作战的部队要带着防毒面具在毒烟中果敢战斗"。

粟屋宪太郎指出：这是敌方兵力强，日军战况处于困难的局面下，整个师团使用大量毒气的战例。要注意，这是在抗日战争全面爆发初期、日军化学战所需材料的制造和储备还很不够时，日军竟在中国内地山西省准备了1.8万发毒气弹。

虽然日第1军在晋南作战中大规模使用毒气武器，取得了上面的成功，但是，日本华北方面军仍认为存在许多问题，并派参谋渡边雅夫到第1军去指导毒气作战。渡边雅夫在总结报告中，批评第1军在作战开始的时候，对毒气武器的效力有怀疑，担心部队过分依赖毒气武器，担心国际舆论说违背国际公约，由于各种顾虑，没有及时批准部队使用毒气武器。因此，晋南作战后，日军大本营参谋总长闲院宫载仁再次下达命令，允许各部队"在各自的占领区内，为确保安定，可自行决定使用特种发烟筒和特种弹"。据此命令，华北方面军新任司令官寺内寿一下达了"方面军作命第441号"，解除了部队使用赤筒和赤弹的各种限制。

六、八路围攻晋察冀

如前述，1938年4月，日军大本营参谋总长闲院宫载仁以大陆指第110号令下达可在山西省等山区使用呕吐性毒气（赤剂）的命令。这一命令下达后，据日本方面的资料，曾一次就拨给华北方面军化学武器迫击炮赤弹1.5万发、赤筒4万个，拨给驻蒙兵团赤筒1万个。

1938年6～11月，侵华日军在"南攻武汉""北围五台"期间，在华北敌后战场使用毒气武器达到了高峰。

7月初，日军第109师团步兵第107联队、山炮第109联队于山西省五台山作战中，在定襄县城附近村庄与4000名八路军交战时，发射窒息性、催泪性、喷嚏性瓦斯弹及榴弹100发以上，炮杀、毒杀八路军战士100名，农民20名。❶ 同期，盘踞在山西省离石县城的日军步兵第136联队

---

❶ 安田清的笔供，1954年8月12日，原件存中央档案馆，档案号 119-2-830-1-5。

第二章 在华北的毒气战实验与推广

队长松井节大佐以下700余人,为护卫中阳县城补给粮秣弹药的辎重队,在离石县大口村附近与八路军交战。翌日,又在离石县金罗镇附近与八路军交战,松井节命令横山毒瓦斯班向八路军陆地村庄前方300米地点,放射毒气赤筒30个,杀害八路军约200人。❶

自9月20日起,日本华北方面军集中第110、第26、第109师团及第2、第3、第4独立混成旅团共5万余人,由平汉、平绥、同蒲、正太铁路沿线出动,从东、西、南、北四个方向同时围攻晋察冀抗日根据地,企图围歼边区领导机关和主力部队于五台、阜平地区,"彻底扫除,以绝后患"。

在东线:9月20日,日军第110师团分3路向曲阳、唐县、完县进攻。当日,在曲阳七里庄和唐县店头镇,遭到冀中第3军分区部队的有力抗击,日军死伤250余人,遂大量施放毒剂,冀中第3军分区部队被迫撤出战斗。9月27日,日军攻占党城、灵山、王快一线,准备进犯阜平。28日,八路军袭击灵山镇,日军受阻,遂利用顺风施放催泪性毒气筒130个,造成200米正面染毒区。同日,在北镇,日军又施放催泪性毒气筒120余个,造成300米正面染毒区,致使八路军部分官兵中毒,主动撤出战斗。10月4日晨,日军1000余人,在飞机、炮兵火力掩护下,以骑兵为先导,向阜平进犯。当日军进至东西庄、方代口地区时,遭到晋察冀军区第1、第3军分区及冀中独立旅部队的有力抗击,在激战中,仅方代口一地即歼日军300余人。至中午,日军增援部

---

❶ 斋藤良雄的笔供,1954年9月17日,原件存中央档案馆,档案号119-2-1024-1-5。

队1000余人赶到，对八路军猛烈炮击，并发射毒气弹400余发，施放催泪性毒气筒200余个，毒气覆盖了八路军约5个营的阵地。为保存有生力量，八路军主动撤出战斗。日军于10月6日占领阜平后，对根据地实行分块清剿。日军为打通阜平至曲阳的交通线，于10月22日，从阜平出发，进犯王快以北的上下平阳、罗家峪、韩家峪一带，在战斗中，日军大量施放毒气，日机投掷了毒气弹。10月24日，日军进犯灵山时，在严城镇战斗中，施放催泪毒气筒85个。10月26日，日军在阜平附近大白化战斗中，施放催泪性毒气筒47个。当日夜，第359旅第717团及第1军分区第3团袭击阜平县城，巧妙地引起日军自相混战。27日晨，阜平日军在8架飞机的掩护下，大量投掷毒气弹，弃城东逃。28日，日军2000余人退至王快附近，遭遇晋察冀军区追击部队，在激战时，日军施放催泪性毒气筒90余个，掩护其逃窜。

在西线：9月24日，日军第109师团由代县、定襄出动，与南线日军相响应，企图进占五台，合击晋察冀边区领导机关和主力部队，但不断遭到晋察冀军区第2军分区部队的有力阻击，行动缓慢。10月1日，日军一部在飞机掩护下，进至定襄以北受录、季庄一带，遭到八路军第120师第714团阻击，伤亡严重，遂利用有利风向，施放催泪性红筒2548个，造成正面2700米染毒区，白色毒雾几乎笼罩了第120师的第一线阵地。日本战俘安田清笔供："1938年7月初旬，第109师团步兵第107联队、山炮兵第109联队，于山西省五台山作战中，在定襄县城附近村庄与4000名八路军交战约一小时，山炮联队对八路军阵地发射窒息性、催泪性、喷嚏性瓦斯弹及榴弹100发以上，炮杀、毒杀八路军战士100名，农民20名。这次战斗，有数百名八路军战士被杀伤。"❶ 同日，向王进村一带进犯的日军，也遭到八路军的迎头痛击，伤亡重大。日军在增援部队到达后，以飞机、炮兵火力猛攻第120师阵地，并大量施放毒气。10月3日，日军进占五台县城。

除东、西两线外，日军还多次使用毒气。例如，10月下旬，在灵丘县贾庄战斗中，日军第2混成旅团一部施放毒气，致使中国军队第120师第359旅第718团两个连中毒，士兵四肢发痒，流泪、喷嚏不止。11月中旬，在买庄战斗中，日军第2混成旅团第5大队发射毒气炮弹，迫使八路军部队撤退。八路军一部夜袭灵丘县义泉岭警备队第3支队时，敌施放大量毒气筒，八路军约500人及80户村民中毒。11月29日，八路军第359旅一部在灵丘以北的杏树咀、乐陶山村，伏击正在乘车北犯的日军400余人时，日军以火炮、掷弹筒发射大量毒气弹，王震旅长以下300余人中毒，撤出战斗。

八路军在一个多月的反"围攻"战役中，歼敌5200余人，粉碎了日军摧毁晋察冀抗日根据地的企图。初步统计，日本华北方面军在此次"围攻"作战中，共使用毒气13次以上，发射毒气炮弹数百发，施放毒气筒3200个以上。据晋察冀军区第1军分区在大龙华战斗中缴获的日军绝密文件记载，日军发射毒气炮弹数百发，施放毒气筒仅在阜平、定襄方向即达3312个，毒气施放的宽度达4.5公里以上，八

---

❶ 安田清的笔供，1954年8月12日，原件存中央档案馆，档案号119-2-830-1-5。

路军官兵中毒人数5个营以上(见表2-2)。

表2-2 日军在阜平、定襄战斗中使用毒气筒简表(1938年)

时 间	地 点	使用数量(个)	毒袭宽度(米)
9月28日	灵山镇	130	200
9月28日	北 镇	120	300
10月1日	定 襄	2548	2700
10月1日	漫 山	12	—
10月4日	方代口	200（另毒气弹400发）	5个营阵地
10月4日	东 庄	80	300
10月24日	严城镇	85	—
10月26日	大白化	47	200
10月28日	王快镇	90	300~400

11月3日,晋察冀军区聂荣臻司令员在致中共中央军委的电报中,通报了此次日军使用毒气和八路军防护情况,他说:

此次在阜平作战,我中毒部队有1团大部,3团1个营,717团4个连,所得经验汇集如下,望各部队做教育参考用:

(一)毒气施放法。我们打击阜平之敌时,共中毒4次。其施放法有二:

甲、用炮弹射击法。此种施放多在远距离,凡对敌有害目标如我之机关枪火力突击部队。

乙、毒气筒喷射法。此种施放多在近距离的敌在阵地,防我攻击时、顺风时、我搜索前进时用之毒气。

第二章 在华北的毒气战实验与推广

颜色及状态：毒气施放后是极浓之白色烟幕，经30分钟后渐变灰雾，因炮弹同时发射出烟雾，颜色不详辨别，大体可分白灰色及青灰色两种。用炮弹施放者，无风时烟雾的威力圈有300米达之宽，顺风飞七八里，其烟雾仍能中毒。

（二）中毒之状态：毒气之味为辣味、牡蛎味，似有点烧胶皮之味。中毒后即刺激眼流泪、鼻嚏喷、头昏，手脸发红发肿，呼吸不□，全身无力，胀肚子。轻者用冷水洗后，须4天才能恢复原状，最重者红肿特甚，过两天后复在红肿处起泡，如同火烧状，但不甚痛，除用冷水洗外，用日光皂与冷开水以手巾洗擦泡处，即消去，将好时要脱一层皮。❶

中华人民共和国成立初期，受审日军战俘曾多次供称日军在围攻晋察冀抗日根据地的作战中使用了大量毒气武器。如安达千代吉在一份笔供中称：

1938年11月中旬，他被分配在华北方面军驻蒙军独立混成第2旅团第5大队，任第一线瓦斯使用指导员，以该部队本部附的身份，参加灵丘作战。在灵丘县买庄附近进攻时受到30名八路军的抵抗而遭受困难，他和队长庄司巽大佐建议使用瓦斯弹，于是，命炮兵白石队发射窒息性瓦斯弹4发，使八路军向山上撤退。在灵丘县底泉岭警备队3支队受到八路军夜袭时，中队陷入危险境地，遂使用9个赤筒瓦斯，使八路军约500人受到毒害，义泉岭、孙家庄等村约80

---

❶ 聂荣臻致中共中央军委的电报，1938年11月3日，原件存中央档案馆，档案号715，第48号。

毒气战

户居民受到伤害。❶

又如日军战俘庄司巽在一份笔供中也称:

1938年12月上旬左右,他指挥步兵一中队和山炮兵一中队向东河南(灵丘与平型关之间的路上,距灵丘约14公里)行军途中,在距东河南约4公里的路上,看到公路南约5公里处高地上往北前进约有200名抗日军,遂命令山炮中队长白石大尉立即射击20发催泪性瓦斯毒气弹,并命令步兵中队进行攻击。❷

上面,我们揭露与介绍了日本全面侵华战争之初,在华北战场上实验与推广毒气战的罪恶事实。据日军的资料记载,在1937年7月8日至1938年10月末,日本华北方面军共消耗赤筒14 271个、催泪筒2588个、赤弹2556发。❸ 实际上,中国官方文献早已反复揭露了日军在华北地区的此类罪行。

1937年9月22日,宋哲元发出致中央电告:

固安方面,日军施用窒息毒瓦斯,所幸我前线将士早经

---

❶ 安达千代吉的笔供,1954年11月17日,原件存中央档案馆,档案号119-2-58-1-6。

❷ 庄司巽的笔供,1954年7月18日,原件存中央档案馆,档案号119-2-837-1-5。

❸ 步平等:《日本侵华战争时期的化学战》,社会科学文献出版社2004年版,第261页。

第二章 在华北的毒气战实验与推广

准备防毒面具,故毫无损伤,惟战区附近一带,平民之不及逃出者,曾有多人中毒。❶

1937年10月14日,国民政府通电指控日军违背国际公法使用毒气武器,称:

中国国民政府对于侵华日军违背国际公法使用毒气武器的罪行,于1937年10月14日向国际联盟提出指控,并附有中国地方红十字会和世界卫生组织的证据文件,要求国际联盟采取措施,谴责日本帝国主义使用毒气的罪行,并予以制裁,制止其进行毒气战。❷

1938年7月23日,朱德、彭德怀致电阎锡山、卫立煌,称:

本月6日,职路徐海东旅在阳城西北之町店义城战斗,伤亡约500余人,前已具报。该批伤员近日运回后方,惟重伤甚多,殊难医治。考其原因,多为敌之达姆弹射害所致。查达姆弹久为国际公法所禁用,日寇毒辣,惨用毒弹,请向外广为披露,更多揭发日寇之惨无人道之行为。❸

---

❶ 孙俍工:《沦陷区惨状记》,原件存中国第二历史档案馆,档案号787,第425号。

❷ 国民政府的通电,1937年10月14日,载《新华日报》1938年3月29日。

❸ 朱德、彭德怀致阎锡山、卫立煌的电报,1938年7月23日,原件存中央档案馆,档案号145,第11号。

第二节 用抗日战俘做毒气实验

一、室外毒气实验

前面已经说过,日军战俘安达千代吉1938年4月被派到日军驻蒙兵团司令部参谋部瓦斯教育系任第一线部队的瓦斯教员。他在一份口供中说,1938年6月,受该兵团司令官莲沼蕃中将之命,配属日军第26师团司令部参加了绥远省清水河作战。日军第26师团石黑大队在清水河县城东南方约30公里,与抗日军马占山部队战斗中,俘虏马占山军战士一名。战后,他受瓦斯教育主任早坂少佐命令,把该战俘当作实验品带到清水河县城西侧干河底,施行了赤筒(窒息性毒瓦斯的一类)的效力实验。❶关于这次把抗日战俘作为窒息性毒气效力实验的活体材料的具体情况,安达千代吉在另一份笔供中作了详细的交代。他写道:

6月中旬,日军向绥远省清水河发动进攻后,一天,早坂少佐将毒气系人员集合起来,说:"今天搞一下催嚏性毒气的效力实验。恰好昨天从前方部队送来了一名抗日军俘虏。你们还有很多人没有在室外实际看到过效力实验,所以想搞一次活体试验。现在到城外的南河沿集合!"

---

❶ 安达千代吉的口供,1954年7月31日,原件存中央档案馆,档案号119-2-58-1-5。

第二章 在华北的毒气战实验与推广

请注意,这里有几个关键词:催嚏性毒气、室外、活体、效力实验。

早坂的命令,表明了这次毒气实验的性质和目的!

接着,安达千代吉在笔供中写出了这次毒气活体效力实验的经过:

> 上午10时到指定地点集合。卫兵小队的一个分队已经在各要害地点设置警戒,在河沿上有五六名士兵手持上着刺刀的枪围成一个小圆圈站在那里。在圆圈中间,坐着一个年45岁左右的中国人,原来是马占山军的俘虏,双手被绑在背后,身上的衣服已经破烂不堪,从裸露的后背和肩膀上到处都可以看到黑紫色的被殴打的新鲜伤痛。他一张由于愤怒和仇恨变得僵硬的脸,那布满血丝的眼睛目不转睛地怒视着我,这副表情使我不禁一阵毛骨悚然。

"怒视"两个字,使安达千代吉在中国抗日战士的坚定意志与民族精神面前感到"毛骨悚然"!

> 过一会儿,早坂少佐命令准备发射。我拿着带去的催嚏性毒气筒,站在被害者上风头约30米处,做好点火准备,等待发令。五六名担任直接警戒的士兵散开站成一个大的半圆形。毒气班的松下军曹戴着防毒面具,紧握被害者身上的麻绳,担任直接警戒。随着"准备完毕"的信号,立即发出了点火命令。"点火!"我一面复诵,一面将握在右手中的摩擦板向毒气筒的喷烟口摩擦。一瞬间,一股青紫色的刺眼的闪光发出,接着冒出一缕乳白色的烟。一秒、二秒、三秒,

毒气战

随着灼热的火花，发出一声异样的响声，白烟变成了黑烟，沿着地面扩散开来，包围了被害者的身体。这位机智的抗日军战士立即意识到是毒气，似乎一下屏住了呼吸，但又迅速地把脸伏在地面上进行呼吸。站在一旁的早坂喊道："这家伙居然懂得防毒气！喂！松下军曹，把他的脸扳起来！"松下军曹立即抓住被害者的衣领，企图把他的脸从地面上扳起来。但是，战士拼命地把脸贴在地面上，松下军曹半骑在被害者的身上，不管三七二十一地把他拉起来。一张充满愤怒和仇恨的脸，紧闭着的嘴，布满血丝的眼睛怒视着周围。一分钟、两分钟，黑烟笼罩了被害者。但预期的效力并未出现。

眼看着实验就要失败了！我接到了加大毒气的命令。

早坂急忙指示说："把气筒拿近些！"我迫不及待把正在燃烧着的毒气筒拿到距被害者有 20 米远的地方。大家都目不转睛地看着被害者的反应。我也想，"这回你可该丑态毕露了……"大家都在聚精会神地注视着，但他那紧闭的嘴角……脸色也看不出什么明显的变化。时间一点点地过去，毒气已燃烧掉一多半，仍然没有显出效果。正当这时，风向还变了，形势更加不利。早已不耐烦了的早坂怒吼道："安达，再拿近些！"我立即拿到距离 10 米的近处，观察着被害者的变化。滚滚浓烟喷放出来，包围了被害者。

他为了不吸入毒烟，拼命地把脸贴在地面上，同时还要忍受着不断涌上来的喷嚏的折磨，咯吱咯吱地咬着牙坚持着。但是，他苍白的脸色一会儿又变成土色，圆睁着布满血丝的眼睛，咬牙忍受着痛苦，逐渐地全身变得无力，瘫软地伏在地面上。"总算完蛋了！"我们都露出了心满意足的狞笑。杀人的催嚏性毒气筒的周围变成了浅灰色，剩下的少量缕缕白烟轻轻飘去。

早坂召集卫兵小队集合，宣布毒气实验就此结束，并下令要将这名俘虏杀死。❶

为了防止泄露使用毒气的秘密，一个爱国战士的宝贵生命就这样作为豚鼠的代用品，被活活地剥夺了。

二、室内毒气实验

日军战俘菊地修一，1937年侵入中国，历任日本华北方面军第3混成旅团步兵小队长、中队长、大队长附、炮兵大队长等职，日本投降后又参加阎锡山部队。他在一份笔供中供述了在山西省崞县轩岗镇用一名八路军俘虏作为活体材料，在碉堡内做毒气效力实验的内情。❷

1939年5月上旬，菊地修一在日军独立混成第3旅团独立步兵第7大队第3中队任少尉小队长，驻在山西省崞县轩岗镇。他写道：

一天上午，大队长宫崎中佐命令我将关押在中队卫兵所的一名八路军战士俘虏，由我部下的一个分队担任警戒，送到中队北侧的碉堡中去，用做毒气实验。

---

❶ 安达千代吉的笔供，1955年，原件存中央档案馆，档案号119-2-174，第58-62页。

❷ 菊地修一的笔供，1955年，原件存中央档案馆，档案号119-1-174，第63-67页。

毒气战

这名八路军战士，在宪兵队监狱和中队拘留所中，经过几天连续的拷问、殴打等非人的待遇，已经两眼深陷，双颊消瘦，衰弱不堪。但是，双眼却燃烧着怒火，目不转睛地注视着日本兵匆忙跑动的身影。

看，"双眼燃烧着怒火"！八路军战士多么崇高的民族气节和大无畏的民族精神。这一点，日本侵略者也不得不折服。菊地修一接着写出了这次毒气效力实验的目的：

一会儿，大队长宫崎中佐带着副官横川中尉等人来到了碉堡的西侧。在这里集中了15名军官，大家手里都提着防毒面具。宫崎开始滔滔不绝地讲述毒气的效力。

副官指挥大队队部兵器系下士官等2人和我的3名部下，在碉堡的门口铺上两张草席，上面又铺了3条毯子。然后，将碉堡的枪眼全部密封起来，又将八路军战士的双脚用绳子紧紧地缠了又缠，把他抬到碉堡中去。副官和兵器系的下士官戴上防毒面具，从木箱中取出几个催泪弹，再次进入碉堡。

宫崎最后说："总之，要仔细观察多大浓度的毒气才能使敌军丧失战斗力，或陷入假死状态，以备将来参考。"

"多大浓度""毒气""丧失战斗力""参考"，暴露了这次毒气效力实验的罪恶目的！

关于这次毒气效力实验的细节，菊地修一在笔供中作了如下描述：

第二章 在华北的毒气战实验与推广

不久,戴着防毒面具的大队长和中队长一个个飞快地拿起草席和毯子,消失在碉堡中了。我也不甘落后地戴上防毒面具,钻进碉堡里。

碉堡里弥漫着毒烟,在安全灯光下,八路军战士身影清晰可见。他在碉堡内土炕的中间,保持坐着的姿势,两腿向前伸出,双手被绳子紧紧地绑在背后。然而,他在日本兵如此惨绝人寰的毒气实验面前,却怀着无限的仇怒,坚定地坐在那里,双眼圆睁,怒视着站在他面前的每一个日本兵。

时间在一秒秒地过去,由于眼睛受到毒气的刺激,他的睫毛深陷的双眼都沾满了泪水,随着眼睛的眨动,眼泪如同泉涌,沿着双颊流入口中。一会儿,他轻轻地闭上眼睛,头微微地垂下,尽可能地屏住气息,企图摆脱这一痛苦。但是,每当呼吸时,从口和鼻孔吸入的毒气,便刺激脑神经和泪腺,于是鼻涕便不停地流入口中。然而,他却一动也未动。喉咙像火烧似的痛,他只能张开口勉强呼吸着。毒气进入他正在张开的口中,而为了生存他又不能不呼吸,一个活生生的人即将被这样慢慢地折磨死去。

大队长命令再放几个毒气弹,碉堡里完全笼罩在一片浓雾之中,充满了毒气。我害怕吸入毒气,拼命勒紧防毒面具的带子,头和耳朵被勒得生痛。可是,这个俘虏仍然低垂着头,闭着眼睛,屏住呼吸,一点儿也看不出屈服的样子。

"一点儿也看不出屈服的样子",八路军战士在这群日本魔鬼面前,表现出何等的大义凛然、视死如归的英雄气概!

菊地修一接着写出了日本侵略者的恐惧、焦急和更加依赖毒气的魔鬼心态:

毒气战

时间已过去差不多1小时了，而大家期待的像讲课中所说的毒气效果仍未明显地出现。我内心十分焦急，"真是一个顽固的家伙！大概由于中国人是野蛮人，所以这些毒气对他们不起作用，如果是文明人，可能早就完蛋了！"对于他那种不向任何势力屈服的斗争精神和他的满腔仇恨，我就是这样理解的，借以掩盖我的不服输的思想。后来我实在忍无可忍，曾一度走到碉堡外面，急忙拿下防毒面具，尽情地深呼吸。兵器系的下士官又拿了两筒毒气走进碉堡。过了一会儿，我重新钻进碉堡，这时比刚才还要严重，完全充满了毒气。看到这种情况，我心想："这回可能快该完蛋了！"一面想着，我一面从人缝中窥视着他的脸。

八路军战士被日本兵接二连三放出的毒气弄得不断地流鼻涕，眼睛已完全睁不开了，被折磨得微微地左右扭动着身体。他的心脏快要破裂了，再也不能一动不动地坐着。一分，两分……时间在渐渐过去，他的身体终于歪向右侧，头部顶着炕。但是，他并没有完全躺下，他一面用头部支撑着身体，一面不断地抽搐着。然而随着时间的流逝，他的全部器官完全丧失了机能，失去了调节呼吸的能力，呼吸变得极不规则，每当吸气时，毒气便从他五官所有洞孔钻入体内，眼泪和鼻涕在炕上流成一片。最后终于陷入昏迷状态，"吧嗒"地倒在炕上。

我心想，"终于完蛋了！不过这家伙还真够能忍的！"一面想着，一面仍然继续监视着。这时，副官和军医迅速地来到他的身边，检查了眼睛和呼吸的情况，又站到地上来。这时他再也不动了。

把这个处于假死状态的八路军战士再次抬到碉堡外面，

第二章　在华北的毒气战实验与推广

大队长命令兵器系的下士官和我部下的下士官、士兵用手枪射击他的头部,然后又用刺刀在头上刺了几刀,他就这样被惨杀掉了。

三、持久性毒气炮弹实验

日军战俘加藤喜久夫,1940~1945年侵入中国,曾在河北省石家庄地区和山东省泰安地区先后多次参加用活人实验催泪性、喷嚏性等各种毒气武器的效力。他在一份笔供中交代了用6名八路军战士发射20发持久性瓦斯弹并实验其效力的事实。❶ 他说:

1941年9月上旬,于河北省石家庄北方村山高地,独立混成第10旅团炮兵下士官实弹射击演习中,在炮兵下士官教育队区队长小川正大少尉的命令下,为试验持久性瓦斯弹的杀伤效力,将6名男30~35岁的八路军俘虏背手绑在大车轴上,当作肉靶而进行射击。

当时我是兵长受教育官,担当观测通信手,我在观测阵地,用电话向炮列传达小川少尉的命令,用2门九四式山炮,发射20发持久性瓦斯弹,结果炸死和毒杀了6名八路军俘虏,尸体被埋在附近的田地里。

另据中村五郎的笔供,1942年3月中旬,在山东省益都

---

❶ 加藤喜久夫的笔供,1954年8月20日,原件存中央档案馆,档案号119-2-807-1-5。

县盘踞时，教官三浦三二少尉，为进行瓦斯效力教育，在兵营的小仓库里，命令 45 名新兵戴上防毒面具，燃烧八九式小甲筒 2 枚，以试验新兵的耐久性。后来，又将酷使挑水的抗日军俘虏一名（22 岁，男）推入房内，约 5 分钟后，这名俘虏陷入不省人事的状态。这样，用中国人做瓦斯效力教育后，又继续酷使他挑水。[1]

第三节　用平民做毒气实验

日本华北方面军为了对中国人民进行毒气战攻击，从师团到联队、大队、中队，乃至小队，不论步兵、炮兵，不仅使用抗日战俘做"活体"实验，还广泛而大量地将和平居民作为"活靶"进行毒气战的训练。据日军战俘加藤喜久夫、木村初雄、清水永吉、村山隼人等 19 人的供词，1940 年 9 月至 1944 年 7 月，仅在河北、山西、山东、河南四省，他们亲自参与的瓦斯教育训练中，就使用和平居民当作"活靶"进行毒气训练达 18 次之多。

一、空旷地毒气实验

日军对中国人民进行毒气战攻击，首先是在空旷地域进行毒气实验。

日军战俘木村初雄，1940～1945 年两度侵入中国，先后在河南、山东等地参加侵华活动。他在一份笔供中说：

---

[1] 中村五郎的笔供，1954 年 7 月 1 日，原件存中央档案馆，档案号 119-2-367-1-5。

1940年9月下旬，盘踞在河南省开封城内，第35师团第219联队下士官候补者特别教育队25人，在城内东南角广场，进行了通过毒烟内的耐久教育。当时，使用催泪性毒瓦斯小筒25个，由教育军曹山田某、助手森泰助兵长放火起烟，特别教育队25人接受通过烟内耐久教育。由于在顺风方向的寺院被瓦斯烟包围，有3名僧侣在街上中毒倒地。❶

另据日军战俘井上重平的笔供：

1940年10月中旬，第35师团第220联队下士官候补者教育队约100人，在河南省开封原河南大学校址附近的广场上，进行瓦斯（催泪性）效力实验。下士官候补者教育队在佐佐木某的指挥下，互相放射瓦斯，进入瓦斯毒烟中，连一分钟也坚持不了，便都逃避了。由于瓦斯烟流进了下风约距500米远的某村庄，村民全都往家中逃去，致使农务停止约4小时。❷

二、村庄内毒气实验

日军战俘关口藤治，1940年侵入中国，曾任日军第14

---

❶ 木村初雄的笔供，1954年10月8日，原件存中央档案馆，档案号119-2-447-1-5。

❷ 井上重平的笔供，1954年8月15日，原件存中央档案馆，档案号119-2-449-1-5。

毒气战

师团步兵小队长、中队情报系、大队瓦斯教官等职。他在一份口供中说：

1941年8月的一天，在河北省固安县牛驮镇，他在大队接受瓦斯教育，临结束的时候，在田村义雄指挥下，30名受训下士官候补者到牛驮镇附近某村施放瓦斯，进行瓦斯效力实验。当时，施放了10个小红筒毒气，他本人指挥部下10人放了3个小红筒毒气。他亲眼看到有30名村民中毒，呈现呕吐、眼睛红肿、流泪的惨状。❶

据日军战俘加藤喜久夫的笔供：

1941年6月中旬，在河北省石家庄北方的某村，炮兵下士官教育队进行瓦斯教育。当时，他是兵长受教育者。根据炮兵下士官教育队队长山川正夫少尉的命令，在瓦斯教育期间，向该村施放了约15个小红筒瓦斯，瓦斯浓密地滞留在附近农民住的10栋房屋周围达20分钟，使20名和平农民陷于呼吸困难，使附近田地里的农民30个小时不能耕种。

1942年5月中旬，第59师团瓦斯集合教育，在山东省泰安兵营附近广场进行师团瓦斯集合教育期间，当时他是受教育者伍长。根据教官纳富义清少尉的命令，为了进行一时性瓦斯的教育实验，放了20支催泪性、1支喷嚏性瓦斯，使该处两栋中国农民的房屋被毒瓦斯笼罩，使呼吸器官没有抗

---

❶ 关口藤治的口供，1954年12月22日，原件存中央档案馆，档案号119-2-1054-1-3。

力的老人、幼儿、病人等和平居民吸入毒瓦斯达 20 分钟，并陷入呼吸困难，使附近田地里 10 名农民 20 小时不能耕种。❶

日军战俘清水永吉，1940 年底侵入中国，先后在日军独立混成第 10 旅团、第 59 师团、第 117 师团任兵长、伍长、大队本部情报系下士官。他在一份笔供中说：

1941 年 8 月下旬，在山东省德县进行大队瓦斯训练结束时，大队长吉野松五郎进行了"瓦斯检阅"。由 40 名瓦斯兵，在德县车站南约 300 米处，发射了小赤筒瓦斯 13 发、烟幕弹 27 发。当时正值拂晓，风速 2～3 米，瓦斯全部进入预定目标村庄内，该村 30 户左右，约有居民 150 名，造成许多伤害。这次瓦斯演习，还将附近田地 1.2 万平方米充作演习场而踩荒。❷

三、室内毒气实验

前面提到的日军战俘加藤喜久夫，在同一份笔供中交代了日军在室内利用平民进行瓦斯效力实验的内情：

---

❶ 加藤喜久夫的笔供，1954 年 8 月 20 日，原件存中央档案馆，档案号 119－2－807－1－5。

❷ 清水永吉的笔供，1954 年 8 月 15 日，原件存中央档案馆，档案号 119－2－336－1－5。

毒气战

1942年5月上旬,在第59师团瓦斯集合教育中,于山东泰安大众桥附近的瓦斯队,他当时是伍长受教育者,根据教官纳富义清少尉的命令,他与一名士兵,从附近田地里抓捕一名男40岁左右的农民,关闭在瓦斯室内约30分钟,结果,该农民眼睛红肿,流鼻涕,陷入昏迷状。同年5月中旬,在第59师团瓦斯集合教育中,于山东省泰安车站附近的兵营里,试验了催泪性的红棒,将3名男40~45岁的农民监禁在兵营内的空屋里,背手绑在柱子上,门窗密闭,将演习用的3支红棒瓦斯引着,3名农民眼睛红肿、流清鼻涕,陷入呼吸困难,弃之不理。❶

据日军战俘菅原喜好的口供:

1942年6月中旬,在山东省临清城南门外公园的讲堂内,日军北里繁彦军曹为了试验对瓦斯的呼吸法,命令上等兵森田逮捕一名35岁左右的农民,当将他推进讲堂内的瓦斯室时,这名农民全力向后挣。当时,菅原喜好是二等兵,他从背后把这名农民推入瓦斯室内。密闭的瓦斯室,约25平方公尺,投放进赤筒一个。这名农民因害怕而狂喊,吸入了大量的毒气。一分钟后,那个农民已成濒死状态。❷

---

❶ 加藤喜久夫的笔供,1954年8月20日,原件存中央档案馆,档案号119-2-807-1-5。

❷ 菅原喜好的口供,1954年,原件存中央档案馆,档案号119-2-920-1-6。

第二章 在华北的毒气战实验与推广

关口藤治在一份口供中交代了日军用30名农民做活人瓦斯实验的事实：

1943年7月，当时他任第66旅团第78大队第2中队小队长，盘踞在河北省易县北山。一天，奉大队长阿久刀川赳夫的命令，担任30名瓦斯兵的教官。在瓦斯训练结束时，乘拂晓之际，他指挥受瓦斯教育者30人，到北山约6公里的某村庄，逮捕约30名老百姓，进行毒气效力实验。用枪刺威逼农民到一间小庙内，施放了约10个小红筒瓦斯。结果，老百姓中毒呕吐、眼睛红肿、流泪，其中一人两三天后死亡。❶

四、野外毒气实验

日军战俘御园勉，1940～1945年侵入中国，曾任日军独立混成第10旅团、第59师团第1870部队的兵长、伍长等职。他在一份口供中说：

1941年8月下旬，独立混成第10旅团第45大队参加泰西作战结束后，浚野大队纳福良清小队接受瓦斯教育，当时他是步枪手一等兵。他奉教官纳福良清小队长的命令，在泰安县六郎坡附近，将正在耕地的8名农民逮捕，用作毒瓦斯实验，日军30人持枪警戒，将8名农民带到村外洼地处，将2筒催泪性中型赤筒在距离农民5米远的地方点着。结果

---

❶ 关口藤治的口供，1954年12月22日，原件存中央档案馆，档案号119-2-1054-1-3。

8名农民流出鼻涕及眼泪,人事不省。同年10月,第45大队又在泰安县城北田地里使用20余个赤筒毒瓦斯、在山东泰安泰家桥附近一个空屋中使用2个赤筒毒瓦斯,进行过两次瓦斯实验演习。他供认:"用农民实验毒瓦斯,是为了与八路军作战时使用毒瓦斯。"❶

据村山隼人的笔供:

1943年2月下旬,他在华北派遣军保定陆军预备士官学校(保定干部候补生队)第三中队接受军曹候补生教育。3月10日,该校举行联合演习,他任演习队长。因保定车站许多人观看,打算让他们难受一下,于是命令瓦斯班放射催泪瓦斯,因而使很多群众遭受痛苦。❷

日军战俘大岛光,曾配属日本关东军第804部队中根队任承德宪兵队青龙宪兵分队宪兵伍长,他在一份笔供中承认:

1943年七八月间,在热河省青龙县板城村亮甲台盘踞时,遭到八路军夜袭。当时,中队长命令今井军曹,在中根队入口处放射催泪瓦斯3个,他便命令"快些干!"结果,

---

❶ 御园勉的口供,1954年10月11日,原件存中央档案馆,档案号119-2-910-1-4。

❷ 村山隼人的笔供,1954年12月31日,原件存中央档案馆,档案号119-2-412-1-7。

第二章 在华北的毒气战实验与推广

八路军战士撤退了。数日后,中队长命令今井军曹试验瓦斯效力,在亮甲台东隅,指挥士兵数人,监视瓦斯效力,放射了催泪瓦斯2个。当时,农民正在休息,20名村民中毒,一面流泪,一面咳嗽。❶

日军战俘矢崎贤三,先后在日军第59师团第53旅团任小队长、少尉、中尉等。他在一份笔供中说:

1943年8月,在山东济南第12军干部教育队进行毒瓦斯军官教育,当时他是第59师团第53旅团独立步兵第44大队步兵炮中队见习官小队长。于旧飞机场阵地演习放毒阵地攻击的时候,按照兵藤少尉教官的命令,在约100平方米的阵地上,施放了5个催泪性小型毒气筒,毒气持续约1小时,切断了中国人的交通,使张庄约150名和平农民中毒。❷

另据三户善造的笔供:

1944年7月上旬,第59师团第53旅团第42大队第3中队小队长石田五郎少尉,指挥受瓦斯教育者22人,在山东一个住有35户居民的村庄以东约150米的田地里,发射2个赤筒、5个发烟筒。当时,他在村边约50米的地方点燃了

---

❶ 大岛光的笔供,1954年9月13日,原件存中央档案馆,档案号119-2-776-1-5。
❷ 矢崎贤三的笔供,1954年,原件存中央档案馆,档案号119-2-516-1-5。

毒气战

1个赤筒。因此,使和平居民约30人中毒流泪、打喷嚏。❶

据郭士杰《日寇侵华暴行录》记载:日军随时用毒瓦斯作为恐吓人民的武器。该书举出了河北省平乡县南侯伶村的事例,由此可见一斑。

1942年7月24日,绰号黑鬼子的敌人木村在南侯伶村召开群众大会,全村男女都得去,一个也不敢留在家里。木村等大家到齐以后,拿出两筒毒瓦斯说:"这是两瓶万宝灵丹,吃大瓶一辈子不得病,你们谁吃?"这时大家瞪着眼,谁也没有开口。凶恶的黑鬼子木村发起脾气了,两眼一瞪,脸一翻,大闹着:"说话的你们不懂,木头人的一样!死人的一样!"吓得大家更害怕了。有些大胆的老太太开口了:"给我一点。"黑鬼子声调转为奸诈的柔和的声音了:"好,好的,好,好的,大家张开嘴,都尝一点吧!"他自己走到上风头,一面戴着防毒面具,一面放出毒瓦斯出来,毒气就慢腾腾地蔓延起来。没有防毒面具的伪军,也都溜到一边去了。这些无经验的和平居民,受着毒瓦斯的侵袭,流眼泪,打喷嚏,心慌,头晕,干呕,不知所措,大人哭,小孩叫,东西乱窜,忙作一团,实在惨不忍睹。事后,黑鬼子木村还对老百姓说:"这次我们没有打算把你们弄死,先给你们尝一尝,你们如有私通八路的,就要你们统统死了死了的。"❷

---

❶ 三户善造的笔供,1954年7月24日,原件存中央档案馆,档案号119-2-95-1-5。

❷ 郭士杰:《日寇侵华暴行录》,联合书店1951年版。

第三章　在华北全面实施毒气战

第一节　毒气战提升到新阶段

一、全面实施毒气战

武汉会战结束，至 1940 年，日军在敌后华北战场上进入了一个全面实施毒气战的新阶段。

这是因为，自抗战爆发以来，日本侵略者在战略进攻中，长驱南进，攻占了半个中国，但中国共产党在敌后领导人民进行抗日游击战争，在敌后华北相继建立了晋察冀、晋冀豫、晋绥、冀中、冀南、山东、冀鲁豫、冀鲁边、冀东等抗日根据地，开辟、扩展与巩固了敌后华北抗日战场，在日军的后方燃起了熊熊大火，严重地威胁到日军占领的大中城市与交通要道及其伪华北政权、伪蒙疆政权的安全，成为日本侵略者的心腹大患。在这种情况下，日本侵略者为"确保占领区，促进其安定"，不得不将进攻的重点由正面战场转移到敌后战场。中国抗日战争遂转入战略相持阶段。

这又是因为，自全面抗战爆发以来，侵华日军在华北战场上进行了使用各种毒气武器的实验与推广，并已经准确地掌握了中国军队特别是八路军、游击队几乎没有毒气战的装备与防护能力的情况。因此，在华北战场上，侵华日军为确保河北、山西、山东、察哈尔、绥远等省占领区的安定，日益把毒气战作为对付抗日根据地军民的重要手段。

下面，看一看中国抗日战争进入战略相持阶段，日军大本营有关使用毒气武器的指令吧。

武汉会战结束约月余，1938年12月2日，日军大本营参谋总长闲院宫载仁以大陆命第241号，命令华北方面军司令官杉山元、华中派遣军司令官畑俊六、第21军司令官安藤利吉："在华各军可使用特种烟（赤筒、赤弹、绿筒），但在使用时避开市街及第三国人居住区，与烟混用，严格隐匿使用毒气的事实，注意不遗留痕迹，要进一步训练、提高使用特种烟部队的能力。"同时，特令华北方面军司令官"应在占领区作战时研究黄剂及特种资材在作战时的价值"。

大陆命第241号下达5个月后，1939年5月13日，日军大本营参谋总长闲院宫载仁又根据大陆命第241号，以大陆指第452号，具体指令华北方面军司令官杉山元"研究黄剂及特种资材"的价值，并将"研究"改为"使用"，要求：

一、华北方面军在现占领区域内作战时可使用黄剂等特种资材以研究其作战上之价值。

二、上述研究应在下列情况下进行：

1. 必须注意严格隐匿事实，特别注意决定不得伤及第三国人，并对其严格保密；

2. 尽量减少对中国军队以外的普通中国人的伤害；

3. 可在山西境内偏僻地区使用以便于掩盖，尽量在局部地区进行实验研究以达到目的；

4. 可使用飞机播撒毒剂。

第三章 在华北全面实施毒气战

日军大本营这两个指令的下达，不是偶然的，它是侵华日军在中国战场上特别是华北战场上使用毒气武器进入一个新阶段的重要标志。为什么这样说呢？这里有三处关键性用语。

第一，"使用特种烟""与烟混用""隐匿使用毒气的事实"。这表明，侵华日军经过前一时期的实验与推广，已经得到"隐匿使用毒气的事实"的经验，日军大本营下达了在中国战场上采取"与烟混用"的方式，使用各种毒气武器（特种烟）的作战命令。

第二，华北方面军"在现占领区域内作战时可使用黄剂等特种资材"。这表明，在华北战场上，日军由前一时期"研究黄剂及特种资材"在作战时的价值，上升到"作战时可使用黄剂等特种资材"，也就是说，日军在华北战场上进入使用催泪性、喷嚏性、窒息性、糜烂性（黄剂）等各种毒气武器的阶段。

第三，"进一步训练、提高使用特种烟部队的能力"。这表明，日军大本营在探明中国军队特别是八路军几乎没有毒气战的装备与防护能力的情况下，将派进华北的专门的毒气部队迫击大队、迫击中队、迫击小队及野战化学实验部相继撤回日本或调往中国南方作战，事实上不是降低华北日军的毒气战能力，而是要求"进一步训练、提高使用特种烟部队的能力"。这种"训练、提高"的办法，前面已经谈过，就是训练"瓦斯特业"人员，在师团、旅团、联队中，可以根据作战需要，临时组成毒气联队、毒气大队、毒气中队、毒气小队，并在日军陆军中普遍进行瓦斯教育。也就是说，日

· 69 ·

军毒气战的能力普遍地提高了。

由以上三处用语可以看出,武汉会战结束后,中国抗日战争进入战略相持阶段,日军在敌后华北战场上使用毒气武器,发生日益明显的变化:使用对象,仍主要是针对抗日军队,但对居民用毒逐步增多;使用毒气武器的种类,由催泪性、喷嚏性、窒息性发展为包括糜烂性黄剂等在内的各种毒气武器;使用毒气的地区,由山西省山岳地带扩展到河北省等平原地带,条件是"不伤及第三国人"。

图3-1 日军毒气部队武装人员

日本华北方面军早在1938年12月,就根据大本营的命令,制订了"治安肃正计划",决定在1939年1月至1940年3月,分3期进行"肃正讨伐"作战,实施军事、政治、经济、文化的总力战,使用各种毒气攻击作战的支援。首先沿平汉铁路封锁山西边界,切断晋察冀边区与冀中、晋冀豫边区与冀南的联系,尔后集中主力"扫荡"冀中、冀南和山东北部平原根据地,然后再转移兵力"扫荡"晋察冀、晋冀豫之山区根据地。至1939年6月,日军在华北战场的兵力由11个师团增加到20个半师团,明确提出"今后华北治安的对象是共军"。日本华北方面军在作战中加强了毒气攻击作战,由主要使用催泪性、喷嚏性等刺激性毒气,扩大为全面地使用包括窒息性、糜烂性各种毒气,还在军、师团、联

第三章 在华北全面实施毒气战

队中组建了各种临时毒气队,将毒气武器大量配备给步兵大队、中队、小队乃至战士,使用毒气的下令权限由联队长改放到大队长,再改放到中队长,又改放到小队长。左权将军在1939年8月5日致各兵团的电报中称:"敌大本营通令,北支、中支、南支各师团,以联队为单位,限7月底各特选士兵百二十名组织毒瓦斯中队,施以教练1个月,训后即派出参战。其中支军部已派筱井中将驻京负责组训,并由大阪化学兵工厂调技师120名,于日由倭国内乘'长崎丸'号经沪转京任教官。"❶

据中国方面资料不完全统计,1939~1940年,日军在华北地区使用毒气武器达400次以上。下面是侵华日军在华北战场上使用毒气攻击作战的主要事实。

二、在晋察冀边区毒气战更凶残

冀中平原与晋察冀边区之山岳地带,在战略上有着不可分割的关系。因此,日军1938年秋围攻晋察冀边区基本区而遭失败后,就掉转来围攻冀中平原,以第27师团、第110师团各一部围攻、"扫荡"冀中平原根据地,企图"迅速肃清平原而后指向山地"。

日军在1938年11月和12月,对冀中的两次围攻被粉碎后,于1939年1月24日开始,又集中7000余兵力,对冀中根据地中心区的河间、献县、任丘、肃宁等地发动了第三次围攻。为协助冀中部队巩固平原根据地,八路军第120师

---

❶ 左权致各兵团电,1939年8月5日,原件存中央档案馆,档案号98,第16号。

奉中共中央之命由晋西北挺进冀中。中共北方分局也派程子华率领100多名干部赶赴冀中。八路军第120师主力于1939年1月底到达冀中后，立即组成以贺龙为首的冀中区军政委员会和作战指挥部。2月4日，日军第27师团1000余人向河间县大曹村进犯，八路军第120师第716团连续打退日军4次猛攻。日军遭到第716团重创后，遂由炮兵大量发射窒息性毒气弹，由步兵大量施放毒气筒。在滚滚毒烟中，第716团官兵用毛巾浸水、浸尿或帽子包上积雪，敷紧口鼻，坚持战斗。至天黑，第716团发起反攻，以简易的防毒措施冲破日军的布毒区，展开浴血厮杀，歼敌300余人，缴获物资80大车，日军被迫停止第3次围攻。左权于2月14日致电各兵团首长，称："贺师6团4日在任丘（今为河间——笔者注）大曹庄战斗，敌施放喷嚏性、窒息性混合毒气。放法以炮弹、瓦斯筒或瓦斯罐置于工事前，待我攻击时即燃烧毒气弹。爆炸声小（如打洋铁筒），有一种剧药味，灰白带蓝色，我中毒后即感鼻孔发热而且痛，流泪、鼻流血、喷嚏、咳嗽、胸胃压痛、呕吐，重者咳痰带血，轻者经半小时后即愈。防毒简法以手巾浸水或尿、帽子装雪或土，敷紧鼻口，即觉呼吸清快，或喝凉水、（食）大蒜均有效。如在房子内中毒则更重。"❶

1939年2月9日至4月5日，八路军第120师与冀中部队主力连续粉碎了日军第四、第五次围攻。4月18日，第120师独立第2旅（辖第4、第5、第716团），移至河间东

---

❶ 左权致各兵团电，1939年2月14日，原件存中央档案馆，档案号106－2。

图3-2 齐会战斗中日军大量施放毒气

北的坞家村、卧佛堂、齐会、郭官屯地区,与独立第1旅(辖第1、第2、第3、第715团)会合,师部驻大朱村。4月20日,日军第27师团第3联队吉田大队800多人及伪军一部,由沧县进至河间城,22日又北犯三十里铺,企图进攻八路军第120师第716团第3营驻地齐会村。齐会村是一个400多户的大村,村内房屋密集坚固,村外有树木、土丘,易守难攻。第120师与冀中部队决心歼灭这股日军。4月23日晨,日军由三十里铺东犯,炮击、包围齐会村时,遭到第120师第716团第3营顽强抗击,多次冲击均被打退。日军遂向村内施放毒气筒和燃烧弹,乘势攻占了部分房屋。第716团第3营官兵早有准备,或将大蒜嚼烂塞入鼻孔,或用毛巾沾水、浸尿捂严口鼻,冒着毒烟,沉着应战,逐房逐院争夺,给日军以重创。为全歼该敌,贺龙师长亲赴前线指挥,令独立第2旅第716团第1营、独立第1旅第715团第7连在冀中部队配合下,分别从齐会村的东北、东南方向增援第3营;令独立第1旅第715团、第2团各一部,独立第2旅第4团、第5团等部,分别占领齐会村外围各要点。

毒气战

23日18时完成对该敌的反包围，于20时发起反击。激战中，日军吉田大队长命令炮兵向第716团阵地和第120师师部驻地大朱村猛烈发射毒气炮弹，贺龙师长和司令部机关20余人中毒。贺龙师长坚持指挥战斗。日军吉田大队在内外夹击下大部死伤，残部于24日拂晓向南逃窜，逃至马村附近，又被伏击、截击于南留路村和找子营村，至25日黄昏，日军除30余人逃回河间城外，其余全部被歼。至此，第120师与冀中部队并肩作战，巩固了冀中平原根据地。朱德总司令4月29日在致蒋介石、何应钦等的电报中，呈报了此次战斗及日军用毒的情况，称：是役经三昼夜连续战斗，毙伤敌700余人，生俘日兵7名，缴获步枪200余支，短枪7支，轻机枪10余挺，掷弹筒3个，山炮架1个，炮弹40余箱，防毒面具70余个，毒瓦斯10余筒，望远镜2个，子弹万余发，大车50余辆（均载大米、罐头及死尸），大衣200余件，军毯200床，其他军用品一部。此次敌大施毒攻，贺龙及以下官兵中毒者500余名，伤亡700余人。❶

八路军第120师主力在冀中作战期间，据不完全统计，先后遭遇日军以炮射和瓦斯筒发射毒气8次，日军使用了中毒（窒息）性、催泪性、喷嚏性三种毒气，第120师中毒官兵共计3937人，其中干部中毒1100人，战士中毒2837人（见表3-1）。

---

❶ 朱德致蒋介石、何应钦等的电报，1939年4月29日，原件存中央档案馆，档案号140-70。

表 3-1　第 120 师在冀中战斗期间中毒情况统计

序号	战斗日期及地点	毒气种类	放毒气时的风向	中毒人数（人）		附记
				干部	战士	
1	第 716 团及独立第 1 支队一部，1939 年 2 月 4 日，河间大曹村	炮射及瓦斯筒：中毒性、催泪性、喷嚏性	东和风	84	132	
2	独立第 1 支队，1939 年 2 月 8 日，献县参军镇	炮射瓦斯弹	风力太大	无	无	
3	独立第 1 支队，1939 年 4 月 4 日，献县大郭村	瓦斯筒	强风	无	无	
4	师直及第 716 团，1939 年 4 月 23、24 日，河间齐会、小店、大朱村	炮射及瓦斯筒：催泪性、喷嚏性烟幕弹	—	150	400	中毒后头晕眼花、呕吐、流泪、喷嚏、鼻孔出血、心内疼痛、呼吸困难
5	独立第 1 旅第 5 团、第 2 团，1939 年 5 月 13 日，河间找子营、南留路、孙庄、刘庄	瓦斯炮发射：中毒性、喷嚏性	—	500	1546	因中毒失去知觉而阵亡数十人

续表

序号	战斗日期及地点	毒气种类	放毒气时的风向	中毒人数（人） 干部	中毒人数（人） 战士	附记
6	师直及第2旅及第716团，1939年5月17日，博野、宋家庄、刘村、何家庄、宋村	瓦斯筒发射：催泪性、喷嚏性瓦斯炮弹	—	180	320	中毒后伤亡数人
7	独立第2支队，1939年6月12日，大城王纪庄	瓦斯筒炮射：催泪性、喷嚏性	微南风	6	19	
8	独立第3支队，1939年6月28日，肃宁连子口	炮射：催泪性、喷嚏性	东南风	180	420	
合计				1100	2837	

注：据《八路军第120师各次战斗中中毒人员统计报告表》（1939年）编制，参见中央党史研究室第一研究部、中国人民解放军档案馆编《抗日战争时期八路军人员伤亡和财产损失档案选编（2）》，中共党史出版社2014年版。

1939年夏，日军对晋察冀边区抗日根据地的"扫荡"由冀中平原转向平汉路西山岳地带。5月8日，日军第109师团及独立混成第3旅团各一部5000余人，分路由五台、繁峙等点出发，进击台怀镇、神堂堡一带活动的八路军第359旅第717团。9日黄昏，在铜钱沟地区，日军第109师团佐佐木支队在炮火和飞机支援下，与八路军第359旅第717团展开激战。由于日军发射了毒气炮弹，褐色烟雾弥漫阵地，八路军第717团官兵利用夜暗，顺利地转移了阵地，登上3000米以上的五台山北峰，迅速插到敌人背后去。次日，佐佐木支队进占台怀，扑了空。13日，由大营向神堂堡进犯的日军第3旅团加纳部队，在口泉村遭到八路军第359旅第718团等部伏击，被歼一部。当日晚，在上下细腰涧一带，又遭到第359旅第717团截击，日军被压缩在山涧。该敌遂向山垭口猛扑，激战竟日，并大量施放毒气，企图掩护突围。深夜，王震旅长亲自率领第718团等部夹击敌人，激战20多个小时，至15日，全歼加纳部队700余人，缴获迫击炮、步兵炮5门等大批物资。

1939年5月7日，日军一部占领易县大龙华村，由日军一个中队及西陵警备队300余人驻守，连同附近梁各庄等敌据点共有兵力1200余人，企图打通涞源—易县一线，分割晋察冀军区与平西根据地的联系。晋察冀军区第1军分区以分区第1团第3支队、第3团第3营第1支队两个大队，于5月20日晨发起大龙华战斗，激战竟日，白刃格斗，毙伤俘敌360余人，缴获大批军用物资和50多册重要军事文件，其中日本华北方面军司令部颁发的《关于剿匪与警备的指针》《关于使用特种器材之参考》，日军第110师团司令部颁发的《对山区方面匪团封锁计划》等，是侵华日军使用毒气战的官方证据。

三、在晋冀豫边区使用各种毒气

1939年初，日军为封锁晋冀边界，以独立混成第4旅团

毒气战

3个步兵大队及伪军6000余人，占领正太、同蒲路沿线重要城镇，向晋冀豫边区根据地内伸展，进犯和顺、辽县等地区，并大量使用各种毒气，致使八路军第129师第385旅等部1000余人中毒。例如，1月2日，第129师致各集团电称：进犯辽县之敌，连日战斗中均施放大量毒气，并在沿途经过的水井中投放毒药。1月8日，河津日军进至西峪口附近，遭到中国军队伏击，自清晨至傍晚，日军不支，数次施放毒气，被歼900余人；1月18日，河津日军进犯侯家庄，与中国军队激战终日，发射炮弹和催泪性毒气弹1000余发。❶ 1月29～30日，八路军第129师第385旅在辽县东南约15公里的苏亭、粟城地区，与敌展开激战，敌为掩护向辽县撤退，大量施放毒气，致使第385旅500余人中毒。敌逃窜到辽县时，再次大量施放毒气，造成第385旅第769团尾追部队连队官兵中毒。1月31日，第115师第343旅增援，配合第385旅进攻辽县城。2月4日，在牛川、碧霞观、柳村沟等地，逃窜之敌遭到八路军第385旅一部设伏、截击，遂再一次使用了毒气弹、毒气筒。朱德、彭德怀于2月2日致电程潜、阎锡山、卫立煌等，称："此次陈锡联旅在苏亭、粟城战斗中，敌人施放毒气，我中毒者已达五百余。中毒后眩晕失神，一小时内不知放枪，重者更需扶行，轻者一小时之后渐可恢复。"❷ 同时，驻霍县日军2000余人，1月29日进犯沙涡里地区时，施放催泪性毒气弹100余发；

---

❶《抗敌报》1939年1月14日、2月27日。

❷ 朱德、彭德怀致程潜、阎锡山、卫立煌等的电报，1939年2月2日。

第三章 在华北全面实施毒气战

2月1日，日军2000余人进攻杨庄、刘家山一带时，发射了大量催泪性、窒息性毒气炮弹；2月2日在东峪里战斗时和2月3日在源头村、杨枣村战斗时，施放了大量毒气。由于八路军早有准备，中毒较少，给敌以重创。2月8日，日军五六百人进犯辽县东哈嘛滩，遭到中国军队痛击，遂施放毒气，中国军队官兵中毒50余人。

据又川春义1954年8月2日笔供，日军第20师团第80旅团于1939年5月某日，在山西平陆县城及大神村，由瓦斯兵对中国军队施放毒气筒4000个，在公布战果时称"遗弃尸体约2000具以上"。❶

据孙俍工编《沦陷区惨状记》，至1939年3月，日军在晋南各县施放毒气不下20余起。在离石战役、李家山战役，日军在与我军距数十米的时候，用八九式投掷催泪性毒弹，中国中毒官兵流泪发热，口吐白沫。在夏县西南5公里的大台村战斗中，日军发射大量瓦斯炮弹，中国中毒官兵感觉窒息、牙酸、腿痛、头晕，剧烈异常。

1939年7月3日，日本华北方面军集中第20、第109师团主力等部共5万余兵力，由第1军军长梅津美治郎指挥，从同蒲、正太、平汉、道清铁路各点出动，分9路向晋冀豫边区全面"扫荡"，企图合击八路军第129师主力，分割和摧毁根据地。在八路军总部直接指挥下，第129师主力、第115师第344旅、晋豫边支队和决死第1、第3纵队，在广大群众和民兵配合下，展开空前的反"扫荡"作战。到8月

---

❶ 又川春义的笔供，1954年8月2日，原件存中央档案馆，档案号110-2-89-1-5。

毒气战

下旬，反"扫荡"作战结束。日军占领了晋冀豫区 20 多个县城，控制了白晋路北段、平（定）辽（县）公路和邯长大道。八路军共作战 70 余次，毙伤日伪军 2000 余人。尔后，八路军一部主力在民兵配合下，从 8 月下旬至 10 月初，对深入根据地的白晋公路、邯长大道等交通线和据点进行广泛袭击，先后进行邢台县土岭、武安县康二城等大小战斗 200 次，毙伤俘日伪军 2800 余人，击落敌机 1 架。

由于日军占领了白晋公路和邯长大道，晋冀豫区划分为太行、太岳两区，太行区又分为太北、太南两部分。根据八路军总部指示，第 129 师主力、第 115 师第 344 旅和军区部队一部，举行了邯长战役。12 月 8 日开始，游击队对邯长大道进行全线破袭。主力部队配合地方武装连续袭击邯长大道之赵店、黎城、停河铺、东阳关、涉县等据点，截击敌运输队，使各据点交通断绝、粮弹无援。主力部队乘敌惊慌、疲惫，攻克黎城和赵店、戚里店、东阳关等据点。第 769 团和第 344 旅一部收复涉县县城，先遣支队收复涉县东北的井店。至 26 日，战役结束，共毙伤敌 700 余人，打破了日军对太行区的分割局面，使太南、太北连成一片，对巩固晋冀豫根据地起了重要作用。

日军在九路围攻晋冀豫边区的作战中，使用了糜烂性等各种毒气。据左权将军 1939 年 8 月 5 日、9 日致各兵团电：在晋南阳城西董封的战斗中，日军使用了糜烂性瓦斯，中国军队中毒者全身起核桃大的白水泡，破后即出脓、腐烂等。在黄家岔堤的战斗中，日军用小钢炮发射毒气弹，其爆炸声较小，淡白色烟，辛辣刺鼻，持久数分钟，为催泪性、喷嚏性毒气弹。8 月 10 日，日军第 119 师团前往沁源作战途中，

第三章 在华北全面实施毒气战

在无名山与八路军一部遭遇，日军以山炮发射毒气弹，同时施放毒气筒，八路军被迫后撤。9月19日，日军200余人自昔阳两路向皋落合击，被八路军击毙30余人，八路军中毒200余人，日军占领皋落后焚毁民房。据《新华日报》1939年12月4日报道：长子城内日军牛岛师团岩切联队一部，于9月29日晨向尧庙山进犯，遭到中国守军顽强抵抗，猛扑三次均不得逞，遂集中大炮向中国守军轰击半个小时之久，发射糜烂性毒气弹。中国守军当时没有死伤，但第二天早晨，全体官兵的头面及手足各处都起了脓包，在将全体官兵换防后，新调防的官兵同样中毒起了脓包。

八路军第129师在1939年12月底收复邯长大道以后，连日转战攻取壶关。日军增援壶关，并于1940年1月13日出壶关城向东南进犯。当天，在五龙头与八路军激战，并施放喷嚏性瓦斯，八路军大多中毒甚重。据日军战俘千田谦三郎的口供，1940年1月7日，在山西省壶关县掌家店南13公里处某村，在与两营以上抗日军作战中，他是西田联队第1大队第3中队第2小队中尉小队长，指挥25名部下，向该村东高地的抗日军队施放特殊发烟筒3个，造成抗日军大部中毒不能战斗而退却，打死抗日军40人。他还供认："自1940年1月起，联队小队长以上的部队就配备毒瓦斯，另外上级下过命令，情况不利的时候随时可能使用。根据作战的情况，小队长以上就可以命令使用。"❶

在冀南平原方面，1938年11月14～30日，日军第3独

---

❶ 千田谦三郎的口供，1954年10月16日，原件存中央档案馆，档案号119-2-168-1-4。

· 81 ·

立混成旅团和第114师团各一部3700余兵力，配合200余辆战车，进攻冀南根据地。冀南军民作战20多次，毙伤敌600余人，迫敌退出了南宫等根据地中心地区。但是，日军占领了冀南根据地周边的宁晋、永年、故城、恩县、高唐等城镇，特别是由于范筑先牺牲，伪军王金祥、李树椿控制了范筑先在鲁西北地区的抗日武装，形成日伪对冀南根据地的东、西、南三面包围态势。为坚持冀南平原游击战争，12月下旬，刘伯承、邓小平率领第129师主力第386旅和先遣第1支队第3大队由太行区进入冀南区，领导冀南军民掀起了拆城墙、破路、挖交通沟等改造平原地形的群众运动。至1939年7月，全区破路10 950公里，开挖只能通大车、不能通汽车的交通沟2500公里，拆除坚固的城墙23座，为长期开展平原游击战争创造了较好的条件。1939年1月7日，日军集中第110、第14、第10、第27师团各一部，共3万余人，分11路由平汉、津浦两铁路夹击，对冀南根据地进行大规模"扫荡"。到2月9日，日军主力合击南宫、冀县、枣强地区，占领了冀南中心区全部县城。八路军第129师和冀南军民展开了顽强的反"扫荡"战斗。2月10日，第129师第386旅在威县以南的香城固地区设伏，第3团、第688团与新编第1团一部袭击威县、曲周等县城，诱敌第10师团第40联队一个加强中队进入伏击圈，遂从东、西、南三面发起围攻。战到下午，日军伤亡过半，乃向八路军发射大量毒气弹。八路军官兵中毒甚多，但收紧包围圈，使日军无法逃脱，也无法再大量用毒，战至黄昏，击毙敌大队长以下200余人，俘8人，缴获各种炮4门，烧毁汽车8辆，创造了平原歼灭战的一个范例，成为粉碎敌此次"扫荡"的关键

第三章 在华北全面实施毒气战

性战斗。次日，敌人70余辆汽车、2000余兵力，在飞机掩护下大举反扑。八路军迅速转移，使敌扑空。至3月，冀南军民进行大小战斗100余次，毙伤日伪军3000余人，粉碎了敌人的"扫荡"计划。❶

四、在晋、绥、内蒙古地区使用糜烂性毒气

1939年以后，日本华北方面军实施毒气攻击的一个显著特点，是使用糜烂性黄剂——芥子气、路易氏气。

1939年3月，日军第109师团及独立混成第3旅团各一部4000余兵力，数路进攻静乐、岚县、方山。赵承绶部在静乐不战而退。晋绥军区第358旅第714团、警备第6团坚决保卫根据地。日军占领静乐后，于3月9日进占岚县。第714团在岚县县城周边积极袭击、伏击，日军于次日被迫撤回静乐。随后，第714团、警备第6团、工卫旅配合，收复方山，日军的围攻被打退。在此次反围攻作战前后，3月14日，静乐日军在静荷大道之出窝底，遭到中国军队袭击，乃施放毒气，掩护撤退；退到扶头会，又遭到中国军队截击，即发射毒气弹30余发，中国官兵中毒甚多。❷

1939年3月19日《新华日报》报道："据兴集电，此次晋西作战，我受炮伤者面呈苍白色，创部水肿，四周生绿色水泡，刺破后流黄绿色脓水，据判断为中毒所致。"5月13日，日军大陆指第452号"使用黄剂等特种资材"的命

---

❶ 军事科学院军事历史研究部：《中国抗日战争史（中卷）》，解放军出版社1994年版，第452－453页。

❷ 《抗敌报》1939年3月21日。

令下达后，日军使用糜烂性芥子气黄剂日益严重。8月5日，左权在致各兵团的电报中称："85师此次晋南董封（阳城西）役，敌使用糜烂性瓦斯，中毒者全身起核桃大的白水泡，破后即出脓，糜烂。"9月29日晨，盘踞长子城内敌牛岛师团岩切联队1000余人，向尧庙山进犯，猛扑3次均不得逞，遂集中大炮猛轰达半小时之久。中国守军当时虽无死伤，但迄翌晨全部守兵头、面及手足各部具起脓疱。该部官兵撤退后方，接替部队也同样中毒。经军医前往检查，发现草叶、石头上均有油状液点，嗅之刺激性甚大，并带葵花气味。❶ 1939年12月4日，日军在内蒙古伐子山战斗中，又投掷二氯乙肼，中毒者恶心、呕吐，头部、肢体痉挛，胸部疼痛，皮肤刺痛以致溃烂。❷ 1939年12月3日，日军飞机在店头、坦山、朱家庄一带，向中国军队投掷糜烂性和窒息性毒气弹。中国军队中毒后，皮肤红肿、起泡，甚至糜烂，并兼有窒息症状。12月4日，在堡子山战斗中，日军向中国军队投掷毒气弹4发。中毒者呈现呕吐、痉挛、肺部疼痛，皮肤刺痒，甚至糜烂等症状。同日，在梁家山战斗中，日军用山炮发射糜烂性芥子气弹21发。中国军队中毒者的皮肤均呈红肿、起泡、糜烂等症状。12月8日，在马家庙战斗中，日军用山炮向中国军队发射喷嚏性毒气弹多枚，中毒者呈咳嗽、胸痛、浮肿等症状。❸

1940年起，日军使用糜烂性毒气攻击更加残酷。2月17

---

❶《抗敌报》1939年3月21日。
❷《新华日报》1939年12月24日。
❸《抗敌报》1939年12月25日；《大众日报》1940年1月7日。

日上午10时，日机9架于内蒙古临河国民党军队阵地投掷毒气弹76发，致使中国军民中毒137人。6月7日起，日军第26师团与独立混成第3旅团、第9旅团、第16旅团共2.5万余兵力，大举"扫荡"晋绥抗日根据地中心区兴县等地，企图消灭八路军第120师主力。第120师在民兵配合下，展开反"扫荡"作战，至7月上旬，历时月余，歼敌4500余人。日军在"扫荡"作战期间，多次大量施放毒气，第120师与根据地民众中毒伤亡2000余人。❶

1940年8月下旬，日军第41师团山炮兵第41联队在山西河津县上岭附近，以600名兵力，8门山炮，4门榴弹炮，向黄河对岸抗日军阵地正面宽4公里、纵深长4公里的地区，炮击糜烂性毒瓦斯800余发，毒杀30名中国抗日军，100余名中国农民。❷

第二节　在百团大战中大量使用各种毒气

在八路军总部的统一指挥下，1940年8月20日，晋察冀军区、第120师、第129师发动了以袭击正太铁路为重点的战役。战役发起第3天，即8月22日，参战部队已经达到105个团，故称为"百团大战"。百团大战，是八路军在中国抗日战争相持阶段在敌后华北战场发动的一次规模最

---

❶ 中央档案馆、中国第二历史档案馆、吉林省社会科学院：《细菌战与毒气战》，中华书局1989年版，第691页。

❷ 市毛高友的笔供，1954年9月16日，原件存中央档案馆，档案号119-2-521-1-5。

大、持续时间最长的战役。

一、日军用毒 20 次以上

1939 年以来，日本华北方面军有 27 万余人，伪军约有 14 万人，在正太铁路及其沿线地区的日军有独立混成第 4 旅团，司令部驻阳泉；有独立混成第 8 旅团，司令部驻石家庄；有独立混成第 9 旅团，驻守太原附近。日军实施"以铁路为柱，以公路为链，以碉堡为锁"的"囚笼政策"，正太铁路是日军实施"囚笼政策"的主要支柱之一。正太铁路从石家庄到太原，全长 200 多公里，横越太行山脉，沿途的大小城镇、车站、桥梁、隧道附近，筑有坚固的据点，两侧 10～15 公里内筑有外线据点，防守严密。日军企图以这种"不可接近"地区，来隔断八路军总部、第 129 师之晋冀豫边区根据地与晋察冀边区根据地的联系，以此为依托进攻抗日根据地。而在正面战场，日军则一方面以军事进攻、大轰炸和封锁中国西南国际交通线来施加压力，增加困难，另一方面加紧政治诱降。在这种情势下，国民党顽固派于 1939 年冬至 1940 年春在华北地区挑起了第一次反共高潮，大规模进攻八路军及山西新军。八路军总部为了克服这一严重危机，粉碎日军的进攻，打击其"囚笼政策"，影响全国战局，克服国民党的投降倾向，发动了震惊中外的"百团大战"。

1940 年 8 月 8 日，八路军总部下达《战役行动命令》，规定了战役的部署及其作战地区。根据八路军总部命令，晋察冀军区、第 129 师、第 120 师分别作出作战部署，进行了战前的敌情侦察、攻坚训练、物资准备、思想动员，地方党政民机关积极组织群众,做好战前准备。

百团大战于1940年8月20日发起,战役历时5个多月,至1940年1月24日结束,在军事上、政治上取得了巨大的胜利,毙伤俘日、伪军50 880余人,破坏铁路474公里,公路1502公里,桥梁、车站、隧道261处,攻克据点2994处,缴获日军作战物资甚多,其中有毒气炮弹57发、毒气筒2059个、防毒面具1051个。

在百团大战期间,日军在华北各地频繁地、大量地使用各种毒气,根据八路军总部的战报与有关记载的不完全统计,达20次以上,致使八路军官兵中毒者达21 182名,其中旅级干部中毒者有陈赓、周希汉、陈锡联、范子侠、谢富治、尹先炳等8人。

二、破袭正太路,日军放毒顽抗

在百团大战第一阶段,中心任务是破坏日军的交通线,重点摧毁正太铁路,此阶段战役历时20天。前10天,晋察冀边区部队摧毁正太铁路东段,第129师部队摧毁正太铁路西段,史称正太战役。

8月20日,八路军冒雨穿过山谷河流,避开日军外围据点,直插正太路两侧,当晚,向正太路全线突然发动袭击,日军措手不及,全线陷入被动混乱局面。

晋察冀军区部队破袭正太铁路东段。其右纵队(第5团、第19团)破袭正太路娘子关至乱柳段。娘子关很早就筑有国防工事,日军占领后又依险峻的山崖增修4个大堡垒,更加易守难攻。20日,主攻部队第5团一部攻入娘子关村,歼灭村内伪军,依托村庄仰攻日军堡垒,一部攀登陡峭的山坡，向敌猛攻，经3小时冲杀，攻克全部堡垒，歼敌大部，攻克战略要点娘子关。主力部队遂掩护工兵，大量破坏敌工事，炸毁娘子关以东之铁路，在日军增援前主动撤离娘子关。同时，第5团第1营第1连于20日晚、21日晚两次攻入磨河滩车站，歼敌50余人；第19团曾攻入巨城、移穰车站。23日，第5团再次攻占娘子关，炸毁关东1里左右的石桥，摧毁程家陇底至磨河滩之间的铁路；第19团再次攻入移穰车站，炸毁水塔、铁路。24～27日，第5团、第19团还炸毁了岩会附近的九孔大石桥、移穰东面的八孔石桥和三孔石桥及程家陇底至西武庄间的石桥等。因此，从25日起，正太路娘子关至乱柳段的日军交通完全断绝，日军各据点陷入异常恐慌之中。其中央纵队（第2团、第3团、第16团）摧毁正太路娘子关至微水段及井陉煤矿。井陉煤矿是日军重兵防守之地，在新、旧两矿周围筑有4米高的电网围墙。围墙外筑有铁丝网与外壕。围墙内，老矿有15个堡垒，新矿有4个堡垒，在北山上还有3个碉堡，瞰控着全矿区。20日晚，第3团第1营在矿工帮助下，切断电源，攻入新矿，战至第二天下午，全歼守敌，遂在工人帮助下，全部炸毁新矿区的重要建筑和全部设施，搬走大部物资，使之半年内无法恢复生产。第3团还破坏了南正至微水间的铁路。第2团攻占了乏驴岭铁桥东端的日军堡垒，将铁桥炸毁一段。第16团第2营于20日夜攻占北峪，歼敌大部，破坏了北峪石桥；其他各部攻占地都，歼灭南峪守敌。其左纵队（冀中警备旅第2团、军区特务团、平井获支队）破袭正太路微水至石家庄段。20日晚，平井获支队袭击岩峰，爆破铁路；特务团掩护群众破坏岩峰至威州的电线、公路。22日夜，特务

第三章 在华北全面实施毒气战

团攻击上安车站。23日晚,警备旅第2团攻入头泉车站。25~27日,左纵队连续出击,破坏了平山、获鹿、微水、岩峰之间的公路。

第129师破袭正太路西段。第129师总预备队第14团于8月20日占领阳泉西南4公里处之狮脑山,并向阳泉城内日军进袭,以保障破击队破袭正太路阳泉至张静段之安全。21日上午起,日军集中阳泉兵力,在20架飞机支援下,向狮脑山猛烈进犯,大肆施放毒气。第14团官兵顽强阻击,激战6天6夜,至25日,歼敌400余人。❶ 在第129师总预备队狮脑山作战的掩护下,第129师左翼破击队(第385旅第16团、决死第1纵队第38团及第25团等部)破袭正太路寿阳至榆次段;第129师右翼破击队(新编第10旅第28团、第30团等部)破袭正太路阳泉至寿阳段。第385旅一部于8月21日进攻山西平定县西南冶西村,日军百余人固守碉堡顽抗,并投掷大量毒气手榴弹,致使该旅连长以下官兵40余人中毒,至8月25日,敌除少数逃回平定外,大部被歼。❷ 第129师第386旅第17团一部于8月21日攻击山西武乡西北故城敌据点,日军连续大量投掷毒气筒,致使八路军官兵中毒百余人,伤亡50余人。❸ 8月23日,第129师新编第10旅一部强攻山西阳泉以西之独峪据点,日军百余人退守碉堡顽抗,并大肆施放毒气,致使旅长范子侠、政委

---

❶ 纪道庄、李录:《侵华日军的毒气战》,北京出版社1995年版,第91页。
❷ 百团大战战报之四号。
❸ 百团大战战报之七号。

毒气战

赖群继（际发）以下官兵100余人中毒；第129师第386旅第17团强攻山西寿阳城，激战整夜，攻入城内，占领车站，日军顽强抵抗，至24日晨，因7架日机狂炸，并四散毒气，攻击部队主动撤出战斗。❶ 同日，日军1000余人由榆次、段廷东犯，八路军第129师陈锡联旅在榆建公路附近阻击，同时以有力一部侧击该敌，血战一昼夜，将敌全部击溃，计击毙伤敌300余人，八路军官兵伤亡百余人，中毒50余人。❷ 8月29日，阳泉日军600余人向正太路西段进犯，企图夺回被攻占之据点。八路军第129师第385旅第769团在桑掌、坡头地区阻击该敌，陈锡联旅长率主力一部猛烈出击。敌大量施放毒气，黄昏时向东逃窜。是役，歼敌200余人，第769团伤亡100余人，旅长陈锡联、政委谢富治、参谋长曾绍山以下官兵100余人中毒。❸ 在正太战役中，第129师提出"不留一根铁轨，不留一根枕木，不留一个车站，不留一个碉堡，不留一座桥梁"等口号，教育鼓舞部队，组织动员民众，破坏正太铁路、车站及各种附属设施，使正太路西段的日军联络中断，各据点孤军作战，被攻击围困，被迅速歼灭。

百团大战第一步战役目标破袭正太路基本实现后，侦知日军准备反扑，根据八路军总部命令，从9月3日起结束正太战役，乘敌未能转移兵力的有利时机，完成第二步战役计划的任务：晋察冀军区进行孟（县）北战役；第129师转入

---

❶ 百团大战战报之二十号。
❷ 百团大战战报之二十八号。
❸ 百团大战战报之三十四号。

第三章 在华北全面实施毒气战

打击出犯日军的作战。

1940年9月2日起,晋察冀军区部署新的战役行动。由于正太路破袭战,盂县以北敌人主力南调增援,各据点兵力减弱,因此,晋察冀军区部队的锐猛攻势,使日军不少据点开始动摇。9月5日下午,下社日军在上社日军接应下退入上社,又一起向盂县县城逃跑。当日晚,军区第19团与第2军分区特务营追击该逃敌,第19团第1营在神泉、普田地区截断了日军退往盂县的道路。6日,将该敌包围在兴道村,歼其大部,至9日夜,敌只剩40余人逃进盂县县城。第2团第3营于7日占领西烟村,8日夜攻入日军据点土寨,日军大肆施放毒气,突击部队全部中毒,退出战斗,双方各伤亡20余人。❶ 9月10日,晋察冀军区命令第19团、第5团在盂县以东地区,准备配合第129师、第120师行动;其他各部向根据地东部、东北部转移,执行新的任务。11日,被围困的西烟日军在盂县日军200余人的接应下逃回县城。

由于日军主力转取反攻,第129师各路破击队转入打击出犯日军的作战。左翼队在高坪、道坪、红凹、中兰、卷峪沟地区阻击日军,卷峪沟阻击战持续15小时,毙敌200余人,掩护师部及右翼队安全转移,左翼队也跳到外线。9月6日,左翼队、第772团在榆社西北的双峰地区将太谷出犯日军500余人包围,激战一昼夜,歼敌400余人。同日,第385旅在张建地区设伏,重创向辽县撤退的日军。右翼破击队在向根据地转移过程中,在平定以西消灭由阳泉出犯的日

---

❶ 军事科学院军事历史研究部:《中国抗日战争史(中卷)》,解放军出版社1994年版,第605页。

军 100 余人，随即分散，开展广泛的游击战争。至 9 月 15 日，第 129 师粉碎了日军万余人的连续反击。

为配合晋察冀军区、第 129 师摧毁正太路战役，第 120 师对同蒲路及晋西北各公路展开大破袭，攻取敌交通线的据点。8 月 21 日夜，第 120 师第 385 旅第 4 团第 2 营向忻（县）静（乐）公路上日军最大据点康家会发起攻击，到拂晓，将守敌全歼。第 716 团将由静乐乘汽车增援日军 40 余人歼灭。由石神增援之敌也大部被歼。这是第 120 师发起交通破袭战役后取得的第一个大胜利。8 月 23 日，第 120 师独 1 旅第 715 团袭击寨子村、岚县；第 2 团破坏峪口至圪洞公路数里，连续袭击石门寨、寺圪塔等敌据点。8 月 31 日，独 2 旅第 714 团猛袭宁武至朔县间的阳方口，全歼守敌 150 余人，烧毁车站，破坏附近铁路，切断了同蒲铁路。至 9 月 10 日，第 120 师在晋西北作战 180 余次，歼敌 800 余人，攻克康家会、阳方口、平社、龙泉等敌车站、据点，一度切断了同蒲铁路北段和忻静、太汾、汾离公路敌人交通线，给日军以沉重打击。

三、八路军攻坚战役，日军放毒挣扎

1940 年 9 月 16 日，八路军总部下达了百团大战第二阶段扩大战果的作战命令，据此，晋察冀军区主要进行了涞灵战役，第 129 师主要进行了榆辽战役，第 120 师主要破击了同蒲铁路。同时，对德石、沧石、邯济、平汉、平绥、北宁、津浦等交通线展开破袭，并阻滞日军修复正太铁路。

1. 涞（源）灵（丘）战役

驻伪蒙疆日军占领的涞源、灵丘地区，深入晋察冀边区

第三章 在华北全面实施毒气战

的西北部,由日军独立混成第2旅团与第26师团各一部计1500余人及伪军1000余人驻守,正太战役开始后,日军增派兵力,加固工事,加强了戒备。晋察冀军区调集2万余兵力,进行涞灵战役,夺取涞源、灵丘及其附近据点,由冀中军区配合涞灵战役,发起任(丘)河(间)大(城)肃(宁)战役。

9月22日22时,发起涞灵战役。右翼队(第1、第2、第3、第20、第25团及游击第1、第3支队,第1军分区独立营,军区骑兵第1团一个营,共1.5万人)猛攻涞源县城及附近据点,经一夜激战,夺取东、西、南关,日军退入城内。23日夜,第2团在第1团一个营及炮兵的配合下,猛攻涞灵公路上的日军重要据点三甲村,歼敌大部,并占领该据点。同时,22日夜,第3团猛攻涞源城东北之日军另一重要据点东团堡,日独立混成第2旅团士官教导大队130余人以猛烈炮火和毒气反击。23日,第3团集中力量再度猛攻,日军大肆放毒,第3团中毒者300余人,仍勇猛冲击。至24日夜,第3团将周围堡垒全部攻克,将敌压迫在村内数间房屋内。日军井田队长遂命令疯狂施放毒气,攻击部队大部中毒。苦战至25日下午,日军见大势已去,将库存武器、粮食等物资全部烧毁,准备突围。第3团再度向敌猛攻,日军突围无望,残敌27人集体投火自焚。日军为此作了《大日本皇军驻东团堡井田部队长恨歌》。❶军区部队第20团于9月23日晚攻击日军涞源城外围据点曹沟堡,当攻入村内时,

---

❶ 北京军区晋察冀战史编写组:《晋察冀军区抗日战争史》,军事科学出版社1986年版,第193-194页。

毒气战

敌大放毒气，致使攻击部队大部中毒；24日，继续攻击，敌军投掷大量毒气筒，攻击部队复退出。❶ 至9月26日，左翼队（第6团、第26团及察绥游击支队计5000余人）及平西军分区第9团也连克桃花堡、白乐堡、吉家庄、辛庄、北口、下北头、中庄、王喜洞、刘家嘴、张家岭、北石佛、金家井等13个日军据点。10月2日，军区第4团一部攻克少军梁北之阎家岭日军据点，歼敌大部，缴获轻机枪4挺、掷弹筒4个、防毒面具36件。❷ 10月9日，军区第6团攻克灵丘至浑源间日军重要据点抢风岭，歼敌60余人，缴获迫击炮2门、掷弹筒3个、毒瓦斯10余筒。❸ 由于日军集中兵力准备大举"扫荡"边区根据地，涞灵战役于10月10日结束。此役历时18天，毙伤日伪军1000余人，俘日军49人、伪军237人，八路军伤亡1419人。

为策应涞灵战役，冀中军区于10月1~20日进行了任河大肃战役。任河大肃地区位于冀中平原的中部，日军自1940年春季"扫荡"以来，在这一地区的很多村庄建立了伪组织，自以为已经较为安定。百团大战发起后，日军一部西调，大部守备在交通线上，任河大肃地区兵力较弱。10月1日，冀中军区左翼队（第18团）进入潴龙河以东之河间、任丘地区，2日起连克连家庄、东固贤、良村据点，至7日夜，玉皇庙、丰乐堡、刘善寺等据点的敌人相继逃窜。右翼队（第30团）进入大城以东及子牙河以东地区，连克李民

---

❶ 《晋察冀军区百团大战总结报告》，1941年1月。
❷ 百团大战战报之一五六号。
❸ 百团大战战报之一六一号。

居、邓庄子、石疙瘩、西刘庄、臧庄子、陈村等敌据点。中央队（第23团）北渡滹沱河，10月1日，伏击由商家林外出抢粮的日军100余人，歼敌90余人；9日，又在白马堂伏击由留各庄赴里坦之敌，歼日伪军20余人。10月15日起，冀中军区只留少数部队在任河大肃中心区坚持，多数部队转至子牙河东西两岸作战。19日夜，中央队攻克半截河敌据点，并破坏附近古洋河上之桥梁。左翼队16日夜攻克大曲堤、任丘石门桥据点，18日攻克王盘据点。至20日，任河大肃战役结束，冀中军区部队毙伤日军805人、伪军322人，俘日军3人、伪军326人，攻克敌据点29处，冀中部队也伤亡573人。与此同时，冀中部队协同民兵、群众大力破袭沧石、德石、北宁、津浦、平汉铁路及各公路。沿路各据点日军十分恐慌，如"沧石路敌因我连日不断破坏，恐慌异常，现沿路两侧埋置地雷、手榴弹，各据点之敌准备毒气，并于黄昏后、拂晓前向据点四周发炮射击，以防攻袭"。❶

2. 榆（社）辽（县）战役

由阳泉经平定、和顺、辽县到榆社的公路是日军深入太行根据地最深的一条公路，其中，榆社至辽县段长45公里，沿路有敌据点8个，由日军独立混成第4旅团第13大队守备。八路军第129师于1940年9月23日夜发起榆辽攻坚战役。23日，左翼队（第386旅、决死第1纵队各2个团）攻克沿壁、王景敌据点；右翼队（第385旅，附第32团）攻克铺上、小岭底敌据点。至25日中午，困守榆社城文庙之敌在5架飞机掩护下突围，右翼队在城西5里处围击该敌，

---

❶ 百团大战战报之五七号。

毒气战

敌无险可守，遂大肆施放毒气，激战至15时，将敌400余人全部消灭，并占领榆社城，小岭底至榆社一线只剩下管头敌据点。右翼队官兵伤亡200余人，陈赓旅长、陈希汉参谋长等以下200余人中毒。❶ 同时，平辽支队攻占辽县以北之寒王镇；沁北支队频繁破路、出击，钳制了武乡、白晋路日军之活动。右翼队于27日攻占辽县以西之石匣据点。29日，左翼队攻占敌管头据点。30日，当左翼队赶到红崖头以南山地之时，武乡日军600余人正越过预伏地区，其先头部队与右翼队遭遇，左翼队向日军后尾、侧翼猛击，日军被围，在8架飞机的支援下占领高地顽抗。激战两天一夜，双方伤亡惨重。10月2日，榆社东北王景村之日军，在辽县西魏家庄日军700余人救援下，大肆施放毒气，向辽县突围逃窜，八路军第129师陈赓旅沿途追堵，毙敌甚多，部队也伤亡、中毒300余人。❷ 至此，榆辽战役结束。

3. 破击同蒲铁路

第120师自1940年9月20日起发动破击同蒲铁路宁武至忻县段的作战。为在破路作战之前，先扫清敌之据点障碍，第358旅于9月14日从根据地娄烦以西出发，越静（乐）岚（县）公路，16日集结于马家沟。9月18日24时，第3支队特务营攻击头马营敌据点，第7、第8团打援。19日晨，宁化堡日军40余人增援头马营，被打援部队在山寨村包围歼灭。20日，羊圈岭日军约200人进至里鄢村，企图

---

❶ 百团大战战报之一〇五号；纪道庄、李录：《侵华日军的毒气战》，北京出版社1995年版，第96页。

❷ 百团大战战报之一三九号。

第三章 在华北全面实施毒气战

反扑,第 716 团立即对该敌发起攻击,21 日拂晓,该敌退回羊圈岭。独 1 旅于 9 月 16 日夜东渡汾河,恰逢羊圈岭日军 400 余人袭击雁北支队扑空后退回上庄,遂于 18 日夜攻击该敌,激战至 19 日晨,毙敌 200 余人,独 1 旅伤亡 105 人。各部队击破阻挠之敌后,投入同蒲铁路破击作战。22 日晚,第 358 旅、师特务团破坏段家岭至轩岗间之同蒲路数段;第 2 团袭击奇村;第 715 团袭击忻口、楼板寨。23 日晚,第 2 团破坏忻口以南铁路,第 715 团破坏忻口以北铁路。25 日夜,第 715 团破坏大牛店至轩岗段铁路,独 2 旅破坏朔县至宁武间铁路数段。经过 6 天破击,同蒲铁路再次中断。在第 120 师破击同蒲铁路作战中,日军多次放毒。9 月 20 日晚,续(范亭)师一部进袭五寨南之风子头据点,歼敌 40 余人,残敌固守地道,大量施放毒气,攻击部队伤亡 50 余人,中毒者甚多。9 月 21 日,贺(龙)师张(宗逊)旅一部于保安堡,与丰镇西南之破鲁堡、坐堡窑之敌百余人展开激战,歼敌 20 余人,敌溃退。丰镇、厂汉堡之敌 300 余人前来报复,在厂汉堡东北进行激战,敌大肆放毒,我军中毒 20 余人,副连长以下伤亡 10 余人。❶ 9 月 22 日,第 120 师第 358 旅第 2 团一部袭击忻口镇,激战竟夜,歼敌 110 余人,克复忻口镇,摧毁伪组织,残敌退守车站,并大放毒气。❷ 10 月 16 日,日军百余人由离石西南李家垣进至军渡,隔黄河与第 120 师王震旅一部炮战半日,日军向宋家川炮击,并发射毒

---

❶ 百团大战战报之一〇三号。
❷ 百团大战战报之一一二号。

气弹 70 余发，致使王震旅官兵中毒 80 余人，伤亡 5 人。❶

四、八路军反"扫荡"，日军再放毒

由于日军调集兵力对各抗日根据地大举进行报复性"扫荡"，八路军自 1940 年 10 月 6 日起展开反"扫荡"作战。

10 月 6 日，日军第 36 师团等部集中兵力，"扫荡"晋冀豫边区根据地的太行区，企图打击八路军第 129 师主力，毁灭太行区抗日根据地。第 129 师在民兵配合下，积极袭扰、打击日军，至 11 月 13 日，日军先后退回原据点。11 月 17 日起，日军第 37 师团等部分敌军"扫荡"太岳区，企图毁灭抗日根据地，仅在沁源县，日军杀害群众 5000 余人，占全县人口的 1/10，牲口被杀近万头，被抢走 7000 余头，房屋被焚毁三四万间。太岳军区部队配合民兵，给日军不断袭扰与严重打击，敌被迫于 12 月 5 日分路退出太岳区根据地。

10 月 13 日起，日军 1 万余人"扫荡"平西抗日根据地中心区三坡一带。平西军分区以主力适时机动和广泛的游击战击退敌之进犯，粉碎敌人的进攻。至 11 月 21 日，平西主力由三坡地区跳出日军的合围圈。日军进入三坡地区后大肆烧杀抢掠，后于 23 日起分路撤退，留下 2000 余人在根据地内修筑据点、公路。从此，平西根据地斗争更加艰苦。11 月 9 日起，日军第 110 师团等部及伪军计 1.4 万余人对晋察冀边区之北岳区进行分区大扫荡。晋察冀军区实行广泛的游击战，疲劳和消耗敌人，主力兵团集中于有利位置，伺机歼敌一路或两路，以转换战局，粉碎敌之"扫荡"。11 月 18 日，

---

❶ 百团大战战报之二〇一号。

日军进占阜平县城，由中心区向周围各点合击，进行烧杀破坏。晋察冀军区各分区部队配合民兵，积极与敌周旋，袭扰敌人，破坏交通。至12月3日，日军大部被迫退出北岳区，但留驻1000余人，继续在阜平、王快、党城、曲阳一线建点修路，企图久踞。12月9日起，晋察冀军区以第2、第3、第4、第6等团进行阜（平）王（快）战役。在晋察冀军民的打击下，留驻日军于1941年元旦开始先后从阜平、王快、东庄撤退。至1941年1月4日，日军持续55天的"扫荡"被粉碎，晋察冀军区军民毙伤日伪军2000余人，军区部队也伤亡1382人。

日军在进行报复"扫荡"作战中，不断施放毒气。例如，10月22日，"扫荡"太行根据地之日军独立混成第4旅团一部进犯山西武乡蟠龙镇，转移至外线作战的八路军第129师第386旅一部在温庄、南垴、漆树烹一带予以阻击，激战两昼夜，日军伤亡惨重，遂在炮火和施放毒气的掩护下向阳村撤退，又遭第129师决死伏击，日军再次大肆放毒，致使第129师官兵共300余人中毒。❶ 10月29日，"扫荡"太行根据地黄岩洞之日军第36师团冈崎大队500余人，从水腰经左会，准备进至关家垴后退回武乡，八路军第129师主力在彭德怀的指挥下，乘敌在奔途中予以拦腰截击，经激战将该敌包围在关家垴，战至31日拂晓，将敌大部歼灭。日军为报复，向榆社、辽县、武乡等地八路军总部驻地大肆施放糜烂性毒气，仅独立第4混成旅团水野支队即使用黄弹

---

❶ 纪道庄、李录：《侵华日军的毒气战》，北京出版社1995年版，第97页。

47发，致使返回驻地的军民中毒者甚多。❶ 11月6日，武安日军步骑兵1000余人，向黄泽关进犯，当该敌进至洑岔、阳邑时，八路军第129师新编第11旅一部予以袭击、猛击，将敌击溃，歼敌100余人，敌施放毒气，旅长尹先炳以下40余人中毒。❷

以上事实说明，在百团大战过程中，日军每当作战不利时即使用毒气武器攻击，不仅使用了大量刺激性的"红筒""红弹""绿筒"，而且使用了大量糜烂性的"黄剂"——芥子气、路易氏气。八路军由于武器弹药装备不足，特别是缺乏防毒器材，因而战斗中特别是在百团大战第二阶段，造成许多人员伤亡与中毒。正如1941年1月《晋察冀军区百团大战总结报告》所指出的：由于我方没有防毒准备和进行毒气战的经验，在遇到敌人的毒气攻势时十分被动，不能有效地防备和反击，因而"在本阶段全部战役中中毒者达千余名，中毒总数则占伤亡总数四分之一；同时有很多次皆由于自己中毒而直接影响到任务的完成。这样教训了我们今后对防毒教育必须加紧，对防毒警戒必须提高"。

此外，日军还对山东根据地多次使用毒气。据日军战俘芳信雅之的口供，他当时任日军炮兵小队长，1940年5月，日军独立混成第10旅团第45大队在山东省泰安县东方之红山，发射榴弹40发，毒瓦斯弹6发，掩护步兵进攻，毒杀八路军约300名。同年8月，又在山东省峄县朱沟村，为掩

---

❶ 纪道庄、李录：《侵华日军的毒气战》，北京出版社1995年版，第96-97页。

❷ 百团大战战报之一六三号。

第三章 在华北全面实施毒气战

护步兵冲锋,他指挥部下,射击暂时性毒瓦斯弹20发,又在几个村内发射榴弹约80发,杀害中共抗日军战士及居民约350名,约有20户房屋被炸毁。❶据日军战俘久保谷幸作的笔供,1940年6月17日,日独立混成第10旅团第42大队500人,在山东省禹城、高唐、齐河三县境内作战,进攻高唐县柳子王庄村内400名八路军战士,发射瓦斯弹20发、赤筒瓦斯弹25发、毒瓦斯弹45发,结果,屠杀60名抗日军战士及20名和平农民。❷据日军战俘武一文的笔供,1940年8月,他当时任独立混成第10旅团工兵队城户小队第三分队队长,在山东省泰安县徂徕山麓的徂徕山战斗中,在山麓与120名八路军交战处于困难时,步兵炮发射12发喷嚏性毒瓦斯弹,八路军被迫退却,日军约200人乘机冲锋,杀死八路军战士5人。❸

再看一看山东省峄县朱沟的战斗情况吧。

日军战俘横山昌司在1954年9月28日的口供中说:

1940年9月中旬,在山东省峄县朱沟参加了对抗日军的战斗。当时第42大队长土屋中佐指挥第41和第43大队、中队共1280人,将抗日军约1500人、和平居民约500人包围在村内,进行炮击,战斗持续了13个小时。由于用瓦斯

---

❶ 芳信雅之的口供,1954年9月13日,原件存中央档案馆,档案号119-2-869-1-4。

❷ 久保谷幸作的笔供,1954年8月14日,原件存中央档案馆,档案号119-2-171-1-5。

❸ 武一文的笔供,1954年10月14日,原件存中央档案馆,档案号119-2-635-1-5。

弹、大炮、机枪进行了集中射击，还用了燃烧弹，全村燃烧起来，致使居民和抗日军几乎全被杀害。——后来旅团长发给第41大队的奖状上也写着歼灭抗日军1500名。❶

日军在百团大战中多次大量使用毒气武器，给八路军造成巨大伤害。仅第129师在百团大战的三个阶段中就缴获日军瓦斯弹57发、毒气筒93箱又38筒；第129师干部中毒180人，战士中毒4700人（见表3-2）。

表3-2　百团大战中第129师缴获日军化学武器及中毒人数统计表

		第一阶段	第二阶段	第三阶段	合计
缴获化学武器	瓦斯弹（发）	47	—	10	57
	毒气筒	93箱	28筒	10筒	93箱又38筒
中毒人数	干部（人）	50	100	30	180
	战士（人）	1200	3000	500	4700

注：据《百团大战史料》人民出版社1982年版载《第129师遂行百团大战三个阶段的战绩统计表》编制。

第三节　在华北储备和使用了多少毒气武器

一、一张补给与消耗毒气弹药的简表

据统计，日本华北方面军接到大本营可以使用赤筒、绿

---

❶ 横山昌司的口供，1954年9月28日，原件存中央档案馆，档案号119-2-1004-1-4。

第三章 在华北全面实施毒气战

筒的命令后,至 1940 年,得到补给各种发烟弹、发烟筒、催泪筒等毒气武器共计 21.5 万发(个),1938 年作战消耗 19 506 发(个),1939 年作战消耗 24 308 发(个),1940 年作战消耗 37 019 发(个)(见表 3-3)。

表 3-3　华北日军得到补给与消耗毒气武器简表

发(个)

弹药名称		补给数量	消耗数量		
			1938 年	1939 年	1940 年
九四式累迫击炮特种发烟弹		15 000	2556	—	—
四一式山炮特种发烟弹药筒		18 000	0	—	—
九四式山炮特种发烟弹药筒		10 000	91	—	—
八九式催泪筒	甲	51 000	447	5236	6191
	乙	41 000	2141		
特种发烟筒	甲	40 000	14 271	19 072	30 828
	乙	40 000	—		
合　计		215 000	19 506	24 308	37 019

注:本表系参考步平等主编《化学战》黑龙江人民出版社 1997 年版第 159 页内容制成。

二、一张使用糜烂性黄弹的简表

据统计,日本华北方面军航空部队各机场 1939 年 1 月时储备糜烂性黄弹 522 发,至 1940 年 8 月尚储备 174 发

(见表3-4、表3-5)。由此,可以认定,华北日军自1939年1月至1940年8月,作战消耗糜烂性黄弹348发,其中,1939年1~11月作战消耗糜烂性黄弹78发,1939年11月至1940年8月作战消耗糜烂性黄弹270发。

表3-4 日军华北各机场储备化学弹药简表(至1939年1月25日)

(发)

地 点	九二式50公斤黄弹	九七式15公斤赤弹
南 苑	—	1800
彰 德	246	—
运 城	276	—
合 计	522	1800

注:本表系参考步平等主编《化学战》(黑龙江人民出版社1997年版)第160页所制成。

表3-5 日军华北各机场储备化学弹药简表(至1940年8月31日)

(发)

地 点	九二式50公斤黄弹	九七式15公斤赤弹
南 苑	—	1250
彰 德	32	500
运 城	142	—
济 南	—	50
合 计	174	1800

注:本表系参考步平等主编《化学战》(黑龙江人民出版社1997年版)第160页所制成。

三、日本兵器本部补给华北日军多少化学弹药

据日本兵器本部的资料,1940年补给华北方面军各种化学弹药达162 320发(个),其中,小赤筒10万个,赤弹25 600发,青弹9000发,黄弹9000发,催泪筒(甲)9300个;1941年又补给催泪筒3468个(见表3-6)。

表3-6　1940~1941年日本兵器本部向华北派遣军
　　　　　补给化学弹药简表　　　　　　　(发/个)

种　　类	1940年	1941年
催泪筒(甲)	9300	—
催泪棒	4700	—
四一式山炮赤弹	4000	—
九四式山炮赤弹	7000	—
九四式山炮黄弹	4000	—
九四式山炮青弹	4000	—
三八式野炮赤弹	12 000	—
三八式野炮黄弹	4000	—
三八式野炮青弹	4000	—
九四式轻迫赤弹	2600	—
九一式十榴黄弹	500	—
九一式十榴青弹	500	—
四年式十五榴黄弹	500	—

续表

种　类	1940 年	1941 年
四年式十五榴青弹	500	—
小赤筒	100 000	—
持久性毒气（黄）显示筒	4500	—
黄一号甲	220	—
催泪筒	—	3468
合　计	162 320	3468

　　人们不禁会问：1940 年，日本兵器本部为什么要补给日本华北方面军如此大量的毒气武器呢？这不仅是用于当年的毒气战，也是为 1941~1942 年疯狂地实施毒气战做准备！

第四章 在华北疯狂实施毒气战

第一节 中条山战役疯狂毒攻

一、日军中条山作战意图何在

1941年2月25~26日，日本华北方面军司令部在北平召开各军、各师团参谋长会议，根据日军大本营陆军部和中国派遣军的作战指导计划，经过争论，确定了1941年度第1号作战计划。华北方面军司令官多田骏明确指令当前中条山作战的任务是"消灭和扫荡盘踞在晋豫边区的中央军主力，消灭其在黄河以北的势力"，"扩大和利用这次会战的战果，借以确保华北的安定，并加强对重庆政权的压力"。

为进行中条山作战，日本华北方面军做了充分的准备。此战，由日第1军司令官筱冢义男指挥，参战部队有第35师团、第36师团、第37师团、第41师团、由武汉调至晋南的第33师团、由徐州转于晋南的第21师团、独立混成第9旅团、独立混成第16旅团、骑兵第4旅团等共6个师团及3个旅团，共10万兵力，还有第3飞行集团之第1与第3飞行团、轻轰炸第90战队、独立战斗第10中队、独立侦察第83中队、侦察直协第44战队，共有飞机200架。

当时，中条山是国民党正面战场实施敌后游击作战的重要基地，也是向敌后华北八路军进击的前进基地。国民党第一战区共指挥8个集团军，其中，在黄河以北晋南的中条山与晋东南的太行山，有曾万钟的第5集团军及孔令恂的第80军、刘恩茂的第14集团军及裴昌会的第9军、庞炳勋的第24集团军、范汉杰的第27军，共3个集团军又3个军。第一战区另5个集团军驻防黄河以南地区。

国民党自称中条山防线为"中国的马其诺防线"，但实际上只有简单的战壕、交通壕和堡垒，缺乏纵深的防御设施与重兵把守。1941年4月，日军已经开始向中条山集结，国民政府军事委员会才电令黄河沿线各战区"加强阵地及河防工事"，并对日军的中条山作战意图作出了错误的判断。本来，日军发动中条山战役，目的是驱逐国民政府中央军，以便集中兵力对付华北的八路军；但国民政府军事委员会判断日军企图渡过黄河，攻取洛阳、潼关，威胁中原和西安。这就为国民政府军中条山作战的失败埋下了祸根。

二、中条山作战第一阶段：大规模使用毒气

1941年5月7日下午，日军发起中条山战役。日本华北方面军第1军以6个师团、3个旅团兵力，采用钳形夹击、中间突破、分割包围战术，多路向豫北道清路西段与中条山的中国军队发动全面进攻。此前，6日、7日，日军空军轰炸了西安、咸阳、郑州、潼关等地，炸断了陇海铁路。日军中条山作战分为两个阶段，第一阶段为5月7～12日，突破国民党军队的防线，推进至黄河一线，完成对中条山中国守军的全面分割包围。

在东线：5月7日下午起，日军第35师团主力和第21

第四章 在华北疯狂实施毒气战

师团及骑兵第4旅团各一部,共约3万人,从豫北道清路西段的沁阳、博爱出发,在飞机、战车、火炮的支援下,分路进攻孟县、济源。守军裴昌会部第9军及丁树本部等,未做大的抵抗,于8日中午放弃孟县、济源,向西撤退。9日中午,日军步骑兵2000余人在火炮支援下向第9军前沿阵地玄坛殿、李八庄猛攻,并施放毒气,守军放弃阵地西撤。9日下午,日军尾追迫近第9军的封门口主阵地,大规模使用毒气,第54师第116团中毒官兵达三分之一。11日,日军飞机100余架轰炸和封锁官阳东西渡口,炸毁船只,因此,只有第94师遭受较大伤亡后渡至黄河以南,新编第47师、第24师等部均未能渡河,而退到封门口至邵源以北的山地。由于第9军后退,至12日,日军迅速完成对第14集团军的内线包围,全部封锁豫北退路。

  刘恩茂第14集团军司令部设在董封西南数十公里处的横河镇,守军有武士敏部第98军第42师、第168师,武庭麟部第15军第64师、第65师,刘戡部第93军第10师、第166师等部。5月7日起,日军第33师团主力及独立混成第4旅团一部1万余人向阳城以西董封镇东第98军阵地进攻,被第98军击溃,死伤200余人。8日晨,日军在数十架飞机支援下,大量投掷毒气弹,第98军激战数小时,阵地被突破。军长武士敏令第42师第25团反攻梁树腰,当晚夺回阵地。11日,日军多次进攻第98军阵地大口岭、坨腰岭。武士敏指挥官兵血战两昼夜,歼敌300余人,自身也伤亡500余人。接着,第98军与第93军第10师配合,包围歼灭日军滨田大队主力700余人,缴获防毒面具120副。由于日军大举进攻雪泉岭,大量放毒,守军撤离阵地,至13日,董

毒气战

封镇阵地失陷。武士敏将第98军南撤至横河镇一线,以掩护第14集团军司令部转移。但是,由于第一战区司令长官电令第14集团军"迅向沁翼公路以北分路转移",致使第14集团军及退到封门口至邵源以北地区的军队全部陷入日军的包围圈之中。5月14日,日军第33师团一部在"维持"村苏村进行抢掠,并施放毒气弹,造成村民500余人中毒。❶

在北线:日军第41师团和独立混成第9旅团及伪军一部共2万余人,于5月7日下午,由绛县横岭关,向中国守军第5集团军与第14集团军的结合部横(岭关)垣(曲)大道两侧猛烈进攻,企图直取垣曲县城,分割中条山,对第5、第14集团军分割包围,各个歼灭。此为日军进攻中条山的重点。横曲大道东北侧守军第43军阵地东西桑池一线,有深山大谷,地势险要。但战役开始时,日军从尖岭兵分两路进攻,抄了华山守军的后路,华山守军逃窜,横岭关东北侧第43军第46师阵地被突破。第43军第47师前去堵击,遭到包围,残部逃往沁水,第70师也逃向阳城。横岭关西南侧守军第17军与日军展开激战,其部所属某连在白刃战中,全歼日军,该连也大部牺牲,后因左、右翼阵地被日军突破,转往横岭大道西侧山区。日军突破第43军、第17军的防线后,分两路进攻:一路沿桑池、贾家山、杜村河南下;一路沿亳清河南下,直取垣曲。第15军溃逃,第14军被击溃。8日,进犯垣曲的日军在贾家山遭到中国军队抗击,日军遂施放毒气。同日,日军主力攻击横垣大道两侧,

---

❶ 晋冀鲁豫救济委员会:《三千万人民的血泪与仇恨》,1948年4月,原件存中央档案馆,档案号167,第151-152页。

第四章 在华北疯狂实施毒气战

数十架飞机狂轰，投放大量毒气弹；同时，在张家峪等地发射大量毒气弹，中国守军多人中毒。当日晚，日军进攻受阻，再次实施毒攻，中国守军被击溃，日军占领黄河边垣曲县城（今古城）。日军占领垣曲后，两路向沁水、夏县进攻，炮火猛烈，大量施放毒气。至5月11日，日军先后占领邵源、济源、五福涧，中条山中国守军沿黄河线的补给及退路完全被切断。

图4-1 《新华日报》1941年6月16日载日军用毒气攻垣曲城

在西线：5月7日下午，日军第36师团、第37师团、独立混成第16旅团及伪军第24师共2.5万人，分数路向闻喜、夏县东南的中国军队发起进攻。日军第37师团狂轰滥炸，大量发射毒气弹，中国守军第5集团军及第80军伤亡甚多，第80军与第3军的联系被切断。第80军新编第27师退守石头山、刘家沟一线。乔明礼率河北民军第1团、第3团增援石头山。8月2日晨，日军3000余人进攻石头山、刘家沟，新编第27师阵地被摧毁。同时，日军7000余人在数十架飞机支援下进攻毛家山、羊皮岭，大量施放毒气。8日下午，第165师遭到北山日军的袭击。9日中午，退到大寨附近的第80军及乔明礼部民军遭日军进攻与飞机轰炸，在混战中，新编第27师师长、参谋长等牺牲。在溃败中，第80军军长、第165师师长丢下部队，自身逃过黄河，部队失去指挥，或在渡河时溺水死亡，或在战斗中死亡，或被俘后遭砍杀，损失极为惨重。

日军第36师团于5月7日晚由夏县向东进犯。日军主力3000余人向中国守军第3军第7师的左翼张家峪、下焦庄、大斋村进攻；另一路1000余人进攻蔡家窑头；再一路1000余人袭击涧底河。8日拂晓，日军突破涧底河防线，占领中条山以北交通要道泗交村。而后，日军分为两路，一路迂回包围第7师师部驻地王家河，一路奔袭第3军军部驻地唐回。日军占领唐回后，直取第5集团军司令部马村。8日下午，在日军腹背夹击下，第5集团军司令部逃向东山。同时，日军第36师团先头部队3000余人由闻喜向第34师阵地猛攻，迅速占领唐王山，第34师退守胡家峪。

至5月12日，日军第36师团、第37师团等部完成了对中条山中国军队的分割包围。

三、中条山作战第二阶段：继续用毒

5月12日起，日军转入第二阶段作战，追剿和"扫荡"已被四面包围的中条山中国军队。

在西线：被日军包围的主要是曾万钟部第5集团军所属第3军、第17军、第34师及第一战区直辖游击第1纵队与第14军第93师、第94师。自5月11日起，日军实施穿插、分割、包围战术，切断了各部队与集团军司令部的联系，使各部队失去统一指挥，敌情不明，各自为战，东突西撞，处处被动挨打，伤亡惨重。战至5月15日，第3军几乎损失殆尽。

在东线：刘恩茂部第14集团军也是处处被动挨打，损失惨重。战至5月下旬，第14集团军副司令兼第97军军长刘勘看到中条山战役失败，率第97军军部及部队3万人，由沁水、端氏一带北撤，进入安泽县唐城。6月初，在太岳根据地八路军护送下，过同蒲路、汾河，由吉县渡过黄河。

在第二阶段中条山作战中，日军继续使用毒气。5月中旬，日军第36师团第223联队第2大队在绛县东北与中国军队作战时，发射毒气弹5发，中国军队因中毒而撤退。❶ 6月8日，日军进攻垣曲受阻，遂向中国军队发射大量糜烂性和窒息性毒气，中国军队虽有防备，仍中毒100余人，中毒死亡数人。❷

---

❶ 中央档案馆、中国第二历史档案馆、吉林省社会科学院：《细菌战与毒气战》，中华书局1989年版，第532页。

❷《新中华日报》1941年6月16日。

毒气战

中条山战役中，中国军队被俘约 3.5 万人，死亡 4.2 万人，其中中毒伤亡 3000 余人。中国军队牺牲及被俘少将以上军官 10 余人，是历次战役中所未有的。蒋介石在《对于中条山战役失败之检讨》中承认：中条山战役"为最大之错误，亦为抗战中最大耻辱"。

第二节 对平原抗日根据地的毒气战

一、在山东及苏鲁边区多次用毒

八路军第 115 师教导第 3 旅为巩固鲁西抗日根据地，打击郓城之日军，并掩护主力一部南下开辟巨（野）南部地区，于 1941 年 1 月 7 日晚，以旅主力及地方武装一部，隐蔽地进入郓城与侯集之间的潘溪渡地区，以一部兵力围困侯集敌据点。8 日上午，郓城日伪军 200 余人来援，进入伏击圈，八路军发起冲击，激战至傍晚，将敌全歼。1 月 15 日，日军第 12 军以第 21、第 32 师团及伪军一部共约 1 万人，在航空兵及装甲部队支援下，由临清、济宁、菏泽、大名等地出动，分 6 路对鲁西根据地中心区范县、观城地区进行大"扫荡"。1 月 17 日拂晓，日军乘 70 余辆汽车，向转移至朝城以西苏村、马集地区的鲁西军区和党政机关以及第 7 团、特务营进行合击。第 7 团掩护军区和党政领导机关突出重围。特务营为掩护领导机关转移，拖住敌人，依托苏村与敌展开激战。日军以飞机轰炸，以坦克掩护步兵冲击，均无奏效，遂连续施放大量毒气，造成特务营两个连大部中毒牺

第四章 在华北疯狂实施毒气战

性。❶随后，日军将鲁西根据地分成5块，进行反复"清剿"。八路军第115师教导第3旅即分散以营为单位，配合民兵游击队，在南乐、清丰、观城、郓城等地积极打击敌人。2月6日，日军被迫退回原据点，结束"扫荡"。在苏鲁边区，驻丰县、沛县日军为配合主力"扫荡"，于1月22日围攻韩庄、张坝口，大量使用毒气，致使八路军1个营全部中毒。八路军在山东及苏鲁边区这次反"扫荡"作战中，缴获日军烟幕弹118发、毒气弹86发。❷

此次"扫荡"前后，日军在山东及苏鲁边区多次使用毒气作战。据日军战俘的证词：1941年2月，在山东省堂邑县城西约10公里里的某村，日军第32师团第201联队第1大队大队长土田少佐指挥300名兵士，配属野炮3门，向国民党军保安第4师齐子修部约500人进行包围攻击，该战俘当时任重机枪分队3号射手。野炮发射炮弹约30发，其中催泪性、窒息性瓦斯弹约10发，炸死、毒死齐子修部约100人及和平居民约200人。❸

1941年4月7日，在山东省嘉祥县李家楼，日军工兵第32联队450人与抗日军约1000人战斗，根据中队长宏野忠一的命令，向李家楼发射大型赤筒2发。铃木史行从赤筒瓦

---

❶ 军事科学院军事历史研究部：《中国人民解放军战史（第二卷）：抗日战争时期》，军事科学出版社1987年版，第276页。

❷ 《前总1941年春季华北反扫荡总结》，1941年6月17日，原件存中央档案馆，档案号179-7。

❸ 雨宫健治的笔供，1954年8月15日，原件存中央档案馆，档案号119-2-864-1-5。

斯效力判断，这次放毒使抗日军民约400人中毒。❶

1941年6月中旬，日独立混成第10旅团独立步兵第42大队在山东省禹城县城南作战中，第3中队长鹿野中尉指挥兵士80人包围禹城县城南某村的抗日军，发射10发掷弹筒榴弹、2个赤筒瓦斯弹，炸死、毒死抗日军30人、农民8人。❷

据《细菌战与毒气战》一书记载：

1941年3月1日，日军进犯山东省徒骇河地区，日军施放毒气，八路军中毒100人，村民中毒200人。

1941年3月15日，日军1500余人扫荡山东省商河、惠民以南地区，与八路军在徒骇河地区激战一周多，日军大肆放毒，八路军官兵中毒300余人。❸

二、在冀东、冀中毒气作战殃及平民

在抗战相持阶段，大量放毒并殃及平民，是日军实施毒气作战的一个显著特点。

1941年1月，为确保东北与华北的交通通畅，日军调集第27师团一部及伪军3000余人，"扫荡"冀东抗日根据地丰润县鲁家峪一带。25日，迁安、滦县、遵化、丰润等据点

---

❶ 铃木史行的笔供，1954年6月28日，原件存中央档案馆，档案号119-2-946-1-5。

❷ 久保谷幸作的笔供，1954年8月14日，原件存中央档案馆，档案号119-2-171-1-5。

❸ 中央档案馆、中国第二历史档案馆、吉林省社会科学院：《细菌战与毒气战》，中华书局1989年版，第704页。

第四章 在华北疯狂实施毒气战

的日军1500余人包围丰润县鲁家峪村，制造了鲁家峪惨案，全村被杀1035人，重伤84人，烧毁房屋1100多间，全村（包括下落不明者）只剩303人。5月29日，日军第27师团、独立混成第15旅团及伪军共4万余人，实施"冀号"作战，对冀东抗日根据地由东向西、由北向南进行大"扫荡"。6月1日，冀东军分区部队经过苦战，歼敌800余人，突出重围。冀东八路军部队内线与外线结合，开展群众游击战争，灵活打击敌人。至7月初，日军退出冀东根据地。在"扫荡"中，日军多次使用毒气。在玉田县，6月4日，某部第16大队在鱼槽铺与八路军作战中，施放毒气筒50个，并发射毒气弹、烟幕弹，八路军退出战斗；7月中旬，日军某部独立守备步兵第7大队在南母庄村外的洼地，集中村民250余人来回拷问，施放毒气筒15个，村民全部中毒，儿童中毒死亡3人。在丰润县，6月中旬，日军某部独立守备步兵第7大队第4中队将村民40人关闭在一间房子内，施放毒气，两人逃出时被杀害，其余全部中毒死亡。在遵化县，6月下旬，日军某部独立守备步兵第7大队在沙堡营村不仅活埋村民，而且将五六十名村民关闭在一间房内，施放毒气，10人中毒死亡。❶

1942年4月1日，在原田熊吉师团长的指挥下，日军第27师团、独立混成第15旅团和关东军及伪军各一部共3万余人，对冀东抗日根据地进行大规模"扫荡"。4月18日，日、伪军4000余人包围了冀东军分区后方医院驻地鲁家峪

---

❶ 中央档案馆、中国第二历史档案馆、吉林省社会科学院：《细菌战与毒气战》，中华书局1989年版，第172－173页。

村，大量施放毒气，八路军伤病员与工作人员190余人中毒惨死。冀东军分区留下2个营部队配合民兵，坚持内线斗争，冀东主力转移到热河南部山区开展外线作战。外线与内线配合，灵活打击敌人，至5月底，日军歼灭冀东八路军主力的企图落空，日军在冀东根据地内杀害群众2万余人，掳走青年2万余人，部分根据地变为敌占区。日军在丰润县鲁家峪村用毒气攻击洞穴，残杀八路军战士约100人，用剖腹等手段惨杀避难农民235人，烧毁房屋800多户，强奸妇女100多人。

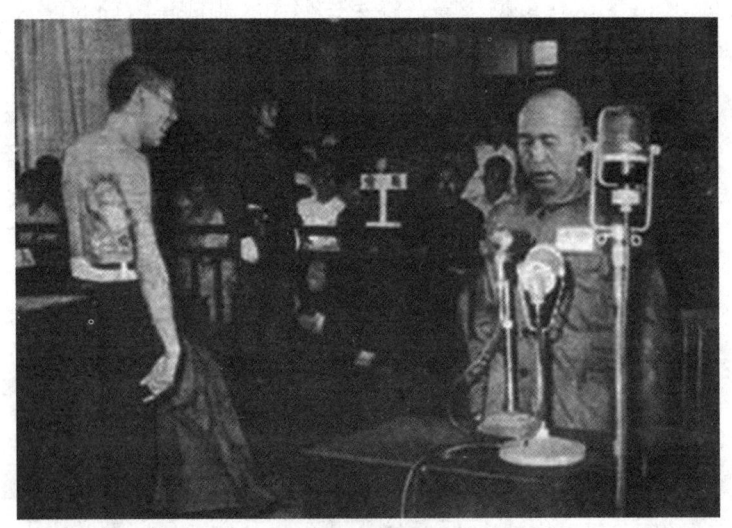

图4-2 制造鲁家峪惨案的铃木启久受审

据《河北省人民检察署关于鲁家峪惨案的调查报告》：

1941年1月19日，驻扎于丰润县三女河、沙流河、孟四庄，遵化县朱官屯、王各庄等据点之日军及汉奸队共千余

第四章　在华北疯狂实施毒气战

人，包围了鲁家峪，将全村男、女居民驱至附近小河西虫王庙前，周围架以机枪，强迫男、女脱光衣服，复用石块抛打，威胁群众交出八路军工作人员，纵火烧毁民房共2354间，致烧死老幼农民9人，轻、重烧伤者无法统计，食粮、农具被焚一空。

同年6月22日，佐佐木、小泽、楠木等日军数百人，夜间将鲁家峪村包围，将男女三十余名赶往虫王庙施放毒瓦斯，熏死2人，农民刘继真等20人昏倒，受伤群众满地翻滚。

1942年（农历）三月二日起，以铃木启久旅团长为指挥，丰润、玉田、遵化等地敌据点日军将鲁家峪一带包围半月之久。在此期间，将隐藏在山中火石洞中的李有正、李自胜等11名农民集体砍杀，其余50余人有的被杀害，有的被押往东北做劳工，用毒瓦斯熏死在火石洞的有农民刘印之妻等10余名。❶

以上仅是调查中摘录的一部分。

鲁家峪一带山村系抗日根据地，是冀东军区卫生部和医院、冀东报社所在地。日军清乡包围时，我冀东12、13团重伤员一部全部掳走，另18名被全部屠杀。

当时仅鲁家峪附近之山洞内被敌用毒瓦斯熏死及枪杀者，据概括统计达200名之多。

再看一看时任日军第27步兵旅团长铃木启久1954年7

---

❶ 《河北省人民检察署关于鲁家峪惨案的调查报告》，1952年，原件存中央档案馆。

月15日的笔供❶吧。

铃木启久任第27步兵旅团长时期，1942年4月，第27师团长原田熊吉根据"丰润北方山地有数千名八路军以王官营为中心地区，进行活动"的情报，即进行了攻击八路军的战争。铃木启久依原田熊吉的命令，指挥第1、第3联队参加了此战。为了歼灭王官营附近的八路军，他公布了如下重要命令：

步兵团（除第2联队）必须歼灭王官营附近的八路军，第1联队要将王官营附近的八路军包围起来并进行攻击，故第3联队由王官营东侧、第2联队由玉田向王官营西侧进行夹攻，切断八路军的逃路，第1联队与第3联队要取得密切联系，封锁王官营东方山地一带，防止八路军由同一方向逃脱，各队结束王官营附近的作战后，必须追击八路军的踪迹并进行逮捕和歼灭。

日第1联队长田浦竹治根据上述命令，以一部分兵力由王官营北方进行攻击，田浦竹治指挥联队的主力军由南方围攻王官营附近，第3联队在联队长小野修的指挥下封锁了王官营一带山地并向王官营进行攻击。虽然将王官营附近包围了，但大部分的八路军撤退了。约有100名的八路军陷入日第1联队的包围中，第1联队以全力进行消灭，杀害了60人。另外，第1联队长田浦竹治得到了关于八路军在鲁家峪

---

❶ 铃木启久的笔供，1954年7月15日，原件存中央档案馆，档案号119-2-1-1-5。

第四章 在华北疯狂实施毒气战

附近有秘密阵地的消息,并向铃木启久作了报告。

铃木启久立即命令:"要彻底地进行扫荡。"其后,他到现场观察情况,当时的"扫荡"战已基本结束,仅对坚守于一、二洞穴的八路军继续进行攻击。他在附近观察掠夺的兵器、弹药、被服工厂后,即命令田浦竹治要彻底破坏八路军根据地,并命令急速将约有 50 名八路军俘虏及其关系者送交所属县加以适当的"处理"。

铃木启久在这份笔供中说:在鲁家峪攻击洞穴时使用毒瓦斯,惨杀了八路军干部及其属下约 100 人,又将被恐吓"以战火烧害"而逃至鲁家峪附近村庄避难的 235 名中国农民用野蛮的办法惨杀了(将其中的孕妇剖腹了),烧毁房屋约 800 户,杀害了即将往所属县送交的俘虏 5 人,强奸妇女达百名之多。

日军"扫荡"冀东的同时,调集第 110 师团等部共 2 万余人,于 1941 年 6 月 10 日起,对北平、天津、保定三角地带的冀中第 10 军分区进行"扫荡""蚕食"与"清剿"。至 8 月,日军在这一三角地区的许多地方建立了伪政权,使第 10 军分区大部变为游击区、敌占区。而后,日军调集第 110 师团、第 26 师团、第 27 师团、第 41 师团各一部及第 7、第 9 旅团等部共约 5 万兵力,由冈村宁次亲自指挥,于 1942 年 5 月 1 日起,对冀中平原抗日根据地进行空前残酷的大"扫荡"。冀中军民经过近两个月反"扫荡"战役,作战 272 次,毙伤日伪军 1.1 万余人,粉碎了日军消灭冀中区领导机关和主力部队的企图。但由于日军在扫荡中实行"三光"政策,根据地损失十分严重。冀中军区部队伤亡 4671 人,减员 5500 余人(大部在群众中分散隐蔽),区以上干部牺牲 1/3,

毒气战

群众被敌惨杀2万余人，被敌掳走5万余人，造成"无村不戴孝，处处闻哭声"的悲惨景象。到1942年底，在冀中平原，敌据点增至1753个，铁路、公路增至8379公里，封锁沟墙增至4186公里，根据地被分割成2670小块。从此，冀中平原抗日游击战争进入了更加残酷和困难的阶段。

日军在冀中"五一大扫荡"中，规定"各部队尽量寻找机会，在地道战斗中使用赤筒和绿筒，实验使用方法"[1]。自5月23日至6月12日，仅20天内，日军就在无极县、定县之间赵户村、灵寿县朱食村和朱骇村、定县北疃村、唐县岳烟村及拒马河、无极县黑贵子村、深泽县白庄和宋庄，及冀南威县掌史村等地，用毒10余次。

据《晋察冀日报》1942年6月4日、11日的记载：

5月25日，行唐、灵寿日军1000余人，向灵寿县东北朱骇村的八路军合击，并施放毒气，掩护进攻。

行唐、灵寿、正定、平山、获鹿等地日军800余人，围攻灵寿县东北的八路军，战斗中，日军使用毒气，致使八路军官兵多人中毒，鼻孔出血。

据《晋察冀日报》1942年8月4日记载：

5月28日，日军在无极县赵户村屡遭八路军伏击，遂派出1000余人进行报复，敌强攻不成，施放毒气。

---

[1] 上坂胜的笔供，1955年5月，原件存中央档案馆，档案号119-2-3-1-5。

第四章 在华北疯狂实施毒气战

6月4日,日军500人在无极县西北围攻黑贵子村八路军2个连队,日军连续10余次冲击,均受挫,遂从3处向八路军施放毒气,八路军在天黑时主动撤出战斗。

据吕正操《冀中回忆录》记载:

5月30日,日伪军1000余人包围驻深泽县东北白庄的八路军警备旅及第17团1个连,八路军连续5次打退敌人的进攻,日伪军遂施放毒气。

6月9日,日军坂本旅团长指挥日军300余人进攻深泽东北宋庄,遭到八路军回击,遂增援达1800余人,攻占南宋庄,冲入北宋庄,大量施放毒气。八路军击毙日军坂本旅团长以下600余人,打伤敌300余人,八路军于晚9时突出重围。

6月12日,冀中军区机关进驻冀南威县掌史村后,日军三四百人前来进犯,至中午,日军增兵1000余人,强攻不下,遂大放毒气。但因平原空旷,风力较大,无大伤害。晚9时,八路军成功突围。❶

据《晋察冀日报》1942年6月5日和《解放日报》1942年7月28日、11月20日记载:

5月28日午后2时许,日军200余人在装甲车、坦克配合下向唐县城郊八路军发起进攻,激战于岳烟一带,日军屡

---

❶ 吕正操:《冀中回忆录》,解放军出版社1988年版。

毒气战

攻屡受挫,遂大肆施放毒气。八路军冒毒气抗击,将日军击退。

6月25日,八路军一部掩护领导机关向山区转移,担任警戒的1个排兵力在八里塘与日军激战,日军施放烈性毒气,八路军该排战士全部中毒牺牲。中毒者皮肤青紫、腐烂。

据《细菌战与毒气战》一书记载:

6月19日,日军在沧(县)盐(山)路东却寺同冀中军区第8军分区第23团发生激烈战斗,日军施放毒气,第23团官兵中毒者甚多。❶

据日军战俘上坂胜的笔供:

1942年5月下旬,日军扫荡安平县以北滹沱河与潴龙河中间一带,在某村庄里进行扫荡,向藏匿很多居民的地道里掷入赤筒、绿筒毒气,杀害八路军战士、居民约300人。

5月27日在定县北疃村,他指挥日军部队,向地道中使用赤筒、绿筒,致使在地道中躲避的北疃及附近10余村群众,包括老弱妇孺,共800余人全部被毒死。❷

---

❶ 中央档案馆、中国第二历史档案馆、吉林省社会科学院:《细菌战与毒气战》,中华书局1989年版,第717页。

❷ 上坂胜的笔供,1955年5月14日,原件存中央档案馆,档案号119-2-1-2-7。

第四章 在华北疯狂实施毒气战

日军"五一"大扫荡时在冀中平原根据地多次用毒攻,其中尤以定县北疃惨案最具代表性、残暴性、野蛮性。《晋察冀日报》1942年6月26日刊载"晋察冀军区司令部通电",揭发控诉日本法西斯毒杀北疃村800余无辜人民的滔天罪行,指出:进入北疃村后,"日军反复找,找着了地道的入口,将大量的窒息瓦斯,冲放进去。在日寇此等毒手下,我800余隐蔽在地道中的手无寸铁的人民,大部为扶杖的老翁、老娘、妇女、儿童、病弱、乳婴,遂全部为毒气窒息毙命!他们的尸体塞满了地道,惨状使人目不忍睹"。"这种旷古未有的对人民大屠杀,更加证明日本法西斯已将世界的公理、公法、正义的最后的藩篱,毁弃无余。"对于日军这一反人类的严重罪行,我们将在下面日军对平民用毒的章节中作专门说明。

第三节 对山区抗日根据地的毒气战

一、在太行、太岳区的毒气攻击

1941年10月31日至11月21日,日本华北方面军第1军集中第36师团、独立混成第6、第9旅团各一部共约1.5万人,对太行抗日根据地腹心区进行大"扫荡",企图围捕八路军总部领导机关,破坏根据地军工生产基地黄崖洞兵工厂,寻找八路军主力作战。黄崖洞兵工厂于1939年建成,坐落在太行山中段岭脊之上的黎城县北部的群山中,生产的主要武器有五五式步枪、八一式步枪、五〇炮及炮弹。10月

毒气战

31日，日军连夜奔袭八路军第129师师部驻地涉县赤岸村和八路军总部驻地黎城西井镇，扑空后，被第129师部队阻于东阳关、响堂铺一线。11月9日，日军第36师团由黎城出动，进攻黎城以北的黄崖洞兵工厂。警戒部队八路军总部特务团在第129师4个主力团及民兵的配合下，同日军展开激战。10日下午，日军数路向黄崖洞地区之桃花寨、水腰发起攻击，施放毒气，特务团坚守阵地。11日拂晓，日军数十门大炮轰击，400名步骑兵冲锋，被特务团击毙100余人，被迫退回。日军第二次猛烈冲锋，又被特务团等部击毙300余人。11日黄昏，日军疯狂炮击，发射大量毒气弹，八路军前沿干部、战士全部中毒。13～15日，日军转攻南口阵地，战斗极为激烈，日军使用最新式武器喷火器。15日，采取放敌进入厂区，再歼敌一部的战术。至18日，八路军总部特务团等连续激战8昼夜，日军猛烈连续炮击，发射毒气弹、毒气筒，团长欧致富等官兵70余人中毒。至21日，日军退出黎城。太行区军民作战20天，歼灭日军1384人，八路军伤亡386人。

1942年2月8～15日，日军"扫荡"太行山区撤退时，在辽县、武乡、黎城、涉县等地区，到处撒布糜烂性毒气，大多撒在门侧、炕席和草堆上，以及粮食里和水井中，人、畜一经接触，即遭中毒，涉县某村中毒数十人，甚至有的全家中毒毙命。武乡的柳沟、东堡、桥南塔等11个村庄因中毒而死亡者尤多。❶ 2月2日至3月4日，日军7000余人"扫荡"太岳抗日根据地的中心区及第1军分区，在"扫荡"后

---

❶《解放日报》1942年3月15日。

第四章　在华北疯狂实施毒气战

撤离时大肆施放毒气，中国军民中毒伤亡 200 余人。2 月 28 日，沿漳河向潞城撤退的日军在烟驼、柳树园一带遭到第 129 师一部伏击，日军施放毒气，八路军 20 余人中毒。❶ 2 月下旬，日军扫荡晋东南中心区，仅在辽县东南桐峪镇一地，即惨杀无辜平民百余人，而且到处施放腐烂性毒气于房屋中，居民数十人中毒。日军在武军寺一村中，大肆撒布糜烂性毒气，居民无论男女老幼全部中毒，中毒者满身红肿，起疱，继而糜烂，痛苦万状。❷

图 4-3　黄崖洞保卫战殉难烈士纪念塔

❶ 中央档案馆、中国第二历史档案馆、吉林省社会科学院：《细菌战与毒气战》，中华书局 1989 年版，第 711-712 页。
❷ 《解放日报》1942 年 2 月 28 日。

❀ 毒气战 ❀

图 4-4 《新华日报》1941 年 7 月 22 日载日军在晋南施放毒气

日军第 36 师团在晋东南大规模使用糜烂性毒气的事实，日本习志野学校在《中国事变中化学战例证集》中有明确的记录，如：

2 月 8～15 日，日军第 36 师团第 223 联队先后扫荡黎城县王家峪、黄崖洞、桐峪及涉县等地，日军在撤退时，在民房、窑洞、工厂、阵地等要处，散布芥子气 300 公斤。中国军民返回住地后，有数千人中毒，其中半数死亡。

第四章 在华北疯狂实施毒气战

2月23日,日军第36师团第223联队再次扫荡东崖底。当日傍晚,主力发起攻击时,特种作业队施放芥子气。但因天气太冷,未达战斗效果。❶

1942年10~11月,日军第36师团、独立混成第4旅团、独立混成第3旅团的西畑支队及清水大队等部"扫荡"太行抗日根据地。由第1军发给罐装的液体毒瓦斯,命令日军在蟠龙镇、温城镇等地附近各村庄撒布毒液,村中居民中毒者甚众。日军战俘菊地修一在一份笔供❷中详细地供述了当时撒布罐装毒瓦斯液体的内情。他写道:

1942年10月至11月,于太行作战中,参加太行作战的部队有第36师团、独混第4旅团、独混第3旅团的西畑支队及清水大队。对上述部队,由第1军发给液体毒瓦斯,使其在各村撒布,企图毒杀居民。

当时,清水大队(副官相乐圭二、小队长甲坂襞藏)的位置是在粮秣、弹药、兵器、资财补给所襄垣东北方约16公里的某村;最前线的部队西畑支队是在温城镇;独混第4旅团在温城镇东方省境附近;第36师团在蟠龙镇东方约20公里某村附近。受领液体毒瓦斯补充给各最前线部队,同时清水大队也补充完了。从蟠龙镇附近前进时,撒布了液体毒瓦斯。

---

❶ 纪道庄、李录:《侵华日军的毒气战》,北京出版社1995年版,第233-234页。

❷ 菊地修一的笔供,1954年2月20日,原件存中央档案馆,档案号119-2-730-6-44。

关于发给液体毒瓦斯的具体事实，菊地修一写道：

1942年10月下旬，菊地中队（配属到清水大队）由蟠龙镇出发，向后方补给所（后勤部）前进（襄垣东北方约16公里）。在该地有清水大队军需官古郡中尉领食粮，菊地修一本人从辎重队的某军官那里秘密地直接盖章领到液体毒瓦斯，输送到蟠龙镇偏东北方约8公里的某村，交给驻在该地的清水大队副官相乐圭二（在公安局）。

10月下旬，西畑支队向温城镇前进时，依军令清水大队的长久中队由蟠龙镇附近向武乡前进，在该地领粮草弹药，交给西畑支队，之后又返回蟠龙镇偏东北方约8公里的某村。

受领、输送、交付液体毒瓦斯的系统图，如图4-5所示。

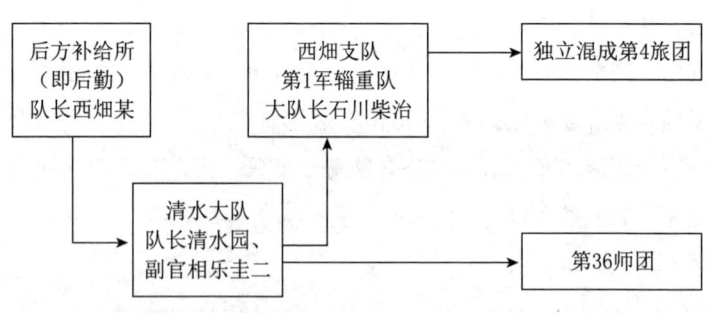

图4-5 受领、输送、交付液体毒瓦斯系统图

关于菊地中队向西畑支队输送液体毒瓦斯（包括粮草弹

药的情况及配属到石川大队的竹川小队掩护该次输送）的情况，菊地修一继续写道：

菊地中队于 1942 年 11 月上旬，由清水大队主力的驻屯地蟠龙镇偏东北约 8 公里的某村，从 9 时前后出发，向石川的驻屯地温城镇偏东南方约 8 公里某村，输送液体毒瓦斯——清水大队的地点和石川大队距离 16 公里——该液体毒瓦斯交给了石川大队副官川原荣。

为了掩护该次输送，石川小队占领了温城镇偏东南方约 8 公里某村的南方约 8 公里的山地，中队通过了该地前进后，竹川小队由山上撤下，在中队的后方向石川大队的驻地前进。15 时前后到达，菊地中队在石川大队的驻地宿营。

第二天 7 时许，在竹川小队掩护下，菊地中队返回清水大队。

休息一天，以同样的要领实施了第二回输送。第二次输送时，石川大队的掩护小队是铃木中队的一个小队，不是竹川小队。

关于竹川德树的所属中队专门向村庄中撒布液体毒瓦斯的情况，菊地修一接着写道：

1942 年 11 月上旬，菊地中队第一回输送的当天 16 时 30 分前后，在石川大队的驻屯村西方约 500 公尺的田地中，独步第 8 大队樱井中队实施毒瓦斯的放射实验。在田地中撒布了宽约 40 公尺、长约 50 公尺的面积，尔后又做了消毒处理。在实验时，对逮捕的 2 名老百姓实施实验。

实施实验的第二天 8 时 30 分前后，在菊地中队返回清水大队做出发准备时，菊地修一曾看到，在石川大队驻地东方约 2 公里某村撒布液体毒瓦斯，撒布的要领是村子的入口附近（主要道路）做重点的撒布。

此后，清水大队副官相乐圭二与长久中队协力向蟠龙镇附近村庄中撒布了液体毒瓦斯。

二、在沂蒙山区频繁用毒

为消灭山东抗日根据地党政军领导机关和主力部队，日本华北方面军于 1941 年 9 月中旬至 10 月上旬，对沂蒙山区周边的泰山区及鲁南的郯城、码头地区进行"扫荡"；同时抽调第 21、第 33、第 36 师团和独立混成第 3、第 4、第 9 旅团各一部，加强第 12 军兵力，并于 10 月下旬开始，集中 5 万余人，对鲁中沂蒙山区根据地进行秋冬季大"扫荡"。

11 月 2 日黄昏，蒙阴、沂水、莒县日军秘密出动，偷袭山东纵队指挥机关马牧池。经激战，山东纵队指挥机关转移到新泰西南的石莱一带，跳出了敌人的合围圈。11 月 5 日，日军 2 万余人分路合围山东分局和第 115 师领导机关驻地临沂北之孙祖、留田地区。山东分局和第 115 师领导机关 5000 余人在 1 个营的兵力的掩护下，突破日军的两道封锁线，安全转移到蒙山南端的护山庄地区，跳出了日军的包围圈。这样，山东八路军由内线转为外线，由被动转为主动。

11 月 12 日，日军将沂蒙山抗日根据地划分为 4 个区，开始分区进行"清剿"，南墙峪、孙祖两区为重点。山东分局和第 115 师领导机关转回沂蒙山抗日根据地基本区的北

第四章 在华北疯狂实施毒气战

村,指挥内线部队开展反"清剿"斗争。同时,抽调大批干部分散各地领导群众开展游击战争。12月23日,日军主力开始撤退,八路军乘机收复村镇,至28日,沂蒙山抗日根据地基本得到恢复。

日军在"扫荡"中,在主动攻击时,特别是作战不利时,多次使用毒气武器,杀害抗日军民。

9月上旬,日军独立混成第10旅团第41大队一部,在莱芜县朱彪崮作战中使用毒气,无辜平民10余人中毒身亡。❶

9月中旬,日军独立混成第10旅团第41大队一部,在莱芜县茶叶口向八路军后方医院的地洞内投掷毒气筒,15名中毒伤员遭到砍杀。❷

9月20日,日军1000余人由乐陵、殷家等据点出动,向乐陵以北合击,遭到八路军前后夹击受重创,遂大量施放毒气掩护逃窜。❸

9月22日,日军600余人由乐陵出动,攻击李明集、杨家庄八路军,溃退时大量施放毒气,致使八路军20余人中毒。❹

9月30日,驻临沂日伪军600余人偷袭西山前村,抗日民众坚守围墙与敌血战,敌遂向村内发射150余发炮弹及大

---

❶ 中央档案馆、中国第二历史档案馆、吉林省社会科学院:《细菌战与毒气战》,中华书局1989年版,第706页。

❷ 中央档案馆、中国第二历史档案馆、吉林省社会科学院:《细菌战与毒气战》,中华书局1989年版,第486页。

❸ 《晋察冀日报》1941年10月19日。

❹ 《解放日报》1941年10月16日。

量毒气，致使村民大部分中毒昏倒。❶

10月中旬，日军独立混成第10旅团第44大队第2中队在新泰县某村施放催泪性毒气掩护攻击，毒杀八路军30余人、平民120人。❷

同时，在鲁南地区，日军独立混成第10旅团第43、第45大队，在1941年11月上旬攻击蒙阴县560高地的战斗中，以3架飞机轰炸扫射，并以山炮兵发射80余发榴弹及数发毒气弹，八路军300多人及大部分农民中毒、被炸伤。❸

在2个月的反"扫荡"战斗中，山东抗日根据地军民歼敌2000余人，八路军也伤亡1400余人，群众被杀害、被掠走1.4万余人，粮食被抢160余万斤。

第四节　在华北各地大量使用糜烂性毒气

一、大范围使用糜烂性毒气

日本华北方面军疯狂实施毒气战的另一个特点，是在1941~1942年由实验转为大规模使用糜烂性芥子气攻击作战。

1941年6月29日，国民政府军政部防毒处处长李忍涛

---

❶ 中央档案馆、中国第二历史档案馆、吉林省社会科学院：《细菌战与毒气战》，中华书局1989年版，第484-485页。

❷ 金子安次的口供，1954年10月21日，原件存中央档案馆，档案号119-2-255-1-4。

❸ 铃木良雄的笔供，1954年7月29日，原件存中央档案馆，档案号119-2-950-1-5。

第四章 在华北疯狂实施毒气战

致电何应钦,称:顷奉第一战区长官部参字第 8675 号代电开,"连日北岸之敌向我谦支队阵地及附近施放毒气,我官兵中毒者 5 人,死亡 1 人。经查敌所使用毒气系糜烂性芥子气及窒息性与喷嚏性混合剂,均以炮弹发射。中毒后之症状,颜面发紫,皮肤发冷溃烂,眼部灼热疼痛,结膜充血,呕吐,鼻部刺激甚剧,呼吸困难,数小时后并发肺水肿或神经症状"❶。

1941 年 12 月 30 日,日军某联队第 1 大队"扫荡"太行根据地之陈家河地区。当日军撤退时,在指挥所、掩蔽部、火器阵地,撒布了糜烂性芥子气 200 多公斤,布毒面积为宽 2~3 米、长 2800 米。据日本陆军习志野学校 1942 年 11 月编写的《中国事变中化学战例证集》记载:"随扫荡队撤离而返回阵地之敌,对毒剂毫无认识,也无防护装备。瓦斯伤患者陆续出现,蒙受重大损失,狼狈放弃阵地后退,伤者达千人以上。"并视之为"用黄剂使敌阵地内主要地点毒化,给敌人造成巨大伤害的战例"❷。

1942 年初,日军华北方面军 3 万余人对太行根据地进行毁灭性"扫荡",大范围使用了糜烂性毒气。第 36 师团特种作业队专门负责撒布毒气,1 月下旬在潞安完成布毒训练准备,2 月初分别配属第 222、第 223 联队。2 月 3 日起,日军

---

❶ 军政部防毒处处长李忍涛致何应钦的电报,原件存中国第二历史档案馆,档案号 773,872。

❷ 纪学仁:《日本侵华战争的化学战》,军事谊文出版社 1995 年版,第 202 页;步平:《化学战》,黑龙江人民出版社 1997 年版,第 145 页。

第36师团等部奔袭北方局和八路军总部所在地桐峪、洪水、辽县、襄垣、和顺等地。第223联队于2月8～15日在洪水、桐峪、黄崖洞、南祝、河南店等地布毒，使用黄1号（芥子气）约300公斤，布毒场所为军队营房、洞窟、工厂、监视哨阵地等要点。日军撤退后，八路军返回根据地，有数千名官兵中毒，其中半数死亡。2月13日，第222联队在太行根据地西井附近东崖底村撒布黄1号毒气，因天气酷寒（－25℃）芥子气冻结。《中国事变中化学战例证集》将前者作为“用黄剂毒化共军根据地而予以歼灭性打击的战例”，将后者作为“因酷寒致使黄剂冻结而失去战机之例”。[1]《解放日报》1942年2月28日、3月15日先后载文，揭露了日军此次用糜烂性毒气的滔天罪行。

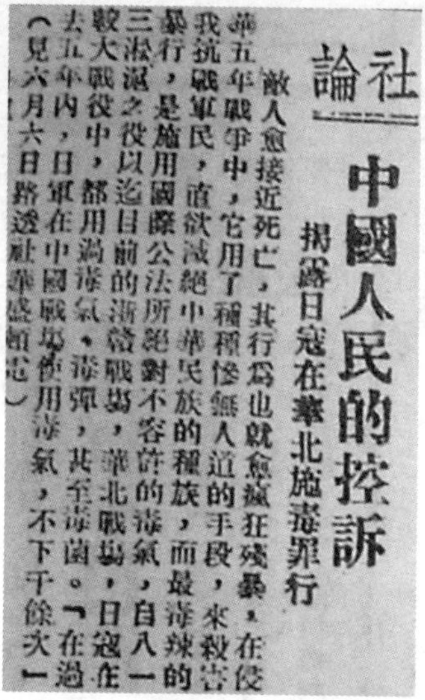
社論
中國人民的控訴
揭露日寇在華北施毒罪行
敵人愈接近死亡，其行爲也就愈瘋狂殘暴，在侵華五年戰爭中，它用了種種慘無人道的手段，來殺害我抗戰軍民，直欲滅絕中華民族的種族，而最毒辣的暴行，是施用國際公法所絕對不容許的毒氣，自八一三淞滬之役以迄目前的浙贛戰場，華北戰場，日寇在較大戰役中，都用過毒氣，毒彈，甚至毒菌。「在過去五年內，日軍在中國戰場使用毒氣，不下千餘次」（見六月六日路透社華盛頓電）

图4－6 《新华日报》1942年7月21日载日军在华北用毒气

1942年3月25日，晋西柳林日军炮兵大队向黄河西岸宋家川（陕西吴堡）八路军炮击终日，发射炮弹1800余发，

[1] 纪学仁：《日本侵华战争的化学战》，军事谊文出版社1995年版，第203页；步平：《化学战》，黑龙江人民出版社1997年版，第145页。

第四章 在华北疯狂实施毒气战

有 1/3 是糜烂性毒气弹。❶

1942 年 5 月，日军 2.5 万余兵力对太行区北部进行报复"扫荡"，日军称"C 号作战"。八路军副参谋长左权于 5 月 25 日在十字岭指挥突围作战时壮烈殉国。在此次"扫荡"中，日军大川姚吉中尉率部于 5 月 24 日进袭第 129 师司令部驻地涉县赤岸村，扑空后，即在司令部驻地的房屋门窗、炕、家具上撒布了芥子气。八路军返回时，根据上级指示采取了消毒措施，因而避免了毒害。附近一些村庄由于缺乏经验，部分干部群众不慎中毒。

二、中国官方的多次揭露谴责

针对日军大量使用糜烂性毒气的情况，八路军总参谋部曾于 1942 年 3 月 14 日致电各兵团，指出："本年入春以来，敌人对华北之分区扫荡，除继续以往大肆烧杀、奸淫、掠夺外，并施放糜烂性毒瓦斯（如晋东南）。""中毒者全身红肿、溃烂、排液，至血肉裂口脱落而死。亦有因吸芥子气而窒息，以及腹肿、头疼。"要求军民进入敌占领过的村庄房屋，应经防毒人员检查才能住宿；凡属敌遗弃食品及民间饮水等，应经医生化验，证明无毒方得使用。❷

蒋介石也于 1942 年 4 月 9 日致电何应钦："据彭副总司令德怀寒电称，敌寇此次'扫荡'我太行区时，曾施大批糜烂性毒气。该毒为液体毒汁，敌将此毒涂于室内桌椅及各种

---

❶ 《解放日报》1942 年 4 月 2 日。

❷ 第十八集团军总司令部致各兵团的电报，1942 年 3 月 14 日，原件存中央档案馆，档案号 97 - 3。

器具之上，此种已散放毒汁之室内器物，殊多整齐如原来模样，使人不生疑窦。清漳河下流两岸及武乡东部地区，因事先未被察觉，遭毒害者颇众。毒重者全身红肿，继而溃烂。此外敌复故意遗留含有毒汁之大米、肉食、罐头、军器、服装、鞋袜等物品，涉县附近曾有一村民拾得皮鞋一双，穿在脚上，则双足肿痛渐至溃烂，东崖底附近居民数人亦遭受同样毒害等情。为防敌再在各战场同样使用，除分电外，特电知照。"❶

三、在华北使用黄剂的战例

由于日本政府和军部严格保守使用毒气的机密，战争年代及战后很长一段时间，一直难以见到较为系统的日军使用毒气武器的资料。最早见诸公开披露日军使用毒气武器的系统资料，是在 1984 年 6 月 14 日。这一天，日本《朝日新闻》发表了日本学者粟屋宪太郎在美国国家档案馆发现的一份资料：《中国事变中化学战例证集》，署名为陆军习志野学校，编成时间为 1942 年 11 月。据粟屋宪太郎介绍，该资料的"序"说明《中国事变中化学战例证集》的目的是"提供毒气用法，尤其是赤筒的轻快机敏的用法"，所以 56 例中多为使用"赤筒"的战例，但也包括有大规模使用"赤弹""黄弹""黄剂"的战例。

《中国事变中化学战例证集》对战例的情况是保密的，但是，日本学者粟屋宪太郎和藤原彰还是经过深入研究，对

---

❶ 蒋介石致何应钦的电报，1942 年 4 月 9 日，原件存中国第二历史档案馆，档案号 773，872。

第四章 在华北疯狂实施毒气战

其中23个战例的时间与地点作出了初步判定。

《中国事变中化学战例证集》专门叙述了使用黄剂的战例,在华北使用黄剂的有6个战例,其中,日军进攻战例3次、防御战例2次、脱离战场战例1次。

日军的进攻战例:

(1)例证20,用黄剂使中国军队阵地内主要地点毒化,给中国军队造成巨大伤害的战例。仅显示为12月30日陈家河。(已如前述)

(2)例证21,用黄剂毒化八路军根据地而予以歼灭性打击的战例。经推测为1942年2月8～15日在山西太行山脉。参见《解放日报》1942年3月15日和《晋察冀日报》1942年3月18日。

(3)例证23,因酷寒致使黄剂冻结而失去战机之例。经推测为1942年2月13日,地点在山西省太行山脉黄崖底附近。

日军的防御战例:

(1)例证38,爆炸传播黄剂在阵地前构成封锁而生效之战例。时间为××年6月12日,地点为陈家河附近。

(2)例证39,射击黄弹至敌阵地而使敌炮兵沉默的战例。时间为××年10月22日,地点为山西省垣曲黄家庄附近。

日军脱离战场的战例:

例证44,用黄剂封锁敌前进道路上之要点而迅速脱离战场的战例。推测时间为1941年10月31日,地点为河南省郑州附近。

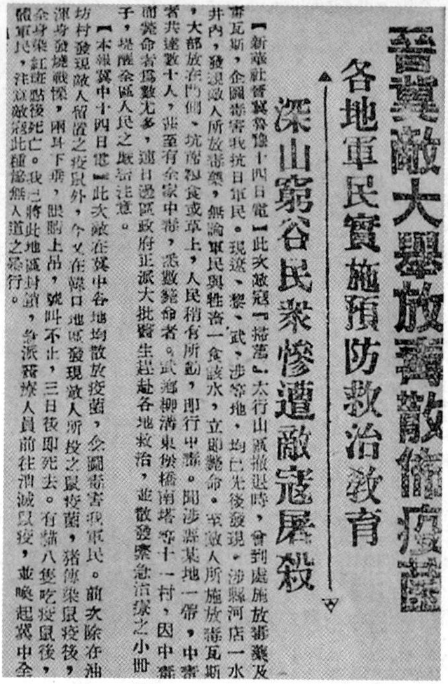

晉冀敵大舉放毒散佈疫菌

各地軍民實施預防救治教育

深山窮谷民衆慘遭敵寇屠殺

【新華社晉冀豫十四日電】此次敵寇『掃蕩』太行山區撤退時，曾到處施放毒藥及毒瓦斯，企圖毒害我抗日軍民。現遼、黎、武、涉等地，均已先後發現。涉縣河店一水井內，發現敵人所放毒藥，無論軍民與牲畜一食該水，立即斃命。至敵人所施放毒瓦斯，大部放在門側、坑廁糧食或草上，人民稍有所觸，即行中毒。聞涉縣某地一帶，中毒者共達數十人，甚至有全家中毒，悉數斃命者。武鄉柳溝東候橋南塔等十一村，因中毒而斃命者爲數尤多，邊區政府正派大批醫生趕赴各地救治，並散發緊急治療之小冊子，提醒全區人民之嚴密注意。

【本報冀中十四日電】此次敵在冀中各地均散放疫菌，企圖毒害我軍民。前次除在油坊村發現敵人留置之疫鼠外，今又在韓口地區發現敵人所投之鼠疫菌，豬傳染鼠疫後，渾身發燒戰慄，兩耳下垂，眼睛上吊，號叫不止，三日後即死去。有貓八隻吃疫鼠後，全身染紅斑點後死亡。我已將此地區封鎖，急派醫療人員前往消滅鼠疫，並喚起冀中全體軍民，注意敵寇此種慘無人道之暴行。

图 4－7　《解放日报》1942 年 3 月 15 日载日军在晋察冀放毒

这些例证表明，日本华北方面军在战场上大量使用糜烂性毒气武器是确实无疑的。

第五节　毒气武器不能挽救日军灭亡

一、1943 年还多次用毒

1943 年以后，世界反法西斯战争转入战略进攻阶段，日本法西斯开始陷入颓势，华北敌后抗日根据地经过恢复、发

第四章 在华北疯狂实施毒气战

展而展开攻势作战,日本华北方面军由于战斗力减弱,兵力不足,其毒气战也转入低潮。据国内资料不完全统计,日本使用毒气作战 1941 年和 1942 年平均为 140 多次,1943 年和 1944 年平均减少为 40 多次,1945 年更减少为 10 多次。为挽救其失败命运,日军却更加依赖使用毒气作战。至 1944 年 1 月 29 日,日军参谋总长杉山元还以大陆指 1822 号命令,下达了"化学战准备要纲",命令为应付紧急状态,将大量特种烟、特种弹"在 1944 年春季以前,配备到内地、中国、菲律宾、马来半岛及太平洋",妄图孤注一掷地使用大规模毒气战,以负隅顽抗。

1943 年春、夏季,日本华北方面军集中兵力,重点分区"扫荡"山东、北岳、太行根据地;自 9 月起,又将"扫荡"重点指向北岳、冀南、冀东、晋西北和太岳地区,企图摧毁抗日根据地。至 12 月底,华北各根据地军民彻底粉碎

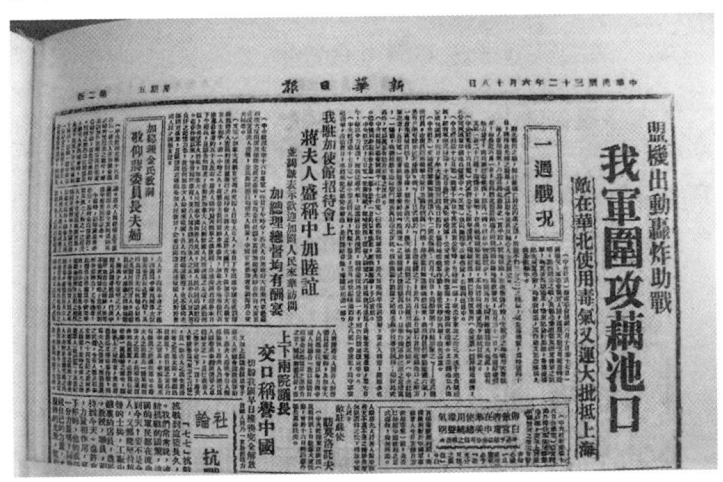

图 4-8　1943 年 6 月 18 日《新华日报》载日军在华北用毒

毒气战

了敌人的毁灭"扫荡",使根据地得到了恢复与发展,为由被动转入局部反攻作战创造了条件。在上述扫荡作战中,日军对八路军实施毒气攻击作战30次。

据《新华日报》1943年1月28日记载:

1943年1月6日,山西省临汾、洪洞、赵城等地的日军猛攻洪洞以北的光棍岭,因不能得逞,遂施放大量毒气。但因风向逆转,日军自己中毒数百人。

据《新华日报》1943年2月2日记载:

1943年1月16日,八路军第120师一部强袭日军山西省雁北王家泉子据点,日军大肆放毒,八路军官兵中毒126人。

据日军战俘金子传1954年的笔供:

1943年4月下旬,日军独立混成第3旅团第6大队在河南临淇县白云山庙西边,向国民党军队发射大赤筒毒瓦斯16筒,投掷小赤筒10筒,使约2个连的人员中毒。[1]

据村山隼人的供词:

---

[1] 金子传的笔供,1954年,原件存中央档案馆,档案号119-2-394-1-6。

第四章　在华北疯狂实施毒气战

1943年7月，他在第37师团教育队学习时，在闻喜王岭关东方山地与抗日军交战，用手榴弹打死从右方进攻的抗日军1名。同年9月7日，镇目部队攻击稷山县东8公里的山底村庄，使用了糜烂性瓦斯，抗日军受瓦斯毒害死伤很多。为了调查瓦斯危害，由第37师团第225联队教育主任女屋少佐率领见习士官30多名（当时他也是见习士官），在村中向伤者询问瓦斯的威力。在村中看到6个被瓦斯杀伤的抗日军，询问了他们的受伤情况后，他用手枪打死2名，其余4名由其他见习士官用军刀杀死。❶

据郭士杰《日寇侵华暴行录》记载：

日军第36师团第222联队扫荡太行山区时，在山西省辽县麻田至河北省涉县河南店约50里的途中，向水井、水池、水窖内投毒20多箱（每箱40袋）。八路军抗日干部中毒20多人，死亡3人；群众中毒100多人。❷

日军第12军，在1943年重点"扫荡"山东根据地期间，当遭到八路军阻击、包围而不支时，即实施毒气作战，达13次之多。其中，日军于2月在临清县大张官营、费县石庄、沂水县望楼道，4月在馆陶县大金村，5月在冠县孔村，6月在堂邑以北地区和冠县大金村，7月在南馆陶以西

---

❶ 村山隼人的口供，1954年5月14日，原件存中央档案馆，档案号119-2-412-1-5。

❷ 郭士杰：《日寇侵华暴行录》，联合书店1951年版。

毒气战

地区，11月在沂水县南北岱崮，先后使用毒气作战9次，计使用各种毒气弹、毒气筒98个以上，致使八路军和抗日民众及齐子修部伤亡1730余人。❶

据日军战俘角唱韵1954年8月20日的笔供：

1943年2月上旬，第59师团第53旅团独立步兵第42大队代理大队长坂本卯喜雄指挥日军400人、伪军500人，进攻驻守山东省临清县大张官营庄抗日军1000人，日军发射窒息性瓦斯筒12发，炸死抗日军32人，村民50人。❷

据日军战俘矢崎贤三1954年的笔供：

1943年5月，他时任日军第59师团第53旅团独立步兵第44大队军械系军官，在冠、馆作战时，补给第44大队约3万发炮弹和12发瓦斯弹。第44大队在大队长广濑利善指挥下，于冠县孔村与八路军约200人作战，包围并攻击孔村，发射6发瓦斯弹，屠杀了60名八路军战士及30名农民。❸

---

❶ 纪道庄、李录：《侵华日军的毒气战》，北京出版社1995年版，第252-253页。

❷ 角唱韵的笔供，1954年8月20日，原件存中央档案馆，档案号119-2-600-1-5。

❸ 矢崎贤三的笔供，1954年，原件存中央档案馆，档案号119-2-516-1-5。

第四章 在华北疯狂实施毒气战

据日军战俘斋藤银松 1954 年 9 月 1 日的笔供:

1943 年 7 月下旬，日军第 59 师团第 44 大队，携带大型催泪瓦斯 20 个，小型催泪瓦斯 30 个，向馆陶县南馆陶西约 3 公里处的村庄进攻，他传达了放毒的命令，当时八路军中毒约 200 人，其中 30 人被毒死，村民中毒者约 750 人。❶

二、依赖毒气武器做最后挣扎

1944 年，日本华北方面军抽调一部兵力打通大陆交通线，其在河南作战中对国民党军队使用了大量毒气。据藤田茂（时任日第 12 军骑兵第 4 旅团长）的笔供，他根据军司令部指令，于 1944 年 4 月 10 日下令："使用瓦斯弹的权限给予联队长，在此作战期间，骑炮 1 门携带 20 发瓦斯弹，联队炮 1 门携带 10 发瓦斯弹。"5 月 17 日上午 7 时多，日军攻击河南长水镇北洛河左岸龙头砦附近的密集部队及洛河左岸道上的抗日军纵队时，在长水镇东 1 公里的高地，使用瓦斯炮弹 48 发。1945 年 3 月 7 日至 4 月 15 日，参加第二次河南作战，在攻击马屈山时，于 3 月 27 日上午 7 时 40 分左右，骑兵第 26 联队炮兵中队和骑炮兵联队又发射瓦斯绿弹 26 发。❷ 日军在长水镇用毒情况见表 4-1。

---

❶ 斋藤银松的笔供，1954 年 9 月 1 日，原件存中央档案馆，档案号 119-2-1025-1-5。

❷ 藤田茂的笔供，1954 年 8 月 1 日，原件存中央档案馆，档案号 119-2-2-1-6。

表4-1 日军在长水镇用毒气情况表

使用部队	使用时间	弹数（发）	弹种	目标	距离（米）
骑兵第26联队炮兵中队	7：30	8	绿弹	龙头砦西密集部队	1000
骑兵第25联队炮兵中队	7：40	8	绿弹	龙头砦东密集部队	800
骑兵第25联队炮兵中队	8：00	16	绿弹	龙头砦东北大纵队	2000
骑炮兵联队	8：20	16	催泪性	龙头砦东洛河左岸	3000

注：本表系依据藤田茂1954年8月1日的笔供制成。

这一阶段，日本华北方面军为维持其残局，一面固守据点和交通要道，一面对局部地区进行小规模的"扫荡"与抢粮。固守据点与交通要道的日军，当遭到八路军攻击时，为挽救危局，常常大肆使用毒气。例如，1944年8月15日，八路军山东鲁中军区部队发起沂水战役，当晚，从四面攻入沂水县城内，城内日军最后退守在几个碉堡内，遂大量施放了窒息性毒气，攻城部队大部中毒，但仍坚持战斗，至16日，全歼守敌，解放沂水县城。日军在外出分散"扫荡"、抢粮、袭扰时，当遭到八路军攻击时，多次对抗日部队和平民使用毒气。例如，1944年3月，河北省涞源县王安镇日军外出抢粮，3月11日在马家屯施放毒气筒3个，3月16日施放毒气筒4个，致使村民300余人中毒。7月，日军第63

第四章 在华北疯狂实施毒气战

师团一部包围河北满城县东西苟村，抢夺粮食，并向地道内施放毒气，向水井内投毒。9月下旬，日独立混成第5旅团独立野炮中队进攻诸城县泊里镇附近某村庄时，发射榴霰弹10发、瓦斯弹2发，杀害和平居民40名以上。11月下旬，日军第59师团在山东进行"19秋渤海作战"中，第54旅团第109大队在广饶县王家村发射毒气弹10余发，毒杀八路军官兵90余人；在利津县辛集附近发射毒气弹10余发，毒杀、毒伤八路军官兵130余人。1945年4月24日，藤田茂根据第43军秀岭第一号作战命令，为彻底消灭八路军山东根据地，下令各大队均携带瓦斯弹和瓦斯筒，给予"各大队长使用瓦斯的权限"，第44大队于5月14日攻击博山县亳山约300名八路军时使用了瓦斯弹和瓦斯筒。❶ 5月1日，河北定县日军300余人于拂晓时包围大、小近同村，向地道内施放窒息性毒气，致使干部、村民24人中毒死亡。6月13日，保定、固城、徐水的日军500余人，包围易县北七村、石相村，将地道口堵住，向地道内放毒，毒死村民70余人。

1945年8月15日，日本宣布无条件投降，9月2日签署投降书。但是，日伪军仍使用毒气，以顽抗拒降。8月23日，八路军晋绥军区第120师第17团进攻汾阳城，日军第114师团第201大队拒不投降。第17团进入在城西北角挖好的地道，准备突入城内。日军为阻止八路军攻城，向地道内连续施放毒气，致使官兵67人全部中毒殉国。日军战俘日

---

❶ 藤田茂的口供，1954年8月31日，原件存中央档案馆，档案号119-2-2-1-5。

·147·

毒气战

下俊孝在一份笔供中道出了当时日军垂死挣扎的内情:

1945年8月23日至26日,日军华北派遣第114师团第201大队第3中队在汾阳北关阻止解放军解放汾阳,以毒瓦斯惨杀解放军战士约30名,炮轰炸死3人,杀害住民2人。我参加了这次战斗。8月23日晚,因解放军由城墙洞进入城内,于是在城内的大队本部将洞堵塞,并向洞内放射毒气,阻止解放军逃脱。当时我担任北关南门的步哨,阻挠城外解放军前来救援。❶

再看一看汾阳县县长所写的控诉材料吧:

在1945年"八一五"以后,日军某大队不但不立即缴械投降,反而盘踞汾阳县城,阻挠解放,残杀抗日武装。当时,由贺龙指挥的部队为迅速解放汾阳,与城内汾阳中学地下工作者赵俊同志联系,秘密组织该校学生,在城内西北角向城外挖地道,以便八路军由地道进攻城内。8月23日晚,我军向西北城角发起攻击,17团第3连连长薛春云同志率领66个武装人员,趁势从城外地道口进入地道内,待机里应外合,一举取胜。不幸,25日,被日军哨兵发觉,日军大队当即采取灭绝人性的残杀手段,将地道两口堵塞,并向洞内放射毒瓦斯弹。结果,将我军埋伏在洞内的67位同志全部毒杀。我县各界为了纪念光荣为国殉难的薛春云等67位烈士,

---

❶ 日下俊孝的笔供,1954年12月5日,原件存中央档案馆,档案号119-2-718-1-10。

第四章　在华北疯狂实施毒气战

曾于1949年5月20日在烈士殉难的地道口处（即城墙外西北角）建立了一个烈士塔。❶

10月4日，八路军冀中军区部队对石家庄外围日军据点藁城发动攻击，在炮火掩护下越过护城河，攻占了东北和西北角的城头堡垒。5日拂晓，日军施放毒气，掩护其反扑，但被攻城部队打退。15时，八路军发起总攻。7日上午，解放藁城。

第六节　日军在华北战场使用了多少毒气武器

一、难以准确统计

华北是日本侵略者进行毒气战的重点地区之一。在时间上，从日本全面侵华战争之初的1937年7月7日开始，至日本宣布投降后的1945年10月5日止，实施毒气战达8年3个月；在地域上，毒气战遍及华北各地239个县区；在战场上使用毒气达1000次之多。但是，由于战时日本政府和日本军部将毒气作战作为高度军事机密，战后长期以来又拒绝公布有关档案资料，因此，迄今仍无法对日军进行毒气战犯罪状况作出确切的统计，只能依据已经披露的与调查的部分资料，作出一个大概的粗略统计。

据笔者的不完全统计，日军在华北使用毒气作战，其中

---

❶ 山西省汾阳县县长史平揭露日军放毒罪行的控诉材料，1955年10月20日，原件存中央档案馆。

90次已查明其毒气种类、数量：喷嚏性毒气筒12 868个，喷嚏性毒气弹1194发以上；催泪性毒气筒53个，催泪性毒气弹190发以上；糜烂性毒气弹1037发，糜烂性毒液630公斤以上；未记录种类的毒气弹4292发以上，毒气筒21 989个以上。仅据记录有抗日部队具体中毒伤亡人数的132次毒气战例证的不完全统计，即致使华北地区中国抗日部队中毒伤亡44 235人，其中八路军官兵23 884人，国民党部队官兵20 351人。

二、日军在华北战场使用毒气武器案例

据不完全统计，日军在华北战场，对抗日部队使用毒气武器，其中，较有代表性或规模较大者，有如下75次。

1. 河北省：9次

（1）1937年7月7日，日军发动七七事变，在卢沟桥投放毒气弹1枚。❶

（2）1938年9月27日，日军分三路进攻灵山、党城、王快一线，准备进犯阜平，同八路军作战，28日，日军在灵山镇施放催泪性毒气筒130个，在北镇施放催泪性毒气筒120余个。❷

（3）1938年10月4日，日军1000余人向阜平进犯，在东西庄、方代口地区，遭到晋察冀军区第1、第3军分区部队等部的阻击，日军增兵数千人，实施猛烈炮击，其中发射

---

❶ 中央档案馆、中国第二历史档案馆、吉林省社会科学院：《细菌战与毒气战》，中华书局1989年版，第649页。

❷ 大龙华战斗中缴获日军文件中的记载，1939年5月20日。

第四章　在华北疯狂实施毒气战

毒气弹400余发。八路军5个营遭毒袭，撤出战斗。❶

（4）1938年10月24日，日军在进犯灵山时，在严城镇战斗中，施放毒气筒85个。❷

（5）1938年10月26日，日军在阜平附近大白化战斗中，在200米正面施放毒气筒47个。❸

（6）1938年10月28日，由阜平退到王快的日军2000余人与八路军追击部队激战，日军不支，遂施放催泪性毒气筒90余个，八路军一部中毒。❸

（7）1941年6月4日，日军一部第16大队在玉田县西南鱼槽铺与八路军作战，施放毒气筒50个，并发射毒气弹、发烟弹，八路军退却。❸

（8）1941年9月上旬，日军独立混成第10旅团炮兵队，将6名八路军战俘作为肉靶，发射持久性毒气弹20发，6人均被毒杀。❹

（9）1944年2月下旬，日军马坊中队在三河县南张家村与八路军作战中，发射喷嚏性、窒息性毒气筒各1个，八路军中毒死亡数人。❺

---

❶ 军事科学院军事历史研究部：《中国人民解放军战史（第二卷）：抗日战争时期》，军事科学出版社1987年版，第101页。

❷ 大龙华战斗中缴获日军文件中的记载，1939年5月20日。

❸ 重富广一的口供，1954年9月4日，原件存中央档案馆，档案号119-2-873-1-4。

❹ 加藤喜久夫的笔供，1954年8月20日，原件存中央档案馆，档案号119-2-807-1-5。

❺ 中央档案馆、中国第二历史档案馆、吉林省社会科学院：《细菌战与毒气战》，中华书局1989年版，第734页。

2. 山西省：30 次

（1）1938 年 7 月上旬，日军第 109 师团第 136 联队进攻离石县金罗镇，发射毒气赤筒 30 个，毒杀八路军约 200 人。❶

（2）1938 年 7 月 5 日，曲沃日军第 20 师团进攻盈村、南下张中国军队，发射毒气炮弹 600 发，造成 3.3 公里正面染毒地带。❷

（3）1938 年 7 月 6 日，日军第 20 师团以 35 门炮向西阳村、白水村、西明德一带中国军队阵地炮击，发射毒气弹 1600 余发。❸

（4）1938 年 7 月 6 日晨，日军第 20 师团在曲沃东南向北樊村、仪门村一带中国军队阵地施放喷嚏性毒气筒 7000 个，日军一举突入中国守军阵地纵深约 3 公里。❹

（5）1938 年 7 月 7 日拂晓，日军第 20 师团在东韩村至南吉村一线，施放喷嚏性毒气筒 5600 个，支援步兵进攻。❺

（6）1938 年 7 月上旬，日军第 109 师团第 107 联队、山炮第 109 联队在定襄县附近与八路军交战，发射窒息性、催泪性、喷嚏性毒气弹及榴弹 100 余发，八路军 100 余人及农民 20 余人遭毒气伤害。❻

---

❶ 中央档案馆、中国第二历史档案馆、吉林省社会科学院：《细菌战与毒气战》，中华书局 1989 年版，第 658 页。

❷ 《新华日报》1938 年 7 月 9 日。

❸ 大龙华战斗中缴获日军文件中的记载，1939 年 5 月 20 日。

❹ 日本陆军习志野学校：《中国事变中化学战例证集》。

❺ 日军《第 20 师团第二次战斗报告》。

❻ 中央档案馆、中国第二历史档案馆、吉林省社会科学院：《细菌战与毒气战》，中华书局 1989 年版，第 509 页。

第四章 在华北疯狂实施毒气战

（7）1938年10月1日，日军一部进至定襄以北受录、季庄一带，遭八路军阻击，日军施放毒气筒2548个，掩护步兵攻击，造成正面2700米染毒区。❶

（8）1938年11月中旬，日军独立混成第2旅团第5大队在灵丘县买庄附近与八路军交战受阻，发射窒息性毒气弹4发。❷

（9）1938年12月上旬，日军独立混成第2旅团第5大队步炮兵各1个中队在灵丘至平型关之间遭到中国军队袭击，日军发射毒气弹20发。❸

（10）1939年1月29日，霍县日军进犯沙涡里地区，向中国军队进攻，发射催泪性毒气弹100余发，中国军队有防备，仅部分中毒。❹

（11）1939年3月14日，静乐日军败退扶头会，遭中国军队截击，日军发射毒气弹30余发，中国官兵中毒甚多。❺

（12）1939年5月某日，日军第20师团第80联队在平陆县城及大神村向中国军队施放毒气筒4000个，在公布战果时称："遗弃尸体约2000具以上"。❻

---

❶《新华日报》1938年10月3日。

❷ 中央档案馆、中国第二历史档案馆、吉林省社会科学院：《细菌战与毒气战》，中华书局1989年版，第513页。

❸ 中央档案馆、中国第二历史档案馆、吉林省社会科学院：《细菌战与毒气战》，中华书局1989年版，第666页。

❹《新华日报》1939年2月1日。

❺《新华日报》1939年3月17日。

❻ 又川春义的笔供，1954年8月2日，原件存中央档案馆，档案号119-2-89-1-5。

毒气战

（13）1939年12月4日，在晋绥区堡子山战斗中，日军投掷毒气弹4发，中国军队中毒者呈现呕吐、痉挛、肺部疼痛、皮肤刺痒，甚至糜烂等症状。❶

（14）1939年12月4日，日军在梁家山战斗中，以山炮发射糜烂性毒气弹21发。❺

（15）1940年8月下旬，日军第41师团山炮兵第41联队，在河津县上岭附近向黄河对岸发射800余发糜烂性毒气弹，造成正面宽4公里、纵深长4公里染毒地区，中国守军30人及农民100余人中毒。❷

（16）1942年2月8～15日，日军第36师团第223联队"扫荡"王家峪、黄崖洞、桐峪、涉县等地，撤退时，在民房、窑洞、工厂、阵地等处撒布芥子气300公斤，中国军民回到住地后数千人中毒，其中半数死亡。❸

（17）1942年4月11日，晋东南师家滩、万堡子山一带的日军向河西马如坪中国军队阵地发射毒气弹20余发，守军4人中毒。❹

（18）1942年6月10日，日军井上部队在介休与中国军队作战，施放毒气筒118个，中国军队中毒15人。❺

（19）1942年6月12日，日军蒿本联队原高第2大队在

---

❶《大众日报》1940年1月7日。

❷ 中央档案馆、中国第二历史档案馆、吉林省社会科学院：《细菌战与毒气战》，中华书局1989年版，第525页。

❸ 日本陆军习志野学校：《中国事变中化学战例证集》。

❹ 中央档案馆、中国第二历史档案馆、吉林省社会科学院：《细菌战与毒气战》，中华书局1989年版，第539页。

❺ 军政部：《冈村宁次侵华任内用毒资料》。

第四章 在华北疯狂实施毒气战

河津县阎家洞与中国军队作战中发射喷嚏性毒气弹20余发。❶

（20）1942年7月24日，日军在乡宁县三门村与中国军队作战，发射窒息性毒气弹20余发，中国军队40余人中毒。❷

（21）1942年8月27日，日军第69师团一部在汾城东侯村与中国军队作战，使用毒气筒、毒气手榴弹20余个，中国军队部分人员中毒。❸

（22）1943年4月15日，日军在新绛县马头山西南地区与中国军队第89师第202团一部作战，向守军阵地发射毒气炮弹10余发，中国守军中毒数十人。❹

（23）1943年4月25日，日军在陵川县屺西村马儿坪地区进攻中国军队第40军第106师阵地，投掷毒气弹50发，中国守军300余人中毒，中毒严重者40余人。❺

（24）1943年5月10日，日军在汾城以西1328高地与中国军队第37师作战，发射糜烂性毒气弹20余发，中国守军10余人中毒。❻

（25）1943年6月1日，在稷山、马首山地区，日军第37师团炮兵营向中国守军第68师第204团第1营阵地发射糜烂性毒气弹20余发，中国军队中毒23人。❼

（26）1943年6月29日，日军第37师团第26联队一部在夏县史家滩遭中国军队新5师第5团攻击，日军发射糜烂

---

❶❷❸ 军政部：《冈村宁次侵华任内用毒资料》。

❹❺❻❼ 中央档案馆、中国第二历史档案馆、吉林省社会科学院：《细菌战与毒气战》，中华书局1989年版，第238页。

性毒气弹 20 余发，中国军队数人中毒。❶

（27）1943 年 11 月 8 日，日军第 37 师团第 227 联队在垣曲西北以榴弹炮 7 门向鸡笼山中国军队发射糜烂性毒气弹数十发，中国军队中毒伤亡 40 余人。❷

（28）1943 年 12 月 16 日，日军第 69 师团一部在汾城南侯村与中国军队作战，施放毒气筒 5 个。❸

（29）1943 年 12 月 17 日，日军在新绛县以北杜坞村与中国军队作战，发射喷嚏性毒气弹 60 余发，中国军队中毒 9 人。❹

（30）1945 年 8 月 25 日，八路军第 120 师第 17 团进攻汾阳县城日军第 114 师团第 201 大队，第 17 团利用地道攻城，日军向地道内施放毒气，八路军 67 人中毒牺牲。❺

3. 山东省：16 次

（1）1938 年 4 月中旬，日军在枣庄之战中在烟幕弹掩护下，发射毒气弹 10 余发，中国部队官兵中毒。❻

（2）1940 年 6 月 17 日，日军独立混成第 10 旅团第 42 大队在攻击高唐县柳子王庄时，发射瓦斯弹 20 发，赤筒瓦

---

❶ 中央档案馆、中国第二历史档案馆、吉林省社会科学院：《细菌战与毒气战》，中华书局 1989 年版，第 239 页。

❷ 中央档案馆、中国第二历史档案馆、吉林省社会科学院：《细菌战与毒气战》，中华书局 1989 年版，第 239 页。

❸ 军政部：《冈村宁次侵华任内用毒资料》。

❹ 中央档案馆、中国第二历史档案馆、吉林省社会科学院：《细菌战与毒气战》，中华书局 1989 年版，第 238 页。

❺ 《解放日报》1945 年 8 月 31 日。

❻ 《抗敌报》1938 年 4 月 21 日。

第四章 在华北疯狂实施毒气战

斯弹 25 发、毒瓦斯弹 45 发，中国军队伤亡 60 人，平民伤亡 20 人。❶

（3）1940 年 8 月中旬，日军独立混成第 10 旅团工兵队在泰安徂徕山战斗中，发射喷嚏性毒气弹 12 发，八路军撤出战斗。❷

（4）1940 年 8 月 21 日，日军独立混成第 10 旅团炮兵队在峄县与八路军作战中，发射榴弹 80 余发，毒气弹 20 余发，八路军战士与民众中毒 380 余人。❸

（5）1941 年 2 月某日，日军第 32 师团第 210 联队第 1 大队在堂邑县以西某村与齐子修部作战，发射催泪性、窒息性毒气弹 10 发，齐部死亡约 100 人，平民死亡约 200 人。❹

（6）1941 年 11 月上旬，日军独立混成第 10 旅团第 43、第 45 大队在蒙阴县南关攻击 560 高地八路军阵地，发射毒气弹数发及榴弹 80 余发，八路军 300 余人中毒伤亡。❺

（7）1942 年 8 月某日，日军独立混成第 6 旅团第 24 大队一部在博山八徒东南进攻中国军队阵地，发射窒息性毒气

---

❶ 久保谷幸作的笔供，1954 年 8 月 14 日，原件存中央档案馆，档案号 119 - 2 - 171 - 1 - 5。

❷ 中央档案馆、中国第二历史档案馆、吉林省社会科学院：《细菌战与毒气战》，中华书局 1989 年版，第 479 页。

❸ 中央档案馆、中国第二历史档案馆、吉林省社会科学院：《细菌战与毒气战》，中华书局 1989 年版，第 244 页。

❹ 中央档案馆、中国第二历史档案馆、吉林省社会科学院：《细菌战与毒气战》，中华书局 1989 年版，第 480 页。

❺ 中央档案馆、中国第二历史档案馆、吉林省社会科学院：《细菌战与毒气战》，中华书局 1989 年版，第 485 页。

弹5发。❶

（8）1942年11月某日，日军独立混成第6旅团第24大队在博山马鞍山进攻中国军队阵地，发射窒息性毒气弹10发。❷

（9）1942年12月31日，日军第32师团第211联队1200余人在邹县进攻峄山八路军，向山腰山洞里发射九四式小型赤筒毒瓦斯15发。❸

（10）1943年2月上旬，日军第59师团第53旅团独立步兵第42大队在临清县进攻大张官营庄的中国军队，发射窒息性毒气弹12发，毒杀、炸死抗日军32人，村民50人。❹

（11）1943年2月某日，日军第3师团第34联队在沂水以西20公里的望楼进攻中国军队，发射赤筒瓦斯20个。❺

（12）1943年5月某日，日军第59师团第53旅团独立步兵第44大队在冠县孔村与八路军作战，发射毒气弹6发，

---

❶ 中央档案馆、中国第二历史档案馆、吉林省社会科学院：《细菌战与毒气战》，中华书局1989年版，第720页。

❷ 土屋丰治的笔供，1954年7月17日，原件存中央档案馆，档案号119-2-423-1-5。

❸ 志村道明的笔供，1954年8月22日，原件存中央档案馆，档案号119-2-225-1-5。

❹ 角唱韵的笔供，1954年8月20日，原件存中央档案馆，档案号119-2-600-1-5。

❺ 石川利雄的笔供，1954年7月8日，原件存中央档案馆，档案号119-2-480-1-5。

第四章 在华北疯狂实施毒气战

毒杀八路军战士60人，平民30人。❶

（13）1943年7月下旬，日军第59师团第53旅团第44大队一部在馆陶县以西某村与八路军作战，发射大型催泪性毒气筒20个、小型毒气筒30个，八路军官兵中毒约200人，其中死亡30人，另有居民中毒约750人。❷

（14）1944年11月24日，日军第59师团第54旅团第109大队在博兴县史家口作战中，施放九四式瓦斯筒5个。❸

（15）1944年11月下旬，日军第59师团第54旅团第109大队在广饶县王家村与八路军作战，发射毒气弹10余发，毒杀八路军90余人。❹

（16）1944年11月下旬，日军第59师团第54旅团第109大队在利津县辛集附近与八路军作战，发射毒气弹10余发，毒杀、炸死八路军90人，伤约40人。❺

4. 河南省：13次

（1）1938年9月19日，日军第19师团进攻潢川北城、南城，激战中，日军施放毒气筒835个，中国守军200余人

---

❶ 矢崎贤三的笔供，1954年，原件存中央档案馆，档案号119-2-516-1-5。

❷ 斋藤银松的笔供，1954年9月1日，原件存中央档案馆，档案号119-2-1025-1-5。

❸ 中央档案馆、中国第二历史档案馆、吉林省社会科学院：《细菌战与毒气战》，中华书局1989年版，第741页。

❹ 中央档案馆、中国第二历史档案馆、吉林省社会科学院：《细菌战与毒气战》，中华书局1989年版，第741页。

❺ 中央档案馆、中国第二历史档案馆、吉林省社会科学院：《细菌战与毒气战》，中华书局1989年版，第741页。

中毒。❶

（2）1938年9月23日，日军占罗山后继续西犯，是日在鸣凤岗遭中国军队阻击，日军在1200米正面施放毒气筒12 600个，中国军队伤亡甚众。❷

（3）1938年9月24日，日军攻占罗山后，在八里庙、刘台地区与中国军队作战，施放毒气筒200多个，中国战士中毒50余人。❸

（4）1938年9月28日，日军一部攻击罗山以西赵湾中国守军阵地，施放毒气筒175个，烟幕弹90发。❹

（5）1938年10月1日，日军某部为突破罗山以西赵湾、洪寨中国军队阵地，施放毒气筒750个，掩护进攻。❺

（6）1938年10月1日，日军某部沿罗山至信阳公路前进，在王家湾附近与中国军队相遇，日军施放毒气筒230个，中国军队被迫撤退。❻

（7）1938年10月11日，日军攻击信阳中山铺中国军队阵地受挫后，发射毒气筒170个，掩护其进攻。❼

（8）1941年10月中旬，日军第35师团第220联队进攻郑州以南二十里铺，发射毒气弹6发，中国守军中毒13人。❽

（9）1941年10月31日，日军第35师团为掩护从郑州

---

❶ 《新华日报》1938年9月20日。

❷ 纪道庄、李录主编：《侵华日军的毒气战》，北京出版社1995年版，第318页。

❸ 《新华日报》1938年9月26日。

❹❺❻❼日本陆军习志野学校：《中国事变中化学战例证集》。

❽ 中央档案馆、中国第二历史档案馆、吉林省社会科学院：《细菌战与毒气战》，中华书局1989年版，第500－501页。

撤退，布撒糜烂性毒气 330 公斤，封锁道路，阻止中国军队追击。❶

（10）1942 年 2 月 10 日，日军第 37 师团第 226 联队在渑池斑村附近与中国军队作战，发射毒气弹 70 余发，中国军队中毒 70 余人。❷

（11）1943 年 4 月下旬，日军独立混成第 3 旅团第 6 大队在临淇县白云山庙以西与中国军队作战，发射大赤筒毒瓦斯 16 个，小赤筒毒瓦斯 10 个，中国军队 2 个连受毒害。❸

（12）1943 年 11 月 15 日，日军炮兵隔河向灵宝县杨湾树中国军队第 16 师第 1 团第 8 连阵地发射毒气弹 20 余发。❹

（13）1944 年 5 月上旬，日军第 67 师团一部在禹县附近与中国军队作战，施放大型毒气筒 20 个。❺

5. 内蒙古：7 次

（1）1939 年 6 月某日，日军骑兵第 1 旅团第 14 联队第 3 中队在安北县乌兰垴包地区阻止中国军队反击，发射喷嚏性毒气弹 10 发。❻

（2）1940 年 2 月 16 日，9 架日机在临河善坝至杨树附

---

❶ 日本陆军习志野学校：《中国事变中化学战例证集》。

❷ 军政部：《冈村宁次侵华任内用毒资料》。

❸ 中央档案馆、中国第二历史档案馆、吉林省社会科学院：《细菌战与毒气战》，中华书局 1989 年版，第 502 页。

❹ 《三十二年度敌军用毒情况》。

❺ 中央档案馆、中国第二历史档案馆、吉林省社会科学院：《细菌战与毒气战》，中华书局 1989 年版，第 504 页。

❻ 中央档案馆、中国第二历史档案馆、吉林省社会科学院：《细菌战与毒气战》，中华书局 1989 年版，第 549 页。

近地区投掷催泪性毒气弹 40 余发，平民中毒伤亡 20 余人。❶

（3）1940 年 2 月 16 日，6 架日机在临河地区投掷毒气弹 20 余发，中毒民众 10 余人。❷

（4）1940 年 2 月 17 日，9 架日机在临河地区投掷糜烂性毒气弹 76 发，中国军民中毒 137 人。❸

（5）1940 年 2 月 23 日，中国军队在乌拉山麓及包头至五原公路截击日军，多架日机在临河地区投掷毒气弹数百发，中国民众数十人中毒。❹

（6）1942 年 2 月 6~8 日，日军向中国骑兵第 7 师捉鳌湾进攻，发射炮弹 400 余发，其中半数为喷嚏性、糜烂性、窒息性的毒气弹，中国官兵中毒 40 余人。❺

（7）1942 年 8 月 24 日，日军第 26 师团第 13 联队在五原东北乌不浪口地区，向中国军队阵地进攻，发射喷嚏性毒气弹 1000 余发。❻

那么，日军在华北战场上，究竟对抗日部队使用了多少毒气武器呢？据不完全统计，已查明其毒气武器的种类及数量者，计有 90 次。

三、华北抗日战场日军用毒统计

侵华日军在华北地区使用毒气武器的数量惊人。依据现

---

❶❷❸ 《新华日报》1940 年 2 月 24 日。

❹ 《新中华报》1940 年 2 月 28 日。

❺ 中央档案馆、中国第二历史档案馆、吉林省社会科学院：《细菌战与毒气战》，中华书局 1989 年版，第 550 页。

❻ 军政部：《冈村宁次侵华任内用毒资料》。

第四章 在华北疯狂实施毒气战

有档案资料的不完全统计,日军在河北、山西、山东、河南四省及内蒙古自治区使用毒气作战,其中记录有日军使用毒气武器的种类及数量者的共90次。日军在华北地区使用毒气武器有:喷嚏性毒气筒12 868个,喷嚏性毒气弹1194发以上;催泪性毒气筒53个,催泪性毒气弹190发以上;窒息性毒气筒、毒气弹103个以上;糜烂性毒气弹1037发,糜烂性毒液630公斤以上;未记录种类的毒气弹4292发以上,烟弹90发,毒气筒21 989个以上(见表4-2)。以上数据没有将日军在作战中多次大量投掷毒气手榴弹的数量统计在内。

表4-2 华北战场日军用毒种类及数量统计表

省区	用毒时间、地点	用毒种类及数量					
		喷嚏性	催泪性	窒息性	糜烂性	毒弹	毒筒
河北省	1937-7~8月,卢沟桥、门头沟					3发	
	1938-9-28,阜平北镇及灵山镇	毒气筒250余个					
	1938-10-4,阜平东西庄、方代口					400余发	
	1938-10-24,阜平灵山镇						85个
	1938-10-26,阜平大白化						47个
	1938-10-28,阜平王快镇附近						90个
	1941-6-4,玉田鱼槽铺						50个
	1941-9月上旬,石家庄附近				毒气弹20发		
	1944-2月下旬,三河南张家村	红筒1个	绿筒1个				
小计	9次	251个	1个	0	20发	403发	272个

续表

省区	用毒时间、地点	喷嚏性	催泪性	窒息性	糜烂性	毒弹	毒筒
山西省	1938-7月上旬，离石金罗镇					30余发	
	1938-7-5，曲沃盈村、南下张					600发	
	1938-7-6，曲沃西阳村、白水村、西明德					1600余发	
	1938-7-6，曲沃仪门村、北樊村	毒气筒7000个					
	1938-7-7，曲沃东韩村、南吉村	毒气筒5600个					
	1938-7月上旬，定襄附近					100余发	
	1938-10-1，定襄受录、季庄地区						2548个
	1938-11-17，灵丘义泉岭					9发	
	1938-11月中旬，灵丘买庄附近			毒气弹4发			
	1938-12月下旬，灵丘附近					20发	
	1939-1-29，霍县沙涡里		毒气弹100余发				
	1939-3-14，静乐					30余发	
	1939-5月，平陆县城及大神村						4000个
	1939-12-4，晋绥堡子山					4发	

续表

省区	用毒时间、地点	用毒种类及数量					
		喷嚏性	催泪性	窒息性	糜烂性	毒弹	毒筒
山西省	1939-12-4,晋绥梁家山				毒气弹21发		
	1939-12-5,闻喜文峰山		毒气弹50发	毒气弹50发			
	1940-8月下旬,河津上岭附近黄河对岸				毒气弹800余发		
	1940-10月下旬,宁武庄旺村南山	毒气弹32发					
	1941-5月上旬,永济某村	毒气弹30发					
	1941-5月中旬,绛县东北					5发	
	1941-7-16,垣曲白浪渡					30余发	
	1942-2-8~15日,黎城洪水、黄崖洞等地				毒液300公斤		
	1942-4-11,河西马如坪					20余发	
	1942-6-10,介休三佳村						118个
	1942-6-12,河津阎家洞	毒气弹20余发					
	1942-7-24,乡宁三门村			毒气弹20余发			
	1942-8-27,汾城东侯村						20余个
	1943-4-15,新绛马头山西南					10余发	
	1943-4-25,陵川纪西村马儿坪					50发	

续表

省区	用毒时间、地点	用毒种类及数量					
		喷嚏性	催泪性	窒息性	糜烂性	毒弹	毒筒
山西省	1943－5－10，汾城1328高地				毒气弹20余发		
	1943－6－1，稷山、马首山				毒气弹20余发		
	1943－6－29，夏县史家滩				毒气弹20余发		
	1943－11－8，垣曲西北				数十发（按50发计）		
	1943－12－16，汾城南侯村						5个
	1943－12－17，新绛杜坞村	毒气弹60余发					
小计	35次	毒气筒12 600个，毒气弹142发	毒气弹150发以上	74发以上	毒气弹931发以上，毒液300公斤	2508发以上	6691个
山东省	1937－3－27，台儿庄以北				10发		
	1938－4月中旬，峄县南某村				10余发		
	1938－4月中旬，峄县台儿庄	毒气筒14个			40发		
	1938－5月某日，泰安红山				6发		
	1940－6－17，高唐柳子王庄				90发		
	1940－8月中旬，泰安徂徕山	毒气弹12发					
	1940－8－21，峄县				20余发		
	1941－2月某日，堂邑以西某村				10发		

续表

省区	用毒时间、地点	用毒种类及数量					
		喷嚏性	催泪性	窒息性	糜烂性	毒弹	毒筒
山东省	1941-5月上旬,永济某村	毒气弹30发					
	1941-11月上旬,蒙阴南关					80余发	
	1942-8月某日,博山八徒东南		毒气弹5发				
	1942-11月某日,博山马鞍山		毒气弹10发				
	1942-12-31,邹县					15发	
	1943-2月上旬,临清大张官营庄		毒气弹12发				
	1943-2月某日,沂水望楼						20个
	1943-2月某日,费县石庄					5发	
	1943-5月某日,冠县孔村					6发	
	1943-6月上旬,堂邑以北					5发	
	1943-7月下旬,馆陶县南馆陶西某村		毒气筒50个				5个
	1944-11-24,博兴县史家口						5个
	1944-11月下旬,广饶王家村					10余发	
	1944-11月下旬,利津辛集附近					10余发	
小计	22次	毒气弹42发,毒气筒14个	毒气筒50个	毒气弹27发	0	317发	30个

续表

省区	用毒时间、地点	用毒种类及数量					
		喷嚏性	催泪性	窒息性	糜烂性	毒弹	毒筒
河南省	1938-9-19,潢川城						835个
	1938-9-23,罗山鸣凤岗						12 600个
	1938-9-24,罗山八里庙、刘台						200余个
	1938-9-28,罗山赵湾						175个（另有烟幕弹90发）
	1938-10-1,罗山赵湾、洪寨						750个
	1938-10-1,罗山王家湾附近						230个
	1938-10-11,信阳中山铺						170个
	1939-1-25,商城南门外					毒气弹10余发	
	1941-10月中旬,郑州二十里铺					6发	
	1941-10-31,郑州			毒液330公斤			
	1942-2-10,渑池斑村附近					70余发	
	1943-4月下旬,临淇白云山庙西						16个
	1943-11-15,灵宝杨湾树					20余发	

续表

省区	用毒时间、地点	用毒种类及数量					
		喷嚏性	催泪性	窒息性	糜烂性	毒弹	毒筒
河南省	1944－5月上旬，禹县附近						20个
	1944－5－17，洛阳长水镇					48发	
	1944－6月上旬，灵宝时家山	红筒3个					
	1944－6月中旬，陕县汉王庙		2个	2个			
小计	17次	毒气筒3个	毒气筒2个	毒气筒2个	毒气弹10发，毒液330公斤	144发	14 996个，烟幕弹90发
内蒙古自治区	1939－6月某日，安北乌兰垴包	毒气弹10发					
	1940－2－16，临河善坝至杨村	毒气弹40余发					
	1940－2－16，临河附近					20余发	
	1940－2－17，临河地区				毒气弹76发		
	1940－2－23，临河地区					数百发（按500发计）	
	1942－2－6～8，捉鳌湾					约400发	
	1942－8－24，五原乌不浪口	毒气弹1000余发					
小计	7次	毒气弹1010发	毒气弹40发	0	毒气弹76发	920发	0

续表

省区	用毒时间、地点	用毒种类及数量					
		喷嚏性	催泪性	窒息性	糜烂性	毒弹	毒筒
合计	90 次	毒气筒 12 868 个，毒气弹 1194 发以上	毒气筒 53 个，毒气弹 190 发以上	毒气筒 2 个，毒气弹 101 发以上	毒气弹 1037 发，毒液 630 公斤以上	毒气弹 4292 发以上	毒气筒 21 989 个以上，烟幕弹 90 发
说明	(1) 毒气武器种类不具体，而只确定为毒气弹或毒气筒者，即计入毒气弹或毒气筒之数量之内；特殊发烟弹或筒，也计入此项内。 (2) 同时使用几种毒气武器，如催泪性、喷嚏性毒气弹 20 发，只计入催泪性或喷嚏性项内，以免重计。 (3) 此表统计，不包括余数，如 20 余发，只计 20 发。 (4) 毒气手榴弹未计入此表						

注：本表依据现有档案资料制作。

第七节　日军的毒气战残杀了多少华北抗日军人

一、华北抗日军人中毒伤亡案例

侵华日军在华北战场使用毒气武器，有多少抗日军人中毒伤亡呢？据笔者掌握的资料，在华北各省区，仅记载有抗日军人中毒伤亡人数者，计有如下主要案例。

1. 河北省：19 次

(1) 1939 年 2 月 4 日，日军在河间县以西大曹村与八路军激战，日军施放喷嚏性、窒息性毒气，八路军 10 余人

第四章 在华北疯狂实施毒气战

中毒。❶

（2）1939年4月23～24日，日军第27旅团2000余人在河间县齐会村与八路军第120师第716团等部激战，日军大量施放毒气，贺龙师长及以下500余人中毒。❷

（3）1940年2月24日，广平、肥乡、丘县日军700余人在炮兵支援下，在固庄地区与八路军激战，日军施放大量毒气，八路军官兵中毒300余人。❸

（4）1940年3月23日，永清城南之后奕日军150余人向八路军连续6次冲击，施放毒气7次，八路军官兵中毒170余人。❹

（5）1940年4月13日，永年、鸡泽、曲周等处日军2000余人分路合击八路军，在东辛寨与八路军激战，施放烈性毒气，八路军官兵中毒1500余人。❺

（6）1940年5月6日，固安南下梁沟日军600余人进入西杨家庄，与八路军激战，日军冲击未逞，遂施放大量毒气，八路军官兵中毒200余人。❻

（7）1940年5月18日，八路军一部袭击枣强县西部某村庄的日军，激战中，日军退入碉堡，施放毒气，八路军官

---

❶ 《抗敌报》1939年2月15日。
❷ 《抗敌报》1939年5月1日。
❸ 《抗敌报》1940年3月15日。
❹ 《抗敌报》1940年4月18日。
❺ 《新中华报》1940年5月7日。
❻ 《抗敌报》1940年5月28日。

兵中毒200余人。❶

（8）1940年6月10日，八路军一部猛攻威县北部贺剑镇之日军，激战终日，日军施放毒气，八路军官兵中毒150余人。❷

（9）1940年6月下旬，日军6000余人进攻冀东挺进军，战斗中日军施放毒气，挺进军中毒300余人，其中中毒伤亡2/3。❸

（10）1940年9月23日，晋察冀军区杨成武支队第3团进攻涞源东北部的金家、东西团堡之日军，日军大量施放毒气，第3团中毒300余人，攻击未奏效。❹

（11）1940年9月24日，晋察冀军区杨成武支队第3团再攻东西团堡，日军大量放毒，第3团大部中毒。❺

（12）1940年9月23日、24日，晋察冀军区第20团进攻曹沟堡日军，日军两次施放大量毒气，第20团中毒被迫退出战斗。❻

（13）1940年11月13日，党城之日军分三路进攻韩家峪、燕川湾子，并施放毒气，游击支队中毒20余人，撤出战斗。❼

---

❶ 《抗敌报》1940年5月22日。

❷ 《抗敌报》1940年7月3日。

❸ 中央档案馆、中国第二历史档案馆、吉林省社会科学院：《细菌战与毒气战》，中华书局1989年版，第691页。

❹ 《抗敌报》1940年9月26日号外。

❺ 《抗敌报》1940年9月26日号外。

❻ 《百团大战史料》第20页。

❼ 《百团大战史料》第157页。

（14）1941年8月31日，八路军某部进攻彭城镇西南莲花山、孙庄的日军，接连攻下5座碉堡，日军施放大量毒气，八路军官兵中毒100余人。❶

（15）1942年1月12日夜，八路军一部猛攻馆陶，与日军展开巷战，日军施放大量毒气，八路军中毒60余人。❷

（16）1942年3月19日，邯郸、南和、丘县、馆陶日军3000余人进攻丘县以南地区之八路军，在路沟交战中，日军施放大量毒气，八路军当即中毒死亡25人。❸

（17）1942年4月18日，日军第27师团、独立混成第15旅团等部约4000余人扫荡冀东根据地期间，向冀东军分区后方医院所在地之洞穴内投放烈性毒气，致八路军伤病员及工作人员中毒死亡190余人。❹

（18）1942年6月19日，日军在沧（县）盐（山）以东之却寺战斗中，向冀中第8军分区第23团施放毒气，官兵中毒甚多。❺

（19）1942年6月25日，八路军某部1个排掩护领导机关向山区转移，在八里塘与日军激战，日军施放烈性毒气，八路军全排中毒牺牲。❻

---

❶ 《解放日报》1941年9月4日。
❷ 《解放日报》1942年1月24日。
❸ 《晋察冀日报》1942年4月24日。
❹ 铃木启久的口供，1955年5月6日，原件存中央档案馆，档案号119-2-1-1-4。
❺ 《冀中军区关于两个月反扫荡经验的报告》，原件存中央档案馆。
❻ 《解放日报》1942年7月28日。

2. 山西省：32 次

（1）1937 年 10 月上旬，日军进攻原平，施放毒气，中国守军中毒 10 余人。❶

（2）1938 年 7 月 6 日，八路军徐海东旅在阳城西北町店、义城，与日军激战，日军使用毒气弹，部队中毒伤亡 500 余人。❷

（3）1938 年 4 月上旬，日军第 109 师团等部围攻晋东南，日军在忻县平社村发射毒气弹，毒杀八路军 11 人。❸

（4）1938 年 5 月 26 日，日军七八百人进攻离石县胡家堰，施放毒气，中国官兵中毒 10 余人。❹

（5）1938 年 5 月某日，日军第 20 师团第 80 联队第 2 大队进攻垣曲，发射催泪性毒气弹，中国军队 30 余人遭毒杀。❺

（6）1938 年 6 月 15 日，中国军队夜袭中阳城，日军施放催泪性毒气，中国军队中毒 40 余人。❻

（7）1938 年 7 月上旬，日军第 109 师团第 136 联队进攻离石县金罗镇，发射毒气筒 30 余个，八路军官兵中毒约

---

❶ 中央档案馆、中国第二历史档案馆、吉林省社会科学院：《细菌战与毒气战》，中华书局 1989 年版，第 507 页。

❷ 《新中华报》1938 年 8 月 1 日。

❸ 中央档案馆、中国第二历史档案馆、吉林省社会科学院：《细菌战与毒气战》，中华书局 1989 年版，第 88 页。

❹ 《新中华报》1938 年 6 月 3 日。

❺ 中央档案馆、中国第二历史档案馆、吉林省社会科学院：《细菌战与毒气战》，中华书局 1989 年版，第 654 页。

❻ 《新中华报》1938 年 6 月 21 日。

第四章 在华北疯狂实施毒气战

200人。❶

（8）1938年9月23日，中阳城日军6000余人进占师庄后，中国军队断其后路，激战中日军施放毒气，中国军队中毒30余人。❷

（9）1938年9月24日，日军进攻汾城师庄之晋察冀军区某部，发射毒气炮弹，八路军中毒官兵数十人。❸

（10）1938年10月下旬，日军在贾庄战斗中，向第129师第359旅第718团施放催泪性、喷嚏性毒气，八路军有2个连中毒。❹

（11）1938年11月17日，日军驻灵丘县义泉岭警备队第3支队遭到八路军夜袭，日军发射毒气弹9发，八路军约500人中毒。❺

（12）1938年11月29日，八路军第120师第359旅一部在灵丘以北杏树咀、乐陶山村伏击日军400余人，激战中日军施放大量催泪性、喷嚏性毒气，王震旅长以下300余人中毒。❻

（13）1938年12月20日，皋落日军2000余人在昔阳东南川口遭晋东南抗日游击队包围，激战中日军施放毒气，游

---

❶ 中央档案馆、中国第二历史档案馆、吉林省社会科学院：《细菌战与毒气战》，中华书局1989年版，第658页。
❷ 《新中华报》1938年9月29日。
❸ 《左权致朱德、彭德怀电》，1938年9月26日。
❹ 《周士弟致左权滕代远电》，1938年11月6日。
❺ 《抗敌报》1938年11月25日。
❻ 《新中华报》1938年12月5日。

击队中毒伤亡200余人。❶

(14) 1939年1月29日，八路军第129师第385旅在辽县苏亭、粟城战斗中，由于日军大肆施放毒气，八路军中毒500余人。❷

(15) 1939年2月8日，日军五六百人在辽县东哈嘛滩遭中国军队痛击，遂施放毒气，中国军队中毒50余人。❸

(16) 1939年2月22日，日军连日猛烈炮击灵石县静升镇，施放催泪性、窒息性毒气，中国军队中毒70余人。❹

(17) 1939年3月6日，灵石日军2000余人向东进犯，遭中国军队截击，在静升镇以北高地一带激战，日军施放毒气，中国军队中毒四五十人。❺

(18) 1939年9月19日，昔阳日军200余人向皋落合击，遭八路军抗击，日军施放毒气，八路军中毒200余人。❻

(19) 1940年1月7日，日军第36师团第223联队在壶关县掌家店作战中发射毒气弹，中国军队中毒数百人，退出战斗。❼

(20) 1940年3月31日，日军3000人围攻屯留县中村

---

❶《八路军杂志》第1卷创刊号。
❷《新华日报》1939年2月6日。
❸《新中华报》1939年2月10日。
❹《新华日报》1939年3月4日。
❺《新华日报》1939年3月8日。
❻《八路军杂志》第1卷创刊号。
❼千田谦三郎的口供，1954年10月16日，原件存中央档案馆，档案号119-2-168-1-4。

第四章 在华北疯狂实施毒气战

的八路军，施放大量毒气，八路军中毒伤亡 400 余人。❶

（21）1940 年 4 月 20 日，朔县日军向张崔沟进攻，施放大量毒气，八路军中毒数十人。❷

（22）1940 年 4 月 27 日，灵丘日军 1000 余人进攻上寨西南高地，施放催泪性毒气，中国军队中毒 200 余人。❸

（23）1940 年 5 月 8 日，日军步骑兵 1000 余人进攻偏关土乌燕检司，失利退却时施放大量毒气，八路军中毒 300 余人。❹

（24）1940 年 6 月 7 日至 7 月 9 日，日军独立混成第 3、第 9、第 16 旅团共 2 万人扫荡晋西北中心区兴县等地，大肆施放毒气，中国军民中毒伤亡 2000 余人。❺

（25）1940 年 8 月 21 日，八路军第 385 旅一部攻击平定西南日军据点冶西村，日军施放大量毒气，八路军中毒 40 余人。❻

（26）1940 年 8 月 21 日，八路军第 386 旅第 17 团攻击武乡西北故城日军，日军施放毒气，八路军中毒 120 余人。❼

（27）1940 年 8 月 25 日，八路军第 385 旅一部攻克平定西南日军据点冶西村，日军投掷大量毒气弹，八路军中毒

---

❶ 八路军总部《华北扫荡与反扫荡》。
❷ 《抗敌报》1940 年 5 月 6 日。
❸ 《抗敌报》1940 年 5 月 4 日、18 日。
❹ 八路军总部《华北扫荡与反扫荡》。
❺ 八路军总部《华北扫荡与反扫荡》。
❻ 《新中华报》1940 年 9 月 8 日。
❼ 《新中华报》1940 年 9 月 8 日。

120余人。❶

（28）1940年9月21日，八路军第120师一部与丰镇、厂汉堡日军300余人在厂汉堡东北交战，日军施放毒气，八路军中毒20余人。❷

（29）1940年10月22日，日军攻克蟠龙后，向温庄、南垴、漆树烹等八路军第386旅阵地进攻，日军施放毒气，该旅中毒官兵300余人。❸

（30）1942年2月5日至4月24日，日军1万余人扫荡保德、岢岚、五寨、宁武等地，撤退时大肆放毒，中国军民中毒伤亡690余人。❹

（31）1942年2月28日，沿漳河向潞城撤退的日军在烟驼、柳树园以东遭到八路军伏击，日军施放毒气，八路军中毒20余人。❺

（32）1943年1月16日，八路军第120师一部强袭平鲁县以北的王家泉子，日军大肆放毒，八路军中毒126人。❻

3. 山东省：12次

（1）1940年5月某日，日军独立混成第10旅团第45大队在泰安红山战斗中，用山炮发射榴弹40发，毒气弹6发，

---

❶ 《百团大战史料》战报二十二。
❷ 《百团大战史料》战报一〇三。
❸ 《百团大战史料》战报二〇四。
❹ 八路军总部《华北扫荡与反扫荡》。
❺ 《第129师太行反扫荡初步总结》，1942年3月。
❻ 《新中华报》1943年2月2日。

第四章 在华北疯狂实施毒气战

八路军中毒伤亡300余人。❶

（2）1940年9月中旬，日军独立混成第10旅团第41、第43大队等部1200余人，包围峄县朱沟村抗日军约1500人及村民约500人，日军炮兵发射榴弹、毒气弹，造成村中的中国军民几乎全部死亡。❷

（3）1940年10月某日，山东八路军配合百团大战，在沂水、临沂、费县等地开展破袭战，日军田中联队1000余人多次施放毒气，八路军中毒50余人。❸

（4）1940年12月6日，在胶东某地，日军100余人遭八路军伏击，日军大肆放毒，八路军中毒100余人。❹

（5）1941年1月22日，日军在韩庄、张坝口地区与八路军作战，大量施放毒气，八路军某营全部中毒。❺

（6）1941年3月1日，日军1.5万人向马颊河、南徒骇河以北地区扫荡，败退时，大肆施放毒气，中国军民中毒200余人，伤亡200余人。❻

（7）1941年3月15日，日军1500余人向商河、惠民以南地区扫荡，与中国军队作战，多次施放毒气，中国军队官

---

❶ 中央档案馆、中国第二历史档案馆、吉林省社会科学院：《细菌战与毒气战》，中华书局1989年版，第478页。

❷ 中央档案馆、中国第二历史档案馆、吉林省社会科学院：《细菌战与毒气战》，中华书局1989年版，第694页。

❸ 《抗敌报》1940年10月30日。

❹ 《晋察冀日报》1940年12月18日。

❺ 《解放日报》1941年6月21日。

❻ 《晋察冀日报》1941年3月30日。

兵中毒300余人。❶

(8) 1941年4月7日,日军工兵第32联队在嘉祥县与中国军队作战,发射2枚大型毒气筒,抗日军民中毒400余人。❷

(9) 1941年9月中旬,日军独立混成第10旅团第41大队在莱芜县茶叶口向八路军后方医院的地洞内投掷毒气筒2枚,八路军中毒者15人被砍杀。❸

(10) 1941年9月22日,乐陵日军600余人合击李明集、杨家庄八路军,大肆施放毒气,八路军中毒20余人。❹

(11) 1943年2月某日,日军第32师团第210联队在费县石庄向中国守军发射炮弹20发,其中毒气弹5发,毒死、炸死抗日军150余人。❺

(12) 1943年4月中旬,日军第59师团第53旅团第42大队在冠县大金村与八路军作战,发射毒气弹,毒杀、射杀八路军80余人。❻

---

❶ 《解放日报》1941年5月21日。

❷ 中央档案馆、中国第二历史档案馆、吉林省社会科学院:《细菌战与毒气战》,中华书局1989年版,第700页。

❸ 中央档案馆、中国第二历史档案馆、吉林省社会科学院:《细菌战与毒气战》,中华书局1989年版,第484页。

❹ 《解放日报》1941年10月16日。

❺ 雨宫健治的笔供,1954年8月15日,原件存中央档案馆,档案号119-2-864-1-5。

❻ 中央档案馆、中国第二历史档案馆、吉林省社会科学院:《细菌战与毒气战》,中华书局1989年版,第725页。

第四章 在华北疯狂实施毒气战

4. 河南省：13 次

（1）1938 年 9 月 10 日，日军 5000 余人猛攻固始以西三角店地区，施放毒气，中国军队中毒 50 余人。❶

（2）1938 年 9 月 12 日，日军在固始以西三角店地区再次与中国军队激战，施放毒气，中国官兵 50 余人中毒。❷

（3）1938 年 10 月 6 日，日军沿商城西攻李家山、黄土岭，施放大量窒息性毒气，黄土岭中国守军 1 个营全部中毒牺牲。❸

（4）1938 年 10 月 11 日，中国军队分路向信阳柳林反攻，日军施放毒气，中国军队中毒数十人。❹

（5）1939 年 5 月 3 日，日军 2000 余人进攻博爱西北圪当坡、大黄岭一带，大量施放毒气，中国守军中毒伤亡 70 余人。❺

（6）1940 年 9 月 30 日，商丘日军 1000 余人进攻柘城中国军队，施放毒气，中国军队官兵中毒 80 余人。❻

（7）1941 年 3 月 20 日，由清丰等地进攻内黄东北地区的日军向中国军队施放大量毒气，中国官兵中毒 30 余人。❼

（8）1941 年 10 月 3 日，八路军某部在临淇南伏击由高

---

❶ 《新华日报》1938 年 9 月 13 日。
❷ 中央档案馆、中国第二历史档案馆、吉林省社会科学院：《细菌战与毒气战》，中华书局 1989 年版，第 661 页。
❸ 《新华日报》1938 年 10 月 8 日。
❹ 《新华日报》1938 年 10 月 13 日。
❺ 《第一战区作战日记》1939 年 5 月。
❻ 《新中华报》1940 年 10 月 5 日。
❼ 《新中华报》1941 年 4 月 12 日。

庄出动的日军,日军施放大量毒气,八路军1个连及参战民兵全部中毒。❶

(9) 1941年11月10日,日军步骑兵约2000人向玄坛殿、李八庄中国军队进攻,实施烈性毒气猛攻,中国守军3个团守备官兵约三分之一中毒。❷

(10) 1941年12月10日,日军第35师团一部在广武大胡村向中国军队发射催泪性毒气弹,中国军队中毒10余人。❸

(11) 1941年12月31日,日军飞机和炮兵向五里岗地区中国军队阵地投射糜烂性毒气弹,中国军队第110师第328团中毒70余人。❹

(12) 1942年2月10日,广武日军向张垌中国军队第35师一部阵地发射毒气弹,中国守军中毒20余人。❺

(13) 1942年5月31日,日军某部在许昌陈家屯与中国军队作战,施放催泪性毒气,中国军队中毒数百人。❻

5. 内蒙古:4次

(1) 1942年1月26日,日军原田部队在包头滩一带与中国军队作战,以山炮发射糜烂性毒气弹,中国官兵中毒40余人。❼

---

❶《解放日报》1941年10月11日。

❷《卫立煌致蒋介石电》,1941年11月28日。

❸❹军政部:《冈村宁次侵华任内用毒资料》。

❺《军政部防毒处长李忍涛致何应钦电》,1942年3月28日。

❻《中国政府对日军使用毒气的指控》,1942年7月3日。

❼纪道庄、李录:《侵华日军的毒气战》,北京出版社1995年版,第333页。

第四章 在华北疯狂实施毒气战

（2）1942年2月16～22日，日军向包头、滩丁、洪湾等地进攻，发射炮弹百余发，其中约半数为毒气弹，中国军队中毒40余人。❶

（3）1942年3月13日，日军向新民堡以西杨家营子进攻，发射大量炮弹，其中半数为毒气弹，并投掷毒气手榴弹，中国守军骑兵第7师胡团第1连半数中毒，死亡20人。❷

（4）1942年10月11日，日军在林北地区与中国军队作战，施放大量毒气筒，中国军队900余人中毒。❸

二、华北抗日军人中毒伤亡人数

表4-3表明，侵华日军在华北使用毒气武器作战，致使中国抗日部队中毒伤亡惨重。据记录有抗日部队具体中毒伤亡人数者132次毒气战例证的不完全统计，即致使华北地区中国抗日部队中毒伤亡44 235人，其中八路军官兵23 884人，国民党部队官兵20 351人。

表4-3　华北战场日军用毒致中国军队伤亡统计表

省区	用毒时间、地点	用毒种类及数量	八路军中毒伤亡人数	国民党军中毒伤亡人数
河北省	1937-8-26，南口战役之居庸关、横岭城			8师、89师死伤枕藉

---

❶ 中央档案馆、中国第二历史档案馆、吉林省社会科学院：《细菌战与毒气战》，中华书局1989年版，第550页。

❷ 《新华日报》1942年3月19日。

❸ 军政部：《冈村宁次侵华任内用毒资料》。

续表

省区	用毒时间、地点	用毒种类及数量	八路军中毒伤亡人数	国民党军中毒伤亡人数
河北省	1938-10-4，阜平东西庄	发射毒气弹400余发	1500余人	
	1939-2-4，河间大曹村	施放喷嚏性、窒息性毒气	10余人	
	1939-4-23、24，河间齐会战斗	施放大量毒气	500余人	
	1940-2-24，广平固庄	施放大量毒气	300余人	
	1940-3-23，永清城南后奕附近	施放毒气	170余人	
	1940-4-13，永年东辛寨	施放烈性毒气	1500余人	
	1940-5-6，固安西杨家庄	施放大量毒气	200余人	
	1940-5-18，枣强西某村	施放毒气	200余人	
	1940-6-10，威县贺剑镇	施放毒气	150余人	
	1940-6月下旬，冀东	施放毒气	300余人	
	1940-9-22、23，涞源东团堡	施放大量毒气	1000余人	
	1940-9-23、24，涞源曹沟堡	施放大量毒气	1000余人	
	1940-11-13，曲阳韩家峪、燕川湾子	施放毒气	20余人	
	1941-8-31，磁县彭城附近	施放大量毒气	100余人	
	1942-1-12，馆陶城	施放大量毒气	60余人	
	1942-3-19，丘县以南路沟	施放大量毒气	25人	

续表

省区	用毒时间、地点	用毒种类及数量	八路军中毒伤亡人数	国民党军中毒伤亡人数
河北省	1942-3-29，涉县赤（石）峰	撒布糜烂性毒气		2000余人
	1942-4-18，冀东军分区医院驻地鲁家峪村	施放烈性毒气	190余人	
	1942-6-19，沧县、盐山以东	施放毒气	冀中8分区23团伤亡甚多	
	1942-6-25，唐县八里塘	施放烈性毒气	约50人	
小计	21次		7275余人	2000人
山西省	1937-10月上旬，原平镇	施放毒气		10余人
	1937-10-23，忻口战役	达姆弹、毒气弹等		数千人
	1938-4-15，山西中阳城	催泪性毒气	50人	
	1938-7-6，阳城町店、义城	发射毒气弹	500余人	
	1938-4月上旬，忻县平社村	发射毒气弹	11人	
	1938-5-26，离石胡家堰	施放毒气		10余人
	1938-5月某日，垣曲	发射催泪性毒气弹		30余人
	1938-6-15，中阳城	施放催泪性毒气		40余人
	1938-7月上旬，离石金罗镇	发射毒气筒30余个	约200人	
	1938-7月上旬，定襄附近	窒息性、催泪性、喷嚏性毒气弹100余发	100余人	
	1938-9-23，中阳城	施放毒气	30余人	

续表

省区	用毒时间、地点	用毒种类及数量	八路军中毒伤亡人数	国民党军中毒伤亡人数
山西省	1938-9-24，汾城师庄	发射毒气弹	数十人	
	1938-10月下旬，灵丘县贾庄	施放催泪性、喷嚏性毒气	约300人	
	1938-11-17，灵丘义泉岭	发射毒气弹9发	约500人	
	1938-11-29，灵丘杏树咀、乐陶山村	施放大量催泪性、喷嚏性毒气	300余人	
	1938-12-20，昔阳川口	施放大量毒气	200余人	
	1939-1-29，辽县苏亭、粟城	施放大量毒气	500余人	
	1939-2-8，辽县东哈嘛滩	施放毒气		50余人
	1939-2-22，灵石静升镇附近	施放催泪性、窒息性毒气		70余人
	1939-3-6，灵石静升镇附近	施放毒气		近50人
	1939-3月，夏县大台村	施放毒气、毒物		军民数千人
	1939-5月，平陆县城及大神村	施放毒气筒4000个	2000人以上	
	1939-9-19，昔阳皋落	施放毒气	200余人	
	1940-1-7，壶关县掌家店	发射毒气弹		数百人
	1940-1月，壶关县掌家店	特殊烟3筒	40人	
	1940-3-31，屯留中村	施放大量毒气	400余人	

第四章 在华北疯狂实施毒气战

续表

省区	用毒时间、地点	用毒种类及数量	八路军中毒伤亡人数	国民党军中毒伤亡人数
山西省	1940-4-20，朔县张崔沟	施放毒气	数十人	
	1940-4-27，灵丘上寨	施放催泪性毒气	200余人	
	1940-5-8，偏关土乌燕检司	施放大量毒气	300余人	
	1940-6~7月，晋西北兴县	大肆施放毒气	2000余人	
	1940-8-21，平定冶西村	投掷大量毒气弹	40余人	
	1940-8-21，武乡西北故城	投掷大量毒气筒	120余人	
	1940-8-23，榆次附近	施放毒气	50余人	
	1940-8-25，平定冶西村	施放毒气	120余人	
	1940-9-21，丰镇西南	施放毒气	20余人	
	1940-9-24，榆社中学	施放大量毒气	772团3营全部中毒（按500人计）	
	1940-9-25，榆社文庙	大肆施放毒气	200余人	
	1940-10-2，辽县王景村附近	施放毒气	300余人	
	1940-10-22，温庄、南垴等	施放毒气	300余人	
	1941-5-8，垣曲横皋大道	施放大量毒气		100余人
	1941-5月中旬，绛县东北某处	发射毒气弹5发		70余人

·187·

续表

省区	用毒时间、地点	用毒种类及数量	八路军中毒伤亡人数	国民党军中毒伤亡人数
山西省	1941-6-8，垣曲	施放糜烂性、窒息性毒气		100余人
	1941-11月中旬，黄崖洞、水腰	发射毒气弹、毒气筒	70余人	
	1941-12-10，广武大胡村	炮击催泪性、喷嚏性毒气弹		10余人
	1942-2~3月，太岳区	大肆施放毒气	200余人	
	1942-2~4月，晋西北	大肆施放毒气	690余人	
	1942-2-28，平顺烟驼、柳树园	施放毒气	20余人	
	1942-6-10，介休三佳村	施放毒气筒118个		15人
	1942-7月上旬，陵川南沟村	发射催泪性、喷嚏性毒气弹		1个团（按1000人计）
	1942-7-24，乡宁三门村	山炮发射窒息性毒气弹20余发		40余人
	1943-1-6，洪洞北光棍岭	施放大量毒气		数百人
	1943-1-16，平鲁王家泉子	施放大量毒气	126人	
	1943-4-25，陵川屹西村马儿坪	投掷毒气弹50发		300余人
	1943-5-10，汾城1328高地	发射糜烂性毒气弹20余发		10余人
	1943-6-1，稷山、马首山	发射糜烂性毒气弹20余发		23人
	1943-7月上旬，离石金罗镇	施放赤筒30个	200人	
	1943-9-7，稷山东方山底村庄	发射糜烂性毒气弹		6人

续表

省区	用毒时间、地点	用毒种类及数量	八路军中毒伤亡人数	国民党军中毒伤亡人数
山西省	1943-11-8，垣曲鸡笼山	发射糜烂性毒气弹数十发		40余人
	1945-8-25，汾阳城	施放毒气	67人	
小计	59次		10 954人	12 974人
山东省	1938-4-3，台儿庄战役	发射大量催泪性、喷嚏性、糜烂性毒气弹		伤亡甚多
	1939-9-28，铜林于花山	施放大量毒气	100余人	
	1940-5月某日，泰安红山	发射榴弹40发、毒气弹6发	300余人	
	1940-6-17，高唐柳子王庄	发射毒气弹90发（瓦斯弹20发、赤筒瓦斯弹25发、毒瓦斯弹45发）		60余人
	1940-8-21，峄县涧头集	发射毒气弹20余发、榴弹80余发	380余人	
	1940-9月中旬，峄县朱沟	使用毒气弹、燃烧弹等	1500人	
	1940-10月某日，沂水、临沂、费县	施放毒气	50余人	
	1940-12-6，胶东	大肆施放毒气	100余人	
	1941-1-17，朝城苏村、马集	大肆施放毒气	2个连大部（按300人计）	
	1941-1-22，韩庄、张坝口	大肆施放毒气	1个营（按500人计）	
	1941-2月某日，堂邑以西某村	发射炮弹30发，其中催泪性、窒息性毒气弹约10发		200余人
	1941-3-1，惠民马颊河、南徒骇河以北	大肆施放毒气	200余人	

续表

省区	用毒时间、地点	用毒种类及数量	八路军中毒伤亡人数	国民党军中毒伤亡人数
山东省	1941-3-15，商河、惠民以南	多次施放毒气	300余人	
	1941-4-7，嘉祥李家楼	发射大型毒气筒2发	400余人	
	1941-8月某日，堂邑	施放大量毒气		100余人
	1941-9月中旬，莱芜茶叶口八路军医院	投掷毒气筒	15人	
	1941-9-22，乐陵李明集、杨家庄	大肆施放毒气	20余人	
	1941-11月上旬，蒙阴县560高地	发射毒气弹、榴弹80余发	300余人	
	1943-2月上旬，临清大张官营庄	发射窒息性毒气筒12个	320人	
	1943-2月某日，费县石庄	发射炮弹20发、毒气弹5发	150人	
	1943-4月中旬，冠县大金村	发射毒气弹	80余人	
	1943-6月中旬，堂邑北方某村	发射毒气弹5发	20人	
	1943-7月下旬，馆陶县某村	发射大型毒气筒20个，小型毒气筒30个	200余人	
	1944-11月下旬，广饶王家村	发射毒气弹10余发	90余人	
	1944-11月下旬，利津辛集附近	发射毒气弹10余发	130余人	
小计	25次		5455人	360人
河南省	1938-9-10，固始三角店	施放毒气		50余人
	1938-9-12，固始三角店	施放毒气		50余人

第四章　在华北疯狂实施毒气战

续表

省区	用毒时间、地点	用毒种类及数量	八路军中毒伤亡人数	国民党军中毒伤亡人数
河南省	1938-9-24，罗山八里庙、刘台	施放毒气筒200多个		50余人
	1938-10-6，商城李家山、黄土岭	施放大量窒息性毒气		1个营（按500人计）
	1938-10-11，信阳柳林	施放毒气		数十人
	1939-5-3，博爱西北圪当坡等	施放毒气		70余人
	1940-9-30，柘城	施放毒气		80余人
	1941-3-20，内黄东北地区	施放大量毒气	30余人	
	1941-10-3，临淇以南	施放大量毒气	1个连（按150人计）	
	1941-10月中旬，郑州二十里铺	发射毒气弹6发		13人
	1941-11-10，玄坛殿、李八庄	实施毒气攻击		1个团（按1000人计）
	1941-12-10，广武大胡村	催泪性毒气弹		10余人
	1941-12-31，中牟五里岗	投掷糜烂性毒气弹		70余人
	1942-2-10，荥阳张垌	发射毒气弹		20余人
	1942-2-10，渑池斑村附近	发射糜烂性毒气弹70余发		70余人
	1942-5-31，许昌陈家屯	催泪性毒气弹		数百人

毒气战

续表

省区	用毒时间、地点	用毒种类及数量	八路军中毒伤亡人数	国民党军中毒伤亡人数
河南省	1942－10－11，林北	施放喷嚏性毒气		900余人
河南省	1943－4月下旬，临淇白云山庙西	发射大赤筒16个，小赤筒10个		2个连（按300人计）
河南省	1944－5月上旬，洛阳	施放毒气		12人
小计	19次		180人	3745人
内蒙古自治区	1940－2－17，临河地区	投掷糜烂性毒气弹76发		137人
内蒙古自治区	1940－9－21，丰镇西南保安堡、石汉营	施放毒气	20余人	
内蒙古自治区	1942－1－26，包头滩	发射糜烂性毒气弹		40余人
内蒙古自治区	1942－2－16~22，包头等地	发射毒气弹		40余人
内蒙古自治区	1942－3－11，包头地区	发射窒息性、喷嚏性毒气弹		45人
内蒙古自治区	1942－3－13，包头杨家营子	发射毒气弹		半个连（按70人计）
内蒙古自治区	1942－4－2~8，达拉特旗捉鳖湾	发射喷嚏性、窒息性、糜烂性毒气弹约200发		40余人
内蒙古自治区	1942－10－11，林北地区	施放大量毒气筒		900余人
小计	8次		20人	1272人
合计	132次		23 884人以上	20 351人以上
说明	（1）中毒伤亡人数，未计余数，如中毒400余人，即计为400人；数十人、数百人、数千人，则计为50、500、5000人。 （2）军民中毒伤亡数在一起者，如中毒军民200余人，依具体情况，只计入军队中毒伤亡人数内，或只计入民众中毒伤亡人数内，以免重计			

注：本表依据现有档案资料制作。

第五章　日军使用毒气武器残害华北民众

第一节　毒杀华北民众六大惨案

一、定县北疃毒气杀人惨案

1942年春天，日本侵略者为了把华北变成"大东亚战争的兵站基地"，华北方面军司令官冈村宁次亲自指挥5万余日、伪军，从5月1日开始，对冀中抗日根据地发动了空前残酷的"五一"大"扫荡"。在"扫荡"中，日军实行"杀光、烧光、抢光"的"三光"政策，屠杀和掠走平民5万余人，冀中抗日部队减员46.8%，区以上干部牺牲1/3，冀中平原被点碉和封锁沟墙细碎分割成2670小块，造成"无村不戴孝，处处闻哭声"的悲惨景象。5月27日，日军上坂胜部围攻冀中区抗日根据地的定县北疃村，公然不顾国际公约，向地道内施放毒气，致使800余人惨死，制造了使用毒气武器屠杀平民的大惨案，史称"五二七"北疃惨案。

北疃村位于河北省定县城东南50多里处，有200多户人家，南、北、西三面被河滩环绕，只有东边一个出入口，那时这里是定县抗日根据地的中心地带，军分区和县领导机关经常在这里驻防。北疃村建有联村地道，东面可与西城、东城地道相通，南面可与南疃、东湖地道相连，民兵多次利用地道，配合八路军主力作战，造成日、伪军很大伤亡。"五一"大"扫荡"中，日寇企图以优势兵力，摧毁北疃村抗日堡垒和军分区领导机关。为保卫北疃，定县县大队和民兵组织起 1000 余人的"青年抗日先锋队"，于 5 月 26 日连夜进入北疃村。

5 月 27 日，日陆军第 59 师团第 53 旅团少将旅团长上坂胜率领第 1 大队 500 余人及定县、安国的日、伪军共 2000 余人直扑定县北疃村。凌晨 6 点多，敌两路从东、北两个方向突袭，形成合围之势。一到村口，敌立即进行火力侦察，小钢炮、掷弹筒、迫击炮弹一齐飞来，八路军战士和民兵伏在掩体里沉着待命。敌人从村东北口、东南口、正东口冲到阵地前沿时，手榴弹、地雷猛炸，机枪、排子枪齐鸣，日、伪军横七竖八地倒在阵地前。由于敌强我弱，敌人攻进村子。定县县大队和民兵坚持巷战，一直战斗到下午 1 点多钟。经过数小时激战，敌死伤数百，八路军部队和民兵的子弹也所剩无几。在这种情况下，定县县大队和民兵被迫从李洛节家转入地道，准备随时打击敌人，并掩护隐藏在地道中的群众撤退转移到安全地带。但是，没有料到，由于汉奸的出卖，日、伪军堵塞了南疃、北疃村的地道出口，以防止抗日军民从地道内向外突围撤退。进村后，日、伪军又按照汉奸提供的图纸，找到几处洞口，将高浓度的窒息性毒气点燃后投入地道，并把柴草点燃，塞进地道，在洞口盖上棉被，使毒气向地道内各处弥漫。由于毒烟从秘密的地道洞口冒出，敌人发现后又向地道内施放大量毒气。

地道内近 1000 人，最初嗅到有辣椒味、火药味和甜味的气体,只觉得呛鼻子,随即流泪、打喷嚏、呼吸窒息和流青色鼻涕。人们中毒越来越重,感到全身发烧,都紧靠洞壁取凉,洞内的人声越来越弱,一批批在极度痛苦挣扎之中足蹬手挠,咧嘴瞪眼,窒息而死,有的撕掉了身上的衣服,有的抓破了胸膛,有的头顶钻地,有的满脸唾液吐物,死状惨不忍睹。北疃村王牛儿,有两个儿子,长子10岁、次子8岁,两个孩子枕在他的两膝上一起惨死于地道内。据幸存目睹者说:在父子未死前,子唤其母,其父说:"孩子!不要叫你母亲了,她不知死在哪里了,咱们死在一起吧!"青年妇女李菊,与怀中抱着的不满周岁正在吃奶的孩子一起中毒而死。一位老年妇女,仰死在地道中,两臂还紧挽着10岁左右的两个女孩。

图5-1 定县北疃毒气杀人惨案中被毒气窒息而死的老妇人

❀毒气战❀

　　中毒死在地道中的多为老人、妇女和儿童。中毒较轻、年轻体壮的人挣扎着寻找地道出口。本来五尺高、三尺宽的地道里，是能立起来走的，但被毒死的人过多，而不得不在尸体上爬行，有的地方甚至因尸体堵塞不能通行。那些勉强摸到洞口爬出的人，又被分别把守在各个洞口的日、伪军或刺死在洞口，或拖到路旁因渴饿呻吟而死，或被捆绑蹂躏惨杀。

　　北疃村内、村外，屋内、屋外，处处是死难同胞的尸体。在南北街上，遗尸50余具；李家街，横尸250余具；李家老坟，有70多个死难者；村东北口冯香云、王之恒家的井台上，有90多具尸体横躺竖卧；李洛敏家的院子里，被枪毙、刺死29人；朱根德家的土井里被砍头颅的有16人，在他家的屋内被捆压致死的有16人。这些因中毒和中毒后又被惨杀的无辜平民，仅地面上的尸体即达500具。

　　日军向地道内放毒放烟后，分兵力把守住被发现的各个洞口。

　　在北疃村北地道洞口，日军在洞口点燃秫秸，阻止洞内中毒的人们出来。挣扎着爬到洞口的人们，趁火势较小的时候，争相往外爬。年轻人爬得快，火烧伤轻，但爬出后，有的被枪毙，有的被刺死，有的被扔进秫秸垛里烧，有的被日军用铁丝捆在树上烧，身子痛得抽搐，在悲号中死去。老人、妇女和小孩，中毒深，爬得慢，爬出洞口时已经奄奄一息，日军把他们一个个扔进王尚志家的水井里。日军走后，人们赶来收尸时，被刺杀者，大多又被乱刀分尸，血肉模糊，不知是谁；被烧死者，剩下的只是黑骨肉，更无法辨认；被扔进井里的人，已烂成一团，臭气扑鼻，无法弄出，

第五章 日军使用毒气武器残害华北民众

只得将井填了。直到 1946 年春,人们才挖开井,找到 11 颗头颅,从头发与头颅的大小只可辨认出其中有一个妇女和一个小孩。群众悲愤地把这口井叫作"血肉井"。

在其他被发现的地道洞口,日军悄悄守在那里。已经中毒的人们,艰难地爬到洞口,刚一露头,就被捆绑起来,不论男女老幼,都被袖子上带着红布的日军押到李家街路西李洛敏的院子里。一天工夫就抓来百十人,被关在一间牛棚里和一间草屋里。由于中毒,有的人发烧,把自己的衣服脱光;有的人咳嗽喘息,鼻涕眼泪直流。人们极度痛苦、口渴,日军始终不让任何人喝一口水。有一个人因中毒过重,神经错乱,推开小门,跪在院子里大声喊叫:"渴死人了,给点水喝吧!"房上站岗的日军开枪将其击毙。一个夜晚,两间房子里有 12 个人悲惨地死去。第二天上午,日军将 70 多个青壮年捆绑着拉出院子,接着,屠杀剩下的老人、小孩。两个日军架起被屠杀者,拖到粪堆上,枪口对准头部,"叭"一声,枪毙一个,一连打死 20 人。最后一个枪杀李洛田时,子弹从他肩膀上部穿过舌下,没有伤及要害部位,他躺着装死,最后才逃出这个杀人场"红部"。

日军还把中毒未死的无辜平民捆绑起来,肆意摧残、杀害和奴役。5 月 27 日下午,日军把从洞内爬出的农民王文雪押到朱根德家的南屋里。到天黑时,一共捕来七八十人,都是满身泥土,满脸鼻涕,呼吸短促地喘息着。敌人在门外站着岗,恶狠狠地监视着人们。由于中毒过重,人们浑身发烧,一夜工夫死了 16 个人。第二天早饭后,日军把人们驱赶到朱根德家的大院里,翻译官说:"……谁换上军装就能活命,不换死了死了的有……"敌人一个一个地逼问,最

毒气战

后,说"穿"的留在西院,回答"不穿"的16个人,被押到东院去。一进东院,王文雪看见本村的许根柱、许福山已被敌人枪毙在山药井旁;接着,日军把刘玉章拉到山药井旁,一刀将头砍下,将尸体踢下井去;随即又拉过四个人,一一砍头。当日军正砍第三个人时,王文雪冷不防从东西院界墙缺口处窜到西院,跑到人群里,换上了军装。中午,日军又押来一群换上军装的老百姓。下午,日军将这百个换上军装的老百姓,充作八路军"俘虏",押往定县城,路上,又用刺刀挑死14人。随后,又从定县押到石家庄劳工训练所,被迫充当了苦力。敌人走后,人们从朱根德家的山药井中发现16具尸体,其中2个是被枪杀的,14个是用刀砍杀的。

日军侵入北疃村,除疯狂地放毒、烧杀、抢掠外,对妇女同胞的奸污蹂躏更是骇人听闻。

从11岁幼女到五六十岁的老太太,除中毒死亡者外,被奸污者至少有一百七八十人,仅叫得出姓名的就有35人之多,被奸污致死6人。

5月27日和28日,日军盘踞北疃村两昼一夜,制造了灭绝人寰的毒杀惨案。原来生气勃勃的北疃村,变成了痛苦沉寂的地狱。当时,发现有800具遗尸横竖北疃村内外。后来调查统计,连同附近逃难来的老百姓,中毒者3000余人,死难者有尸体证明者1125人。北疃全村222户、1227人,被毒死、杀死224人,死绝14户。

北疃毒杀惨案发生后,中共中央北方分局机关报《晋察冀日报》于6月26日作了《敌向地道中施放毒气八百同胞同时惨死》的报道,同时刊载晋察冀军区司令部发表的为控

第五章　日军使用毒气武器残害华北民众

诉敌寇毒杀冀中北疃 800 无辜同胞的通电，向全国同胞、全世界控诉日本侵略者的滔天罪行，指出："这是对公理、公法、正义的公然污渎和蔑弃，对一切正义人民的更进一步挑战！"为了彻底揭露日本侵略者的这一滔天罪行，冀中行署于 1946 年、1947 年两次对北疃惨案进行了深入调查。为了永远不忘记"五二七"死难同胞，抗战胜利后，人民政府于 1946 年修建了北疃惨案纪念塔，将死难同胞的名字刻在纪念碑上。

1956 年 6 月，制造北疃毒杀惨案的日本战犯上坂胜在沈阳受到中国人民的正义审判。在人证、物证和铁的事实面前，上坂胜不得不认罪伏法，他供认：制造事件的部队是他指挥的步兵第 163 联队。其中，在定县南方的罪行是第 1 大队所为，在滹沱河北岸地区的罪行是第 2、第 3 大队所为，其残酷手段中最毒辣的就是将大批八路军战士与住民驱入地道内而使用毒气。结果，在定县的南疃、北疃杀害八路军、住民约 1000 人；在滹沱河北岸地区杀害约 2000 人。

北疃惨案，是日本侵略者使用毒气武器大量屠杀中国军民的案例之一。它完全暴露了日本侵华战争的疯狂性、野蛮性和反人类的灭绝性。

朋友，请读一读下面的附件，你的心会随着它跳动，你的情绪会随着它起伏。

❁ 毒气战 ❁

附件一：冀中行署关于北疃惨案的调查报告❶
（1947 年 9 月 15 日）

1942 年春，日寇为了确保华北达其以战养战之目的，在敌酋冈村宁次指挥下的大江黑田等三四万敌寇，于 5 月 1 日开始了对冀中人民的大屠杀（五一大扫荡）。

在扫荡中，除奸淫烧杀抢劫外，更驱使我数百万无辜群众到处修路、筑墙、挖沟，建立点碉，把广阔的冀中平原分割为细碎的小块，达其从点线到面的占领，以便统治奴役中国人民。

敌寇为了屠杀我定南沙河两岸之同胞，集中兵力从李亲顾的沙河两岸大举扫荡，并在北疃村周围各村积极建碉、修路、挖沟，每天抓夫、烧杀，迫使我广大群众集结于沙河支流之带形地带北疃村，蓄意一网打尽。我沙河沿岸之人民，见到这一地区稍稍安静，扶老携幼逃来北疃村避难。北疃人民日夜赶挖地洞，于是敌人便借此机会制造了惨绝人寰的"五二七"北疃惨案。

（一）铜墙铁壁大合围

5 月 27 日早晨，遥远的地方听到数声稀疏的枪声，北疃村的人民早就起来做好了饭，准备迎接敌人的到来。太阳升到了树梢头了，枪声由远而近，由疏而密，机枪声、炮声也越响越激烈。这时，东西城、东西湖村的人们扶老携幼逃命避难，又奔向北疃村来。不多时，三四千敌人从四面八方铜

---

❶ "敌寇留在定南的一笔血债——'五二七'北疃大惨案"，原件存河北省档案馆，档案号 5 - 1 - 7 - 15。

墙铁壁一样地紧紧围住了北疃村。机枪、大炮向村中咆哮起来，手无寸铁的人民，有的被炮弹炸伤，有的被机枪射死，人们在东碰西撞，呼妻唤子，乱成一片，扶老携幼，争先恐后钻入地洞。敌人像饿狼似的扑向村中，大肆搜索，呼喊砸门声闻于数里以外。

敌人搜索了半天，很少见到他们要屠杀的人民，街上只有少数枪炮下的受伤者与死难者，"老百姓哪里去了？"鬼子知道人是不会死的，更没有逃出他们的合围圈，即开始向地下搜索。上午10时，鬼子终于发现了老百姓的避难所——地洞。他们立即使用了毒气，向人民开始了惨绝人寰的大屠杀，向藏在地下的老百姓开了刀。

（二）惨死在毒气下的人们

敌人找到了几处洞口，将随身带的各种毒气点着拽到洞里，同时将毛柴燃着，也投入洞里，洞口盖上棉被，使毒气向洞内各处流动，不多时洞内各处便充满了毒气。毒烟又从敌人未发现的洞口冒出，于是又有许多洞口被敌人发现，敌人又大量放起毒气来。这样，洞内充满了浓厚的毒气。洞内的人们起初闻到辣椒味、炮药味和甜味，后来便有流泪的，喷嚏的，呼吸窒息和流青色鼻涕的（这里便可证明敌人放的毒气是窒息性、催泪性、喷嚏性的三种毒气），洞内混乱起来，人们东走西撞，争找洞口，母子被挤散，全家被分离，老人和小孩被挤伤踢死，孩子埋怨其父母不该使其入洞，年老的人则说"我宁死在外面也不在这里受罪"，妇女们在咒骂万恶的日寇，再加上外面的鬼子乱搞洞口，大量施放毒气，于是洞里的呼妻唤子声、咒骂声和将死者的呻吟声搅作一团。人们受毒过重,全身发烧,紧靠着洞壁以取凉。这时,呼喊声渐沉寂,仅闻呼呼的喘息声、呻吟声,不久即足蹬手挠,咧嘴瞪眼而死,有的头钻入地而死,有的满面唾液呕吐而死,其死状极惨。

本村王牛儿,男,40多岁,其两子一个10岁,一个8岁,分枕于其两膝而死洞内。据未死者谈:其父子未死前,子唤其母,其父说:"孩子,不要叫你母亲了,她不知死在哪里了,咱们死在一起吧!"

本村李菊,年32岁,她怀中尚抱有一个不满周岁的小孩,孩子正吃着奶就和母亲一起被毒死。

更有一老年妇女,年约50余岁,仰死洞中,她臂挽其年约10岁左右的两个女孩而死。

死在洞中者多为老年人、妇女、小孩。中毒较轻、年轻体壮的人挣扎着寻找洞口。本来五尺高、三尺宽的洞中能立起来走,但因中毒死在洞中者过多,便不得不在尸体上爬行,更有的地方尸体堵塞不能通行。能勉强寻着洞口爬出者,则被敌人刺死于洞口,或驱逐院内横遭侮辱。故出洞口者,既受毒于先,更遭踩躏于后了。

(三)残忍的屠杀

日寇为了完全杀死我洞中之同胞,分别守住各个洞口,除放毒气外,更燃烧柴草,使烟送毒气于洞内。洞内身体强壮、受毒较轻者,经过多次的艰苦,从死人堆中爬往洞口,冲过大火,钻出洞时,敌人则将快死者拖到路旁或广场上,不允许爬走,最后因口渴饥饿辗转呻吟而死;对精神较健旺的青年男女,有的立即捆绑,有的立即枪毙或刺死,再不然即绑在树上烧死或剖腹；对我青年妇女则进行兽性的奸污蹂躏。村里、村外、院内、屋内，纵横留下死难者的尸体：只南北街上留下尸体即达50余具；李家街陈尸250余具；李家老坟也躺着70多个死难者；村东北口冯香云、王之恒之井台上也横躺竖卧着90多个尸体；李洛敏家院子里枪毙或刺死者尸身29具；朱根德家土井里被砍头颅的16个，屋内被捆押致死的16个。这些因中毒或中毒后又被惨杀之无辜群众，露于地面者即达500具之多。再加上初夏的暖风和毒气在人体内的发酵，死者全身紫黑色，腹部膨胀，四肢挺伸，仰卧者两拳紧握，怒目而视；伏卧者两脚跐地，双手刨起一堆泥土；有的满面怒容，肠胃露于腹外。13岁的刘兵站、65岁的刘洛协、50多岁的许根柱等血肉模糊倒在血泊中。朱根德家院子里，一青年被辘轳头砸烂头颅，脑浆迸流；不知姓名一老妇，携其幼孙，倒卧路旁，满面忧容，若有所思；有的紧靠墙根，咬牙切齿，坐着死去；青年妇女李朱儿，赤身露体，坐于墙角，两腿分开，头部俯向胸前。本村宋洛先新娶之儿媳王白女，年20岁，跪伏于阎贵福之门口死去。李铁牛家之门口上有一青年失去了胳膊，死于血泊中。本村李洛信，40多岁，被烧得焦头烂额，投掷井中。男女尸体多半裸露，其状之惨，真可谓闻之不忍睹，见之毛骨悚然了。兽军走后，尸体已发酵了，村内外弥漫着臭气，人们不敢回来，街上很少人迹，只有残存的老母猪啃着曾经饲养过他们的主人的尸体。北疃村变成了死的世界。

（四）村北的"血肉井"

洞里中毒较轻者，挣扎着爬过了无数的尸体，寻到了村北洞口，但敌人早在这里看守着。日寇为了阻止人们出来，就把附近的秫秸弄到洞口烧起来。爬到洞口的人们感到洞里的毒气实在难受，于是趁火势较小时就往外爬，年轻的人爬得快，受火烧轻，但爬出后又被万恶的敌寇刺死和枪毙，更有的被日军扔到秫秸垛里去烧，也有用铁丝绑在树上烧死的。半死的人，用火一烧，疼得身子抽搐，东歪西倒，发出尖锐的悲号。年老的人和妇女、小孩，爬得慢，待出洞后，已经是半死的人，敌人便弄到附近的小井中（王尚志家的井）。被刺死者多是乱刀分尸，血肉模糊，不能辨认。被烧得只剩乌黑的肉和骨头架，更不知是谁的。至于投到井中者，敌人又用土和烂柴埋在里面，井里只露着尸身倒置的大腿，因正在炎热季（节），过两三天后，人们去弄时已烂成一团，臭气扑人，未弄出就将井填了。于去年（1946年）春挖井时才弄出了11个头颅，从头发和头颅的大小，又证明其中有一妇女和一小孩，这些人更无从知其姓名了。可以认清的只有被枪毙的本村王喜成（年50岁，农人）和其孙子二人。原来喜成、民旦、振明（年7岁）、小偏（年9岁）等4人一块爬出洞口，喜成用手搂着两个孙子就被敌人枪毙了。

总计井里11个头，外面10个尸身和骨头架，除王喜成祖孙三人外，其余的认不出是谁来了。

5年后的今天，狐狸和母猪尚在村北洞中拖出了四五具不完整的尸体啃嚼着，今天洞内究竟尚有多少尸体是无法估计的。

（五）假俘虏群

27日下午，王文雪满身泥土，鼻涕唾沫满脸，一歪一倒地被鬼子押解到朱根德家的南屋里。

屋里已有三四十个人,人们也都是满身泥土、鼻涕满脸、呼吸短促地呻吟着,王文雪一看就知道这些人都是和自己一样,都是中毒后从洞内爬出又被敌人捉住的老百姓。

后来,鬼子接连不断地押送到这屋来的都是满身泥土、涕沫交流的人们,还有的被打得头破血流。

到天晚时,屋里拥拥挤挤,增添到七八十个人。鬼子在门外站着岗,怒视着这群无辜的人民。

被看押的人们,浑身发烧,口渴喉燥,有的坐立不安,心神不定,想喝水都不能喝,毒性发作,继续不断地死去,一夜工夫就死了16个(人)。

人们默视着这16个尸体,在脑际里起了"不知什么时候死"的悲惨念头。

28日早饭后,敌人把这群无辜百姓赶到朱根德家的大院里。凶恶的鬼子兵拿着枪,上着刺刀,在四面包围着。

三角眼的翻译官向他们说:"……谁换上军装就有活命,不换军装死了死了的有……"

王文雪一时拿不定主意,"换上军装呢?不换军装呢?穿上军装也许说我是八路军,把我枪毙!"这种思想在王文雪脑际一晃,便决定不穿军装。

翻译官说:"穿军装的留在西院,不愿换军装的到东院里去……"接着,敌人每拉出一个百姓来,翻译官就问:"你穿军装吗?"有的回答"穿",有的哼哼了半天才说"穿"。这样便留在西院了。回答"不穿"的有16个人,王文雪也是一个,便被押到东院来。

到东院,王文雪看见本村许根柱、许福山已被敌人枪毙在山药井旁了。

凶恶的日本鬼子提来一桶水，将洋刀在水里蘸了蘸，把刘玉章拉到井旁，一刀将头砍下，用脚将尸首踢下井去；又拉去4个人，围跪在山药井旁，用刀连砍两个，两个尸首都倒在山药井里去了。

王文雪想逃脱敌人魔掌，他知道墙的西面就是西院，那院里一定正在换军装，恨不能插翅飞过墙去，又见东西两院外墙有一缺口，缺口处有个凶恶的鬼子兵，持枪在缺口旁站岗。

当鬼子去砍跪着的第三个人时，王文雪冷不防跑到缺口处用尽平生之力一窜，从缺口处窜到西院里，跑入换军装的人群里，换上了军装。

到正午，又有一群换上军装的老百姓被押到西院来，王文雪和这百十来个换上军装的老百姓，就都以八路军的俘虏的名义做了日军报功邀赏的牺牲品。

28日午后，这百余人假俘虏就被敌人捆绑着向定县城里开去了。在路上，敌人又挑死了十四五个走不动的假俘虏。到邵村后，又用汽车将假俘虏载到定县，又从定县用汽车载到石门劳工训练所，后来王文雪和其他同伴被运到抚顺千金寨煤窑里，受了半年多的苦力，后跑回来了。

敌人走后，人们在朱根德家的山药井中发现16具尸体，2个枪毙，14个刀砍，但人们不知道死者的遭遇。王文雪从千金寨逃回后，对人们谈到这段经历，人们才知道死者的情况。

（六）杀人场"红部"

日寇向洞内放毒放烟后，便三五成群地到处寻找洞口，

第五章 日军使用毒气武器残害华北民众

凡是见到浓烟喷放的地方（洞口），鬼子就悄悄地蹲在那里，用枪口、用刺刀对着洞口，准备杀害中毒逃出的老百姓。

当人们一露头，敌人便用刺刀或大枪逼着他们爬上来，不管男女老幼都脚踢手打，同时将老头、青年、壮年男子和男孩子用绳捆绑起来，交给袖上戴有红布的鬼子，送到李家街路西的李洛敏的家里去。这就是当时所谓杀人不眨眼的"红部"。

一天的工夫就抓来了百十来人，敌人把这些不幸者赶在一间牛圈里和一间草屋子里，门关得紧紧的。这群不幸者密集地被关在小屋子里，有的发烧将自己的衣服脱光，有的受毒过重"喀！喀！"地喘息，有的鼻涕满面、泥土遍身。他们一致地要求要喝水，经过几次的请求，鬼子始终没有给他们一口水喝。一夜的工夫，两个小屋子里死了12个人。有一个因中毒过重，神经错乱，口渴难堪，便推开了门子，跪在院子里大声喊叫："渴死人了！给点水喝吧！"房上站岗的鬼子用枪"叭"的一枪，就将他击毙在院子里了。

第二天的上午，敌人把他们拉在大院子里，先在人群中挑拣了70多个青壮年，每个人都被绑得紧紧的，拉出了大门。剩下20个人，都是老年人和小孩。

太阳偏西了，"哒，哒，哒"的号音响了，万恶的野兽们慌忙地整起队伍，骑上马，站在李洛敏的院子里，注视着这些人们。一会儿，来了一刽子手，赤着臂膀，挽着裤腿，拿着一支亮光光的三八大盖，指挥着两个鬼子，架起被屠杀者，拖到粪堆上，枪口朝头部"叭"的一声就枪毙了。就这样，一连打死了七八个人。北瞳村李洛协，已经65岁，刘兵站仅13岁，也被枪毙了。连续地杀死20人，最后一个轮到李洛田了,他伸了伸脖子,望了望天,看了看地,咬着牙,心里说:"死吧!死吧!没有关系的。"他于是也被架到了院东井旁,"叭"的一声,随着枪音倒了。但子弹从肩膀的上部穿过舌下,由下唇出去,没有伤了重要的部分,所以他心里还清楚,他一动也不动地在那里静躺着,眼角里却偷看着敌人的动作。一会儿,敌人走了,他爬起来,托着下巴,走出了村庄。后来,由于他的口述,人们才知道当时所谓"红部"这个地方杀人的详细情形。

(七)妇女同胞横遭蹂躏

5月27~28日,鬼子盘踞北疃两昼一夜,除对我同胞大肆屠杀、放毒、抓捕外,对我妇女同胞横行奸污蹂躏。从11岁之幼女至五六十岁之老妪,除中毒立即死亡者外,极少幸免。被奸污之妇女同胞数目也无法统计,至少有一百七八十名。本村李清辰之轧花店内,藏有中毒后之妇女及老头、小孩百余名,鬼子发觉后,除年岁特老与特小者外,所有妇女大部为三五成群之鬼子当众轮奸。最野蛮残暴者为奸污李亲顾一名12岁之女孩,兽兵将该女孩拉在群众一旁,按于地上,迫令脱光衣服,进行强奸,以泄其兽欲,但该幼女发育尚不完熟,疼痛难忍,大声呼叫……

紧接着,又来了更野蛮的一个日寇,在人群中拖出一个年仅11岁之幼女,强行奸污(不知是哪村的人)……

王云娥,年方18岁,在洞内中毒后勉强从李克郎家洞口中爬出,被十几个兽军轮奸而死。李××年25岁,李××23岁,被迫给敌做饭,遭到鬼子轮奸(在李洛迈家里)。李××,年19岁,在李洛乔家被一个兽军奸污后,又被许多兽军在草棚奸污（3小时左右），该女被奸后面色憔悴，行路艰难。

又如，在李化民的院子里，鬼子搜出一赤裸全身的西胡村青年妇女（年约20岁），令其与赤裸全身的青年男子李××对面坐在一起，许多鬼子摘了许多石榴花插在该女子之头上，大肆取笑，后将该女拉到屋子里实行轮奸。

（八）日寇留下的血债

在此次扫荡前，北瞳是一个222户的村庄，共有人口1227名，但经"五二七"惨案后，该村有14家成了绝户（绝户户数占全村户数的6.3%），中毒而死和被敌刺杀而死者共有224人（占全村人数的18.3%）。附近各村逃来的老百姓，中毒者有3000多人，死难者有尸体证明的共有1125人，死于深洞或被敌投于井中、埋于沟壕而未发现者，及被敌抓走失踪者，尚不知有多少（附近各村中，仅李亲顾一村即死100多人，3家绝户）。北瞳村李家街共53人就死去28人，死难者占全街人口1/2以上，全村除14家绝户外，死去家中主要生产力之户也占1/3以上，严重地影响了他们全家的生活。被奸污的妇女有一百七八十人，奸污致死者有王云娥等6名。

生活上受到严重影响者如下。

（1）全家死人最多者，如：王芬然，全家原有10口人，死去9口；王洛凤，全家原有18口人，死去10口；李洪辰，全家原有12口人，死去9口。

（2）全家只剩老弱妇孺者，如❶：边秀辰，女，40岁，夫（李混子）死，遗三女，长者14岁，次女12岁，小女10岁；李文菊，女，40岁，夫（李洛镇）死，遗一男二女，长女13岁，次女10岁，儿8岁；马素文，女，42岁，夫（李洛深）及子三人死，遗二女，长女10岁，次女7岁；刘菊，女，35岁，夫（王喜元）死时有孕，后生一男；吴连瑞，女，40岁，夫（刘玉章）及女儿死，母亲70岁；张亭儿，女，71岁，夫（李洛隐）死；宋振国，男，18岁，父（孙金生）死；李修志夫妻均死，遗一男二女，儿10岁，长女8岁，次女3岁；王同海，男，11岁，父（王国周）死。

（3）因没法生活而伙居者：李德祥，男，21岁，全家5口人，死4口；李增儿，男，18岁，全家5口人，死4口；李克郎，男，13岁，全家6口人，死5口。

附件二：晋察冀军区司令部关于北疃惨案的通电❷
（1942年6月26日）

全国同胞，全世界人士：

为了维护世界的公理、公法及正义，我们有权利，同时也有义务将这次日本法西斯盗匪毒杀北疃村八百余无辜人民

---

❶ 以下文字，因档案原件不全，系编者根据中共定县县委党史资料征集办公室主办《革命回忆录》1982年第8期载《"五·二七"北疃大惨案——日寇在定县欠下的一笔血债》（1982年9月16日）而补充整理。

❷ 《晋察冀日报》1942年6月26日。

第五章 日军使用毒气武器残害华北民众

的滔天罪行,在你们的面前揭露出来,向你们控诉,呼吁!

日本法西斯盗匪们这次对北疃人民的罪行是万劫难洗的。这是对公理、公法、正义的公然污渎和蔑弃,对一切正义人民的更进一步挑战!

仇恨和义愤充溢了我们的周身,使我们叙述这件事的经过时,呼吸为之梗塞。北疃,是冀中定南县的一个村庄。冀中人民深苦于日寇之残酷蹂躏,曾创设了地道以避之。北疃亦筑有此种地道。五月二十八日(注:应为二十七日),日寇附近各据点出动了300余人向北疃附近合击,附近十余个村庄的人民,见敌来势凶猛,遂纷纷来北疃地道中隐蔽。乃日寇匪徒蓄意屠杀无辜此等人民,遂采用了人类历史上最野蛮、最残酷、最卑鄙的手段对此等躲避下的人民实行了惨绝人寰的毒手!当他们进入北疃村后,日寇反复找着了地道的入口,将大量的窒息瓦斯冲放进去。在日寇此等毒手下,我八百余隐蔽在地道中的手无寸铁的人民,大部为扶杖的老翁、老妪、妇女、儿童、乳婴,遂全部窒息毙命!他们的尸体塞满了地道,惨状使人目不忍睹,日本法西斯匪徒们用炮火和毒气,洗劫了北疃整个的村庄,使我们生气勃勃的地区,一变而为死的沉寂,听不到人民的笑语,听不到小儿的啼哭、鸡犬的鸣叫!

日本法西斯盗匪对边区人民所施的烧杀淫掠各种罪恶,已经不可胜数。而这次竟违反国际公法,对无辜民众施放毒气!其残暴凶狠的面目,与人类为敌的居心,更属昭然。这种旷古未有的对人民大毒杀,更加证明日本法西斯已将世界的公理、公法、正义的、最后的藩篱毁弃无余。为了维护世界公理、公法和正义,我们要求全世界所有的正义人士,用各种方法,对毁弃这些公理、公法、正义的日本法西斯强盗,以有力的制裁!

晋察冀军区司令部

附件三:《晋察冀日报》关于北疃惨案的报道
(1942年6月26日)

敌向地道中施放毒气八百同胞同时惨死。民国三十一年五月二十八日(应为二十七日),敌寇从新营、市庄(均定县属)等据点,出动300余人,向定南北疃村方向大举合击。北疃村附近的南疃、东西赵庄、东西城村及马福村等十余村庄的人民,见敌来势凶猛,乃纷纷来到北疃进入地道隐蔽。我县游击队与民兵曾予敌以迎头痛击,自上午8时迄下午1时,历时5小时之久,顽强地抵抗了敌人。战斗接近了北疃,我游击队民兵准备进入地道,凭借地道与敌继续坚持战斗。乃敌人蓄意屠杀我隐蔽在地道内之无辜人民,预先使汉奸潜入人民中间,造放谣言,谓敌从东方打来,使我人民拥挤在一处,游击队与民兵斗争无法展开。此时,敌寇则将大量窒息性毒瓦斯放进了地道。在敌寇此种罪恶的毒手下,我800余手无寸铁的妇孺老弱全部毙命,县游击队及民兵亦有一部牺牲。敌寇法西斯此种野兽行为,应更加深我广大同胞的无底仇恨,誓为北疃殉难同胞复仇,与敌寇坚持血战到底,并应激起国际正义人士的义愤,使日寇得到应得的制裁!

附件四:北疃惨案纪念碑碑文

1942年的"五二七",是用千百个英雄的血泊灌溉了的

第五章　日军使用毒气武器残害华北民众

日子。"五二七",你是伟大的民族解放战争进入相持阶段中最酷大悲壮的一日。当那群吃人的野兽——日本侵略者及其走狗企图长期确保冀中、统治华北,进行挖沟筑堡,对人民展开血腥屠杀之时,定县八百个民族的爱国者——优秀的中国共产党党员、英勇的指战员、民兵、农民,就在这一天,为了民族的不死,和野兽们——日本鬼子在顽强的战斗中光荣地牺牲了。

我们永远不会忘掉"五二七"的惨壮。许多未离怀的乳儿和他们的母亲同遭残害。被烈士的鲜血染红了的黄土上,八百具死者遗尸横睡在北疃的满街。子女找爹娘、爹娘寻子女的人们,热泪夺眶奔流,人们的眼都红了,这仇恨伤心的日子——"五二七"谁能忘掉!

亲爱的死者们,你们为了民族的自由解放,为了粉碎日本侵略者毁灭性的蚕食扫荡,为了保卫我们的家乡,你们英勇地拿着自己制造的武器——土枪、土炮、手榴弹、地雷,和鬼子所持的百倍优越于你们的武器,机枪、大炮、坦克、毒瓦斯……在郊外,在房上,在街里,在地道里,出没于枪林弹雨、毒气弥漫之中,紧张顽强地坚持了一日未息、震撼冀中的辉煌战争,曾几度击退敌人的猛烈冲锋,取得了日寇汉奸千百个的代价。你们虽沉痛地别离了我们,但你们的精神永垂不朽,你们的名字万古流芳!

不朽的英雄们,你们的血没有白白地流去,用你们的血和生命终于换来了抗战的最后胜利,终于用胜利埋葬了你们。烈士们永远地安息吧!我们一定踏着你们的血迹,继续着你们的未完事业,将一个独立、自由、民主、统一、富强的新中国,呈现在你们的英灵面前。我们为了永久不忘掉你们，特在这屹立于沙河南岸的抗日根据地上——北疃，修筑纪念塔一座，以示千古痛悼。

"五二七"殉难烈士精神长存！

中国共产党万岁！

中华民族解放万岁！

殉难烈士万岁！

赵树光　撰

冯　珍　书

李锡昌　监修

刘全林　范名红　镌造

中华民国三十五年孟夏中浣建立

（存北疃惨案烈士陵园）

附件五：战犯上坂胜❶的笔供和认罪书

上坂胜的笔供❷

……1942年5月27日，在冀中作战中于定县南方22公里（地点忘了）及滹沱河北岸附近，制造事件之部队是上坂

---

❶ 上坂胜，原籍日本大分县，住日本广岛县。1931年6月毕业于日本陆军士官学校，1934年3月至1938年8月、1939年8月至1941年10月，两次侵入我国台湾；1936年11月至1937年5月、1938年9月至1939年8月、1941年11月至1945年8月，先后三次侵入我国大陆，历任第63联队少尉中队长、第11军司令部附中佐、第110师团第163联队大佐联队长、第59师团第53旅团少将旅团长。1945年8月20日在朝鲜被苏联红军逮捕。

❷ 上坂胜的笔供，1954年，原件存中央档案馆，档案号119-2-3-1-4。

第五章　日军使用毒气武器残害华北民众

胜指挥的步兵第163联队。其中，在定县南方的罪行是第1大队所为，在滹沱河北岸地区的罪行是第2、第3大队所为，其残酷手段中最毒辣的就是使用毒气，尤其是将大批八路军战士与居民驱入地道内而使用毒气，大批的人被杀，有的用刺刀刺杀或者用军刀斩杀及强奸等。此外为了收集情报捉住居民来拷问，以及放火和破坏，掠夺财产更不用说了，都干过。这种残酷性就是帝国主义日本军队之特征。其结果：使无数居民被杀，用具体数字来推测的话，这只限于推测来统计，即我之联队各中队所杀死、伤的人员以最低限度来计算有3000人以上。其中特别是在定县的南疃、北疃杀害八路军居民的数字约1000，又在滹沱河北岸地区，杀害2000以上。我是如此指挥教育了日本帝国主义军队发挥了残酷性。我如何能赎回这种罪恶呢？这完全是我的责任，我痛感我的责任是重大的。我在各位中国人民面前衷心谢罪。

前面我的供述已经翻译成日语向我宣读，同我供述无误。

上坂胜认罪书❶

侵略作战中的罪行：

1. 关于"冀中侵略作战"方面的情况

"冀中侵略作战"系于1942年5月下旬，在河北省安平县安平北方滹沱河和潴龙河的中间地区，根据北支方面军的计划，按照第110师团师团长饭沼守中将的指挥和命令而实施的。

师团命令的要旨："本师团扫荡安平北方滹沱河和潴龙河中间一带的地区，以覆灭八路军之根据地。步兵第163联队用

---

❶ 上坂胜的认罪书，1955年5月，原件存中央档案馆，档案号119-2-3-1-5。

毒气战

一部兵力由定县出发，以主力部队由保定至徐水间地区出发，同向上述地区进入，进入的日期定于×+1日中午。该作战中，各部队尽量寻找机会，在地道战斗中使用赤筒和绿筒（译注：赤筒是喷嚏性毒气，绿筒是催泪性毒气），实验使用方法，作战结束后，必须提出所见的情况，发给各联队赤筒和绿筒若干个。"（译注：×日是指行动开始之日而言）

依照以上之命令，我以联队长的身份调动了联队本部、通讯班、第1、第2、第3大队、步兵炮中队等约1500名的兵力参加了这次侵略作战。

根据师团的命令，第1大队由定县出发，主力（第2、第3大队）由保定至徐水间地区经高阳、肃宁附近向安平北方滹沱河和潴龙河间地区进行侵略攻击。出发前发给各大队赤筒、绿筒毒气，命其在侵略作战中进行地道战斗时，尽量寻找机会使用之，实验其使用方法，在侵略作战结束后，必须提出所见到的情况。又命令联队本部所属军医坂东大尉支援某大队来实施并命其提出所见。

2. 第1大队方面

第1大队于5月27日早晨，由定县出发，在侵略前进中在该地东南方约22公里的地点，遭遇八路军，大队立即展开主力来包围攻击之，不仅是给予八路军战士歼灭性打击，并杀害了大批的和平居民。大队在此战斗中，使用了赤筒和绿筒的毒气，受到机枪扫射的不只是八路军战士，将逃跑的居民也射杀了。又在村庄里进行了扫荡，向逃入很多居民的地道里掷入赤筒和绿筒的毒气，以致窒息，或者是对感到痛苦而逃出的居民即施以射杀、刺杀、斩杀等残酷行为。在此战斗中，我指使第1大队杀害了八路军战士、居民达

800人以上。此外并掠夺了大批的武器、物资等。以上是第1大队队长大江少佐的报告。

3. 联队主力方面

联队进到滹沱河北岸时，接到了师团的命令："上坂部队务必由某村至某村间进行肃正扫荡，并在该地区修筑炮楼。"我以联队长的身份向部下发出如下的命令："各大队务必在其担任地区进行肃正扫荡，并修筑炮楼，各大队担任地区之境界线如下（省略之）。"（但第1大队恢复原警备状态）。该扫荡战斗中，对地道使用了赤筒和绿筒毒气，就在八路军战士、居民逃入地道后，将地道两端的入口封闭，掷入毒气弹，给予中国人民莫大之灾害，其杀人数约300人，推测在居民中有很多八路军战士混在里面。以上是根据各大队和军医坂东大尉的报告来推定的。

图5-2 "五二七"北疃惨案殉难烈士纪念塔（中央档案馆馆藏照片）

毒气战

该侵略作战的结果,给予中国人民的损害是:杀人约1100名,破坏房屋10栋,烧毁房屋3栋,把450栋的房屋掠夺使用了10天的时间,并酷使中国人民240名修筑8个炮楼(约10日间)。

图5-3 "五二七"北疃惨案殉难烈士纪念碑碑文
(中央档案馆馆藏照片)

我确认这照片是1942年5月27日,我的部下第1大队在定县东南方北疃村附近对抗日武装及和平居民进行了用言

第五章 日军使用毒气武器残害华北民众

语难以言状的惨无人道的对 800 人以上之大屠杀。这是为纪念"五二七"事件死难烈士之纪念塔。这惨案是按照我的命令执行的,我要负完全责任。兹谨向殉难烈士之英灵表示深切哀悼之意,立誓之后不再做这样无人性之事。注解经翻译用日语向我宣读,我又阅读过,其注解是正确的。碑文经翻译用日语向我宣读,又我亲自阅读过,我确认与事实无误。

上坂胜 1954 年 12 月 7 日 于抚顺

图 5-4 "五二七"北疃惨案殉难烈士纪念碑所刻姓名之一部
（中央档案馆馆藏照片）

毒气战

我确认,是刻有在"五二七"事件中殉难烈士姓名的纪念碑。

上坂胜　1954年12月7日　于抚顺

图5-5　"五二七"北疃惨案殉难烈士的尸骨之一部
（中央档案馆馆藏照片）

我确认这照片是1942年5月27日,我的部下第1大队在定县东南方北疃村附近对抗日武装及和平居民进行了用言语难以形容的惨无人道的大屠杀,这就是"五二七"事件中殉难烈士之遗骨。这是按照我的命令执行的,我负完全责任。我在此谨向殉难烈士之英灵致以深切哀悼之意,并祈祷其冥福。

上坂胜　1954年12月7日　于抚顺

第五章 日军使用毒气武器残害华北民众

图5-6 在北疃村村北挖出的"五二七"惨案殉难烈士的六具尸骨侧面照（中央档案馆馆藏照片）

我确认这是"五二七"事件中殉难烈士之遗骨。

上坂胜 1954年12月7日 于抚顺

附件六：北疃毒杀惨案的证言

为北疃惨案查询控诉人赵树光的记录❶

（1954年5月5日）

为了查清前日寇第59师团第53旅团少将旅团长上坂

---

❶ 为北疃惨案查询控诉人赵树光的记录，1954年5月5日，原件存中央档案馆，档案号119-2-3-2-3。

· 221 ·

胜，于1942年任第110师团第163联队长时期，其所属部队在北疃村等屠杀我抗日志士及和平居民等罪行，定县人民政府白焕章于1954年5月5日询问了控诉人赵树光。赵树光自称：今年40岁，职员，现住保定市。

问：请你把上坂胜部队在北疃屠杀我军民的情况谈一谈。

答：上坂胜的所属部队于1942年5月27日制造的"五二七"北疃惨案，是日寇法西斯匪军对冀中区全体军民展开全面残酷扫荡中的一次最大的惨案。日本帝国主义者就在这一天欠下了河北省定县人民1000余条人命的大血债，制造这次惨案的匪军，就是日寇上坂部队和大江部队；这一惨案的祸首之一就有日本侵华匪军的头目上坂胜。

问：请你把上坂部队杀害我军战士、民兵与南北疃及周围的群众的经过详细谈一谈。

答：匪徒们的残暴罪行是难以用言语形容的。当天的战斗，从拂晓一直打到12点，因弹尽我军失利，敌占据村庄后，使用惨绝人寰的毒辣手段来杀害我军民。他们除使用机枪、刺刀等杀人武器外，还使用了窒息、催泪、糜烂性等各种毒气弹来杀害我们的同志与父母兄妹。鬼子进村后，钻入地道的战士、干部、民兵、群众，除被毒瓦斯毒死外，未死的被拉出来死于刺刀下者达数百名，就连七八十岁的老人及未脱乳的幼儿，只要被兽军所遇，无一幸免。南北疃两村被杀绝了30余户，尸体满街遍野，野兽们用尸体填满了南北疃两村的许多水井和猪圈。匪军们不但残杀了我军的战斗员、民兵及群众，还残杀了我定南县县委宣传部长范小康，杀害了抗三团李兆林等两个大队长。

问：请你讲一讲上述情况你是怎样知道的。

答：日军在北疃村的暴行是我亲眼看见,并且我是被害者之一。当时我是县大队的政治委员,曾指挥定南县大队全体指战员及兵民参加这次战斗,我也是中毒后又脱险的一个。"五二七"惨案之后,在我方缴获的伪《河北日报》第1060期内发现登载上坂部队追悼在此次惨案中的凶手、战死的竹内秋雄的消息,追悼会是在保定上坂部队讲堂举行的。惨案祸首上坂亲自主祭,这是祸首上板罪状的铁的证据。

定县北疃村李化民等人的控诉书❶
（1954年5月4日）

万恶的日本侵略者,企图长期确保冀中,统治华北,到处进行挖沟筑堡,对我国和平居民展开血腥屠杀。1942年5月26日,侵华战犯上坂胜指挥其部属向我北疃村的东面（东城、西城）、东南面（东湖、太平湖）、东北面（解家庄）三面围攻（当时西和北都是鬼子侵占的区域,北有邵村炮楼,西有李亲顾炮楼）,于次日（27日）拂晓,敌人就把东城、西城、东湖、太平湖、解家庄5个村的群众全部压缩到南疃、北疃两个村。到了中午,鬼子进入我村,百姓绝大部分躲进地下道（这是鬼子在我国土地上对和平居民展开血腥屠杀时,老百姓自己挖的地下道,作为唯一避死求生的道路）,于是那群吃人的野兽——日本鬼子,便对我小小的北

---

❶ 定县北疃村李化民等人的控诉书,1954年5月4日,原件存中央档案馆,档案号119-2-3-2-3。

疃村开始血腥的屠杀,施展万恶的兽行。其手段难以叙尽,如火烧、刺刀刺、枪毙、刀劈、毒熏、木棒打、强奸、轮奸,等等。当时在我村的胡同里、院子中、井台上、碾子旁,到处都是尸体,能看到的(有的扔在井内或死在地下道中)就达800余具。时值5月,天气炎热,死尸遍野,臭味弥天。百姓逃亡有月余才敢返家。其情形凄惨至极。只我北疃村就被杀绝了23户,共死82人,占我全村当时总户数的20%。还有,李三保全家被杀,只剩下3个月的女娃在她母亲范胜分的尸体旁啼哭;李治乡全家被杀,只剩下一个86岁的老人。残暴的鬼子还把老百姓扔在井里,放进枯柴把人活活烧死,仅在王尚志家院子东边大井里就挖出17具尸体。那群吃人的野兽还强奸妇女多达35人,更为残酷的是把妇女强奸后,还用刺刀把她们活活地刺死,如王诺云、李炎兰、纪翠英等。吃人的野兽,杀人的魔王,他们不但在双村烧杀奸淫,更加惨无人道的是向老百姓唯一避死寻生的地下道里施放毒气,把绝大部分老百姓都毒死了。当时中毒的人口渴、身发热、呼吸困难、脑子糊涂、鼻子出血,毒死后肉呈紫色等。鬼子所犯下的罪行是说不完的,这次总共被杀死(本村和外村的)800多人(多数是毒死的),烧毁民房36间,拉到锦州煤矿做苦工的青壮年达62人,到现在只逃回李文森、李洛交、李洛转等9人,其余到现在下落不明。抢走的粮食、牲口(猪、羊、马)衣物及其他财产家具等,是无法计算的。提起当时的情况,群众都痛恨万分。我们代表北疃村全体和平居民(250户1300人),为惨遭日寇杀害的死难者,控诉日籍侵华战犯上坂胜的滔天罪行。

  控诉人,河北省定县第10区北疃村和平居民代表:李化民、王其申、壬福申、宋成奎、赵桂秋、李振江、宋殿恒、阎瑞丰、宋彦娇、刘洛贤等29人。

王裴然的控诉书❶
（1954年5月3日）

控诉人王裴然，河北省定县北疃村人。为控诉日本帝国主义侵华战犯上坂胜在我村烧、杀、抢、掠、施放毒气等罪行，以息民愤。

于民国三十一年农历四月十三日，上坂胜命令其部队在天未亮时包围了我村，进行烧、杀、抢、掠，并施放灭绝人性的武器——毒气，残害我村及邻村无辜的老百姓800余名，似此滔天罪行，不胜枚举。我仅将我全家惨遭杀害的经过述后：

我全家7口人，6人惨遭杀害，只我一人中毒未死。我70岁的老母在屋子里被火烧死，头发被烧光，惨痛至死。我父亲在地下道内躲藏，实望脱险，不料被上坂胜的毒气毒死。最悲痛的是，10岁的女孩、6岁的孙子被他们枪杀，17岁的女儿、17岁的儿媳被惨无人道的野兽们抢走至今没有下落，致使我全家人等流离失所，妻离子散，只剩下我孤苦伶仃一人，终日在思念全家被惨杀之事，使我精神失常数年，而今才稍有清醒，故提出控诉上坂胜在我村犯下的滔天罪行。

---

❶ 王裴然的控诉书，1954年5月3日，原件存中央档案馆，档案号119-2，3，2，第3号。

毒气战

幸存者李洛由的控诉书[1]
（1954年5月2日）

控诉人李洛由，现年59岁，定县北疃村人。在"五二七"北疃惨案中，我是遭受日本鬼子惨杀而未死的一个。

1942年5月27日，日本鬼子进入我村，不管是大人小孩，见人就抓，绑在一起。有的人跑进地道，鬼子就向地道里放毒气，把地道里的老百姓绝大部分都毒死了。没有毒死的，鬼子就把他们抓来捆在一起，一串30多人，我也是其中的一个，大多数是中毒的，我是外面被抓的，没中毒。我认识的有刘兵站、李洛协、李更生、李石敏、宋记仓、李文拴、刘加女等，年纪最大的是李洛协60多岁，年纪最小的是刘兵站13岁。鬼子把大家押到李洛敏家的院子后，一句话也没问，就说都是八路军，把绳子解开后，就挨个的拉出去枪杀了。我是最后一个被枪杀的，子弹从脖子里进从口中出去，把下排牙齿都打掉了，幸好没有打中要害，所以没有死。这就是我当时亲身所经历的事实，是日本鬼子在我村屠杀和平居民的活见证。特此控诉日寇制造"五二七"北疃惨案的滔天罪行，请求人民政府严惩日本战犯，为死难的乡亲报仇。

---

[1] 幸存者李洛由的控诉书，1954年5月2日，原件存中央档案馆，档案号119-2-3-2-3。

在审判日本战犯上坂胜的法庭上李德祥的证言❶
（1956 年 6 月 12 日）

我是河北省定县 10 区北疃村人，我叫李德祥。我所证明的事情，是日本侵略军上坂胜的大江部队，在我北疃村放毒气、放火的罪行。

这个事实发生在 1942 年 5 月 27 日。这一天早晨四五点钟天刚亮时，鬼子把我北疃村包围了。我们村庄老百姓上地里做活去时，一出村遇到日本鬼子，鬼子见到就喊，老百姓一看是日本鬼子回头就跑，日本鬼子就开了枪，一打枪我村老百姓都知道了。因为鬼子包围了，大部分没逃出去，这些人就钻地洞里去了。日本鬼子此时进村了，一进村就抓老百姓，找地洞口，找到了地洞口就向里放毒气。差不多的洞口都被找到了，找到地洞口就放毒瓦斯，放后用老百姓的被子盖上，上边又泼上水，地道有 2 尺宽、5 尺高，在里边的老百姓当时哭的哭，叫的叫，熏得人鼻子出血，嘴吐着黏沫，大部分都被熏死了。我从死人身上往外爬，这时和我们一起进洞的张建同志也已被熏死了。在向外爬时，我碰到父亲，那时我父亲将要死的样子，父亲说："你爷爷已死在这里了，我怎么也不能活，你别顾我，你走你的吧。"父亲也死在洞里了。我爬到王尚志家，从他家跑出来，一出洞口，鬼子就把我捉住了。这时，有五六十名男女已被抓住。鬼子跟我要

---

❶ 在审判日本战犯上坂胜的法庭上李德祥的证言，1956 年 6 月 12 日，原件存中央档案馆，档案号 119-1-3-3-1。

大枪和手榴弹,我说:我是小孩子,老百姓哪有枪。日本鬼子就用木棍狠狠打我,把我打倒了,然后叫我脱光衣服跟妇女站在一起,把妇女也脱光了,这样随便侮辱我们。在这时从地道里爬出来的王黑旦、王成,鬼子先打他们,然后跟他们要大枪和手榴弹,他们说没有,鬼子就用刺刀把他们挑死了,并将尸体扔在王尚志家大井里。用刺刀共挑死了20多名,有王黑旦、王成、张宾臣、徐五振、李孟申等人。又把从地道里跑出来的李长春抓住后挑死。他老婆刘梅竹抱着一个七八个月的小孩想逃走,鬼子发现了又用枪打死了她。到了第二天,老百姓到处找尸体时,看到她死在麦地里,流血很多,小孩正爬在他妈身上,两只手抱着奶哭,小孩也快死了。后来鬼子把和我站在一起的妇女拉到李五全的屋子里去了,鬼子就把她们强奸、轮奸了。那时有的妇女骂鬼子,鬼子就用刺刀首先刺进王诺云的肚子里,然后用脚用力一踢就把肚子划开,肠子都流出来。强奸后挑死的有王诺云、李彦然、纪贵申三人。共强奸了30多人,这是他们所做的惨无人道的事情。后又将我带走,经过几户到了我家,在我家院子里看到人不少,我家院子里也有洞口,所以很多人是从此洞口爬出来的。我看到我母亲、弟弟、妹妹以及我村的马贵柱抱着一个几个月的小男孩,徐滔诺抱着他的小女孩。这时鬼子把这些人都赶到我家里去了,赶到屋里后,鬼子强迫我们把院里的高粱秸和玉米秸搬到屋角堆放起来,鬼子就点了火并把门关上,又拿着枪和刺刀站在门外和窗外堵着。一点火,屋里的人就大哭大叫。那时我母亲在屋喊我,我弟弟也叫我哥哥、哥哥,我妹妹也叫我哥哥、哥哥,眼看着人被烧得乱蹦乱叫。那时李忠申从窗子往外钻,鬼子就用刺刀刺他

第五章　日军使用毒气武器残害华北民众

头,他就倒在屋里了。我没办法就大哭起来,鬼子还继续打我。他们就这样活活烧死了20多名老百姓。以后把我们村里男女老少赶到李占奎家里,日本鬼子说:"你们村的人和八路军一样。"这时就用机枪和步枪开了枪,一连打死了宋计仓、宋守仁、宋守信、李志远、宋守贵、李思范等40多名老百姓。打伤了好几十名,有李洛由,子弹由脖子打进去,从嘴里出来,所以直到现在吃东西还很困难;李彦增被打断腿,直到现在不能劳动。在这一天里,就在我们北疃村被毒瓦斯熏死的、烧死的、杀死的共有800多人。杀绝了20多户。王洛根家13口人、李文拴家12口人,都被杀绝了。王双进家、王贵仓家、谢瑞莲家,也都被杀绝了。

烧了三四十间房子,抢走骡马30多头,套在大车上拉走了。鬼子走的时候带走了60多名老百姓,连我一起带到西城。一到西城就叫我们抬老百姓的大门堵街口,他们防备八路军去打他们。这是在旧历四月十三日,夜晚9点多钟我就找机会逃跑出来了。第二天我就跑回家去,到村一看,到处是死人。我家房子烧塌了,光剩下两个墙山,木头还在冒烟,人烧得没法看,鼻子、眼睛都烧没了,尸体都焦黑了,也认不出哪个是我的母亲、弟弟、妹妹,我就趴在旁边大哭起来。在6口人中只剩我一个十几岁的孩子,无依无靠,没有人给我做饭吃,没有人给我衣服穿,流浪在外边,这些痛苦完全是他们这些惨无人道的日本鬼子给我造成的。这些野兽们不但给我自己造成这些痛苦,也给我们人民造成了很多的痛苦,有多少青年、儿童失去了他们的父母,有多少父母失去了自己的儿子,有多少妇女失去了丈夫。这些痛苦完全是你们这些日本鬼子给我们造成的。你们这些杀人的凶手,我们是永远不会忘记的,我要求法庭把这些杀人凶手严加惩办。

在审判日本战犯上坂胜的法庭上李洛转的证言[1]
(1956年6月12日)

我是河北省定县10区北疃村人,我叫李洛转。我要证实上坂胜的罪行。我说的和李德祥说的是同一个大惨案。

1942年5月27日,敌人包围了我们村,大多数老百姓钻在地洞里。后来敌人找到洞口就放毒瓦斯,被熏的老百姓大哭大叫,眼睛流泪,鼻子口流血,还吐黏痰。我看到熏死的人很多,当时我也在洞里,如果时间长的话,我也会死去的。没法坚持,我就钻出洞来,出来敌人就把我抓住。到洞子外一看,被捉的老百姓有一大片。我跟他们坐在一块,嘴里都吐着黏沫,渴得难受。后来没办法,我就喝自己的尿,喝了尿后就轻快些。后来鬼子把我们带到朱根德家大院里,由翻译召集开会。他说:"你们村经常窝藏八路军,17团常在你们村住,说是挺厉害的,可是上坂的部队不怕17团,我们是来找17团的。今天给你们看看,我们是怎么厉害。"开完会以后,日军把年老的和十几岁的小孩从人群里挑出来,其中有李洛压、李根春、李自口、李完造、李富陈等30多人,在朱根德家大院里,把挑出来的人都用刺刀挑死在吃水大井里,其中有刘沟旦的爷爷刘全货。当时,刘沟旦大骂日

---

[1] 在审判日本战犯上坂胜的法庭上李洛转的证言,1956年6月12日,原件存中央档案馆,档案号119-1,31。

本鬼子，日本人中有听懂中国话的人在院里用木棍打刘沟旦的脑袋，直到将他打死，把尸体扔在井里。当时我亲眼看到被挑死的、打死的有30多名。以后还叫我们60多人换上他们抢来的八路军军装。这是日本鬼子的阴谋诡计，欺骗我们老百姓，把捉的老百姓当作八路军。后来又把我们带到邵村，邵村离北疃有5里地，在这当中，又用刺刀挑死了6名。被挑死的是李洛部、李洛信、李洛先、李世明、李部止、李洛用。李世明是我堂兄，李部止是我弟，李洛用和李洛信是我堂叔，都被日本鬼子挑死了。到邵村后，日本鬼子用3辆汽车把我们载到定县县政府，押在大狱里，狱里还有六七十人。以后又把我们载到石家庄日本鬼子的劳工大院，这里有3000多人。他们不但不给我们吃饱，还叫我们做工。因为挨打挨饿，又做苦活，每天都有人被折磨致死，光我们村人死在石家庄的有3人，有刘有文、李秋申、李更臣，李秋申和李更臣是我堂兄。在这里一个半月后，又把我们载到关外阜新煤矿，这和石家庄是一样的，也不给吃饱饭，挨打受罪，挖煤做苦活，不断折磨死人。后来我乘机会逃跑回家，老乡们听说我回来了，就来看我，他们说："你还回来了，还不错。在那次咱们村就死了800多人，被杀绝的就有20多户。刘有文家三口人和宋老皮家四口人都没找到尸体，被烧死的、挑死的、毒死的，都分不清是谁家的人了，还烧了好几十间房子。"

这是我所见到和听到的事实。后来在我村修了一个烈士墓，有五面大石碑，受害人姓名全都刻在碑上。

附件七：定县人民政府关于北疃惨案罪犯的控告书和鉴定书[1]

（一）定县人民政府关于北疃惨案罪犯的控告书
（1954年12月17日）

1942年5月1日，日本帝国主义者策动所属武装部队疯狂向我冀中抗日根据地进行残酷扫荡，三里一堡，五里一碉，碉堡之间大举挖掘封锁沟壕，企图以细琐分割的伎俩消灭我抗日军民。

当敌人疯狂抓丁及大举修筑碉点之际，我不愿做奴隶的广大劳动人民，在中国共产党和抗日部队的领导与掩护下，避难于我县沙河南岸因河水分流而形成的一个带形地带，计有南疃、北疃、东太湖、东赵庄、西赵庄、东城、西城、大定等10个村庄。我坚贞不屈的人民为不遭受亡国的痛苦，即挖掘地道，修筑土堡，准备与敌人搏斗。残暴的敌人上坂胜所带领的部队蓄意将我军民一网打尽，遂于是年5月27日黎明分五路将我北疃村包围。当时驻该村的有抗日游击大队、6个区小队、第17团留守部队（300人）及18团一个连队、地方干部多人，协同民兵1000余人，与敌人展开激烈的战斗。因敌我众寡悬殊，弹尽援绝，上坂胜指挥之部队即冲进我北疃村，大肆烧杀、抢劫、奸淫妇女，并将地道掘

---

[1] 定县人民政府关于北疃惨案罪犯的控告书和鉴定书，原件存中央档案馆，档案号119-2-3-2-7。

开,大量施放毒气。我避难于地道内的军民,大部中毒毙命。敌人则对地面上的军民以枪毙、刀砍、刺死、烧死、棍棒打死,对妇女则奸污之后用刺刀穿腹,更残忍的是将怀孕的妇女奸污之后以刺刃剖腹,将胎儿挂在树梢。烧杀奸淫持续一日一夜之久。我17团死亡150余人,县大队、区小队及地方工作人员死亡达400余人,男女老幼及民兵死亡在800人以上。此次浩劫是战犯上坂胜的残暴兽性一手造成,实为历史所罕见。为慰我抗日将士之英灵,为雪我无辜人民的仇恨,为使好战者得到应有的法律制裁,为教育世界上的好战分子,为使正义得以伸张,我等建议我中央人民政府最高人民法院判处战犯上坂胜以死刑。

定县县长　刘　珍
教育科长　张化一

(二) 定县人民政府对上坂胜罪行的鉴定书
(1954年11月18日)

　　定县人民政府于1954年5月,先后收到北疃村农民李庆祥、李洛由等42人的控诉材料和见证材料。控诉侵略我国的、前日本陆军59师团53旅团少将旅团长上坂胜,在110师团163联队任联队长时期,指挥其所属部队,于1942年5月27日,在我县北疃村屠杀和平居民、抗日武装人员,奸淫妇女,掠夺财物,烧毁房屋等罪行。经本府特派白焕章前往查讯,证实无误。

毒气战

附件八：河北省人民法院关于北疃惨案遇难者尸骨鉴定笔录❶

(1954年11月18日)

我们应定县人民检察署的邀请，于1954年11月18日，对前日寇59师团53旅团少将旅团长上坂胜在任110师团163联队长时期，其所属部队在河北省定县北疃村屠杀和平居民及抗日武装人员一案，进行了尸骨鉴定。结果如下：

（1）在北疃村村中棉花园地（现建为烈士墓），地下道内掘出尸骨22具，内有孩童尸骨1具；又由北疃村村北百步远处的王洛转耕地掘出尸骨6具，共掘出尸骨28具。

（2）根据尸骨腐朽程度，断定这些尸骨的埋藏时间为10年以上。

（3）从北疃村村中掘出的22具尸骨上检查，均未发现破孔与损折碎裂，亦无可疑之血瘀，是非因外伤性暴力致成死亡之原因。但根据群众李洛转等之反映，其被难时系在地道内中了毒瓦斯，中毒后开始流泪，呼吸困难，呕吐、脑子糊涂等症状，其他人均因中毒而死亡，有的幸免而逃出等情。依此真实情况加以科学之学理分析对照，我们认为李洛转等中毒之症状，与军事上所使用的催泪性毒瓦斯中毒后所出现的症状相符。这种毒气被人吸入后，足以致人于死亡。因此我们推断刨出之22具尸骨，其致死原因应为中催泪性毒瓦斯窒息而死亡，特此说明。在北疃村村北挖掘出的6具

---

❶ 河北省人民法院关于北疃惨案遇难者尸骨鉴定笔录，原件存中央档案馆，档案号119-2-3-2-6。

第五章 日军使用毒气武器残害华北民众

尸骨上检查,第一具尸骨之头颅骨右侧有巨形广阔破碎孔一处(见照片),前方由额骨冠状缝合左方经左颞骨横达枕骨之人字缝合,骨缘参差不齐,以放大镜检查,具有显著色素沉着,并在断面附有龟裂纹,应为生前受剧烈性暴力侵袭所致之钝器伤痕,亦应为致死原因。第二具尸骨,全头颅骨已成碎片,其各断面均参差不齐,附有显著之色素,应为生前被爆炸性枪弹所致,亦为致死之原因。第三具尸骨,项骨下左侧有破裂痕一处,斜向左上方,长约5公分,深约1公分,枕骨右侧有破裂痕一处,斜向左方,长约3公分,其两伤边缘齐截,且有色素附着,应为生前受锐利器械而致,亦为致死之原因。第四具尸骨,头骨之上颌骨左侧有破碎孔一处,呈椭圆形,直径约2公分,边缘参差不齐,且附有显著色素,应为生前受锋锐器之暴力冲击所致,亦为致死之原因。其第五、六两具尸骨,经查并未发现破孔与损折碎裂之遗痕,亦无可疑之血瘀,当非直接伤骨质而死亡,但据原经手掩埋尸体之村干部李德祥等声称,此2具尸骨系被刺刀挑刺腹部而死亡等语,查核所述亦属可信。

上述鉴定结论完全属实。如有提供虚伪结论或泄露有关本案材料等行为,愿负刑事责任。此点在鉴定前并已经检察员张彬向我们宣告。

鉴定人:河北省人民法院法医鲁文亭、宋纯义。

参加本案鉴定人:河北省定县人民检察署检察员张彬、定县南疃乡乡长刘登禄、乡总支书李宗耀、北疃村村主任王福申、北疃村村分支书刘同舟。

鉴定时在场人:北疃村农民刘洛台、李德祥、王尚志、李振中、李文生、李化民、李荣敬、李金生、赵红振、王桂

毒气战

僧、李七月。

图 5-7　北疃惨案的六具遗骨的侧面图（中央档案馆馆藏照片）

图 5-8　北疃惨案六具遗骨之头颅（中央档案馆馆藏照片）

第五章 日军使用毒气武器残害华北民众

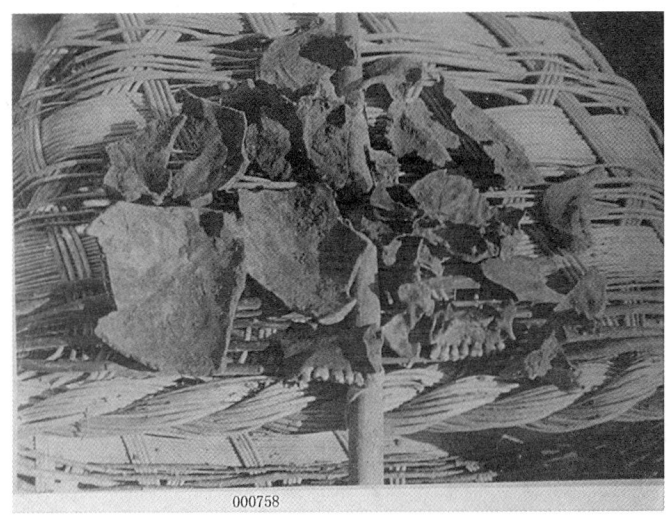

图5-9 北疃惨案六具遗骨中一个头颅骨（中央档案馆馆藏照片）

二、遵化县鲁家峪毒气杀人惨案

抗战初期，鲁家峪是河北省东北部的一个行政村，位于遵化、玉田、丰润三县的交界地带，由鲁家峪及其附近的东峪、西峪、北峪、龙宅峪、前山峪六个自然村组成，统称鲁家峪。抗日民主政府成立后，取消附村制，将这六个自然村划为六个行政村。这一地带，当时南北长10公里、东西宽9公里，群山环抱，岩洞满谷，山林密布，地势险要，犹如天然迷宫，成为冀东游击抗日根据地党政军领导机关活动的中心地区之一。

日本关东军和华北方面军都把鲁家峪一带作为"扫荡""清剿"的主要目标，企图摧毁冀东抗日根据地的领导机关，毁灭冀东抗日根据地。1941年，日本关东军派独立守备队4

个大队，协同华北方面军独立第27师团，进行"冀号"作战，多次使用毒气残害无辜民众。据小川政夫笔供：关东军司令官曾"命令各大队各中队携带毒瓦斯和防毒面具"，他所在的独立守备步兵第7大队各中队携带红筒5个、绿筒100个、发烟筒100个及防毒面具50个。此外，大队武器委员还携带各种毒气筒200个。❶ 1941年2月14日，驻唐山日军1000余人包围鲁家峪，将没有来得及转移的群众700余人驱赶至虫王庙前的干河沟里，架起机枪，一个一个扒光衣服，严刑拷问，没有一个人说出八路军和村干部的下落。日军放火烧毁2350多间房屋，烧死李自树、李贵禄等9人，烧伤李贵灿的母亲等6人，打伤刘志顺等30多人。同年7月16日，驻遵化日军再次"围剿"鲁家峪，抓捕群众30多人，押至虫王庙前，施放毒气进行拷问，中毒群众在地上翻滚，昏迷不醒，刘继顺等2人被毒死。仅隔3天，日军又"进剿"鲁家峪，将从群众中搜出的脸上有麻子的李自省、刘景春、高万盛等8人先后杀死。

1942年4月，日军第27师团步兵旅团长铃木启久根据第27师团长原田熊吉的命令，率领丰润、玉田、遵化等据点的日军4000余人，进行了丰润大讨伐。大讨伐中，铃木启久得到八路军在鲁家峪附近有秘密阵地的消息，即命令

---

❶ 小川政夫的笔供，1954年8月10日，原件存中央档案馆，档案号119-2-779-1-5；小川政夫的笔供，1954年8月22日，原件存中央档案馆，档案号119-2-873-1-25。

第五章 日军使用毒气武器残害华北民众

"要彻底地进行扫荡",并亲自到现场视察情况。❶ 4月15日至5月1日,日军在鲁家峪一带制造了多起毒杀惨案。

北峪村,原有170户,日军这次"围剿"期间,被烧死、毒死、杀死者44人,被奸污的妇女40余名,外村农民男女死亡30余名,村、区干部牺牲20余名,抓走10余名,民房被烧400余间。据王景禄的控诉材料,农历三月初一(4月15日),日军1000余人包围了北峪村。当时百姓都逃到附近的山洞去了,日军便到处搜山洞,把百姓搜出后带走,给他们做工。日军在山上随时打人、杀人,向山洞内施放毒气,在东峪村毒死的人最多。王景禄所在的山洞里有28个农民,日军投进毒气,没有把人们毒死,又用山炮轰击山洞。日军搜出农民后,杀了24人,把王景禄等4人押到抚顺、本溪煤矿做苦工。❷

鲁家峪村及附近是冀东军分区卫生部和医院、冀东报社所在地。4月16日,铃木启久部队包围了鲁家峪村,日军从山洞里搜出李善等7人,将他们全部砍死在李有学家的梨窖里,又用火烧尸。把70多岁的刘清池绑在树上,用火烧死。向单阴背山一个洞里施放毒气,毒死刘俭、卫殿英、刘宝和等人。又向李有中家房子后面的山洞里施放毒气,毒死了16个农民,其中李长志家10人被毒死6口。日军在鲁家峪村毒攻烧杀16天,毒死、烧死、打死210余人,烧毁房子1900

---

❶ 铃木启久的笔供,1954年7月15日,原件存中央档案馆,档案号119-2-1-1-5。

❷ 为铃木启久在鲁家峪的罪行查询控诉人王景禄的记录,1954年11月10日,原件存中央档案馆,档案号119-2-1-2-1。

多间，烧毁粮食200多万斤，抢走牲口100多头。当时丰润县薛家屯铁连发一家7口来鲁家峪躲难，他的两个儿媳、一个孙女、一个孙子都中毒而死，18岁的女儿中毒后又被日军轮奸致死。❶ 4月18日，日军第1大队包围了鲁家峪附近八路军冀东军分区医院，并向山洞内投掷毒气，190名八路军伤病员及工作人员被毒死。❷

东峪村，原有240户、1100口人。据《日本侵华暴行总录》一书记载，1942年4月16日，日、伪军100余人在汉奸马金成的带领下，从鲁家峪进犯东峪村的东北沟一座大山鸡冠山。日军见山上有许多大大小小的山洞，断定洞里藏有八路军和军用物资。日军在一个叫狐仙洞的山洞内发现了八路军，遂向洞内施放毒气，村民刘玉书一家5口、刘思功一家3口、刘树安一家3口，全部被毒死在洞内。当时，冀东军分区被服厂工作人员14人、军区干部7人，钻出山洞被俘后，惨遭日军杀害。村民刘庭发、李树全等人出洞后，被日军刺死。青年刘小七被日军活埋。日军在鸡冠山"驻剿"5天，毒死、杀害八路军战士、工作人员和村民等95人，焚毁房屋3000余间。4月24日，日军200余人"围剿"鲁家峪村南面的馒头山，发现一个山洞口，逼令村民梁德普、庞永海挖开洞口，被拒绝后，日军将二人刺死，随后向山洞中

---

❶ 张俊金关于铃木启久部队在遵化鲁家峪施放毒气的证言，1956年6月9日，原件存中央档案馆，档案号119－1，574，第27－29页。

❷ 军事科学院军事历史研究部：《中国人民解放军史（第二卷）：抗日战争时期》，军事科学出版社1987年版，第315页。

第五章　日军使用毒气武器残害华北民众

施放毒气。冀东行署秘书长林峰跃起突围，被日军打死。王文龙、王松、轩敬宜、李云等党政干部8人在洞内饮弹自杀。洞中的人员被迫钻出地洞，区长杨德山伪装投降，先扔出一支枪，乘日军不备，用手枪打死一个日本兵，之后跃出山洞顺坡滚下，被日军开枪打死。义王庄村村民任习仙、任彦博等15人和鲁家峪村民刘振坤及附近各村村民19人出洞后，被日军押到近家屯北沟全部杀死。屈平、朱文厚和王兴的妹妹坚持不肯出洞，两人中毒而死，只有屈平一人死里逃生。❶

日军第27师团步兵第27旅团长铃木启久供认：1942年4月，指挥第1联队和第3联队进攻八路军，在鲁家峪攻击洞穴时使用了毒瓦斯，残杀八路军干部以下约100人，用野蛮的办法惨杀了逃至鲁家峪避难的农民235人，将其中的孕妇进行了剖腹，强奸妇女达百名之多，烧毁房屋约800间。❷

朋友，上述鲁家峪毒杀惨案，你可能还是第一次读到吧，或者至少是第一次看到这样系统的材料。如果你有兴趣，请再读一读下面的五个附件，相信你会有更多的收获和更深切的感受。

---

❶ 李秉新等：《日本侵华暴行总录》，河北人民出版社1995年版，第253－254页。
❷ 铃木启久的口供，1955年5月6日，原件存中央档案馆，档案号119－2－1－1－4。

❀毒气战❀

附件一：铃木启久❶的口供❷
（1955年5月6日）

问：你在河北省遵化县地区时犯下了哪些罪行？

答：1942年4月间，师团得到"丰润北方山地有数千名八路军以王官营为中心，进行活动中"的情报而进行了丰润大讨伐。我根据第27师团长原田熊吉的命令，指挥第1和第3联队参加了此次作战。在讨伐中，我曾命令部下"必须歼灭王官营附近的八路军和彻底破坏八路军根据地"。第1联队在王官营附近包围了约100名八路军进行攻击，结果射杀了60名。王官营战斗结束后，得到"八路军在鲁家峪附近有秘密阵地"的消息，第1联队即急速到该地进行了"扫荡"，并向我报告，我即命令"要彻底地扫荡"。我曾亲自到现场视察，当时"扫荡"战已基本结束，仅对坚守一两个洞穴内的八路军继续进行攻击。我在观察掳获品后命令田浦联队长"要彻底破坏八路军根据地"。由于我的命令，烧毁房屋约800间，并在鲁家峪攻击洞穴时使用了毒瓦斯，杀害八路军干部以下100人，并将在鲁家峪附近村庄逃避的农民惨杀了235人，将其中的孕妇进行了剖腹，强奸妇女达百

---

❶ 铃木启久，日本福岛县人，日本陆军士官学校毕业，1938年3月至1945年8月三次侵入中国，曾在我国东北任独立守备步兵第12大队长，在南京任步兵第67联队长，在天津任步兵第27旅团长，在河南省新乡任步兵第4旅团长和第117师团长兼第4旅团长。

❷ 铃木启久的口供，1955年5月6日，原件存中央档案馆，档案号119-2-1-1-4。

名之多。我还命令速将约 50 名的八路军俘虏及其有关者送交所属县加以适当的处理。

附件二：铃木启久的笔供[1]
（1954 年 7 月 15 日）

（略）

五、任第 27 步兵旅团长时期的罪行

我于 1941 年 10 月到天津任第 27 步兵旅团长不久，即到沧县担当该地区的铁路、公路（交通路）等的警备及维持该地区的治安工作。我曾对部下作过如下指示："维持治安主要是剿共，如果不剿共即难以做好维持治安工作。因此必须抓紧时间搜集八路军的真实情报并积极地进行讨伐。"此指示的大意是积极地利用各种手段"剿灭"八路军及其有关者。当时在我指挥下的有盘踞于天津的第 2 联队和盘踞于沧县的第 3 联队，第 2 联队的 2 大队在天津，1 大队在天津北方约 40 公里的地方，第 3 联队的 1 个大队在河间，1 个大队在沧县，另外 1 个大队在枣强，都在各个地区为努力"剿灭"八路军工作。……

1942 年 4 月，第 27 师团长原田熊吉根据"丰润北方山地有数千名八路军以王官营为中心地区，进行活动中"的情报，即发动了攻击八路军的战争，我以原田熊吉的命令指挥第 1 及第 3 联队参加了此作战。为了歼灭王官营附近的八路

---

[1] 铃木启久的笔供，1954 年 7 月 15 日，原件存中央档案馆，档案号 119－2－1－1－5。

毒气战

军,我公布了如下的重要命令:"步兵团(除第2联队)必须歼灭王官营附近的八路军,第1联队要将王官营附近的八路军包围起来并进行攻击,故第3联队由王官营东侧、第2联队由玉田向王官营西侧进行夹攻,切断八路军的逃路,第1联队与第3联队要取得密切联系,封锁王官营东方山地一带,防止八路军由同一方向逃脱,各队结束王官营附近的作战后,必须追击八路军的踪迹并进行逮捕和歼灭。"第1联队长田浦竹治根据上述命令,以一部分的兵力由王官营北方进行攻击,田浦竹治指挥联队的主力军由南方围攻王官营附近,第3联队在小野修联队长的指挥下封锁了王官营一带山地并向王官营进行攻击,虽然将王官营附近包围了,但大部分的八路军撤退了。约有100名的八路军陷入第1联队的包围中,其中60人被杀害了。另外第1联队长田浦竹治根据我的命令,继续追击八路军的踪迹,因此王官营战斗结束后约两天,得到了关于八路军在鲁家峪附近有秘密阵地的消息。田浦竹治急速到该地进行扫荡战,并向我作了报告。我即命令:"要彻底地进行扫荡。"其后,我连续不断地接到关于战果的报告,我还到现场观察其情况,当时的"扫荡"战已基本结束,仅对坚守于一二洞穴的八路军继续进行攻击。我在附近观察掠夺的兵器、弹药、被服,并观察了兵器、被服工厂后,即命令田浦要彻底地破坏八路军根据地,并命令急速将约有50名的八路军俘虏及其关系者送交所属县加以适当的处理。我的部下即根据以上的指示进行了处理,在王官营大力虐杀了八路军。在鲁家峪攻击洞穴时使用毒瓦斯惨杀了八路军干部以下约100人,又将被恐吓"以战火烧害"而逃至鲁家峪附近村庄避难的235名中国农民用野蛮的办法惨杀了（将其中的妊妇剖腹了），烧毁房屋约 800 户，将往玉田送交的俘虏杀害了 5 人，强奸妇女达百名之多。

附件三：为铃木启久在鲁家峪的罪行查询控诉人王景禄的记录❶

（1954 年 11 月 10 日）

为了查清前日本陆军第 117 师团中将师团长铃木启久所属部队在鲁家峪的烧杀、掠夺等罪行，遵化县人民政府刘德荣于 1954 年 11 月 10 日询问了控诉人王景禄。王景禄自称：今年 33 岁，职业为供销合作社职员，家住河北省遵化县北峪村。

问：请你把铃木启久部队侵占遵化县鲁家峪的情况谈一下。

答：铃木启久的部队在 1942 年旧历三月初一（4 月 15 日）侵到鲁家峪，初三那天日寇由米古带领千余名日本步兵，包围了我们北峪村。当时百姓都逃到附近的山洞去了，日本兵便到处搜山洞，搜到百姓后就带去给日军做劳工。在山上日寇随时杀人、打人，并施以灌凉水等刑罚，还向洞里放毒瓦斯，在东峪熏死的人最多。当时我们洞子里有 28 个人，因为我们不出洞子，日寇便用毒瓦斯，但还没把我们熏死，然后他们又用开山炮轰洞子，最后把我们抓住了，在 11 号（原文如此，疑为农历三月十一日——笔者注）那天我们中的 17 人被杀了，后来又有 7 人被杀了，最后只剩下我们 4

---

❶ 为铃木启久在鲁家峪的罪行查询控诉人王景禄的记录，1954 年 11 月 10 日，原件存中央档案馆，档案号 119－2－1－2－1。

个人(王景禄、刘怀忠、李有尧、张俊礼),日军把我和刘怀忠、李有尧带到唐山,然后又把我带到抚顺做劳工,我干了50天就逃跑回来了。日军把刘怀忠带到抚顺煤矿做劳工,后来他也逃跑回来了。日军将李有尧带到本溪那边做劳工去了,后来他也逃跑出来,一路要着饭才到家。

问:日寇在村里搜出百姓后都用什么刑罚?

答:有打、灌凉水、火烧、活埋未死再挖出来过电、灌酒精、灌辣椒面,等等。

问:在村里放火了吗?

答:放火了。烧了很多房子,数字我记不清了。

问:请你讲讲上述情况你是怎么知道的?

答:都是亲眼看到的,并且我也受过吊打。

附件四:张俊金关于铃木启久部队在遵化县鲁家峪施放毒气的证言[1]

(1956年6月9日)

1942年旧历三月初二(4月16日)下午,铃木部队包围我们鲁家峪村。

日本鬼子从山洞里抓出李善、王井同、陈玉坤、徐德胜、于长万、孔建明等七个老头,用战刀把他们砍死在李有学家的梨窖里,又放火烧尸体。在大峪门口南边,我看到日

---

[1] 张俊金关于铃木启久部队在遵化县鲁家峪施放毒气的证言,1956年6月9日,原件存中央档案馆,档案号119-1,574,第27-29页。

本鬼子把70多岁的刘清池抓住，先木棒打，接着又把他绑在树上，用柴火烧死。又用石头把60多岁的李凤林砸死，用刺刀将50多岁的李树坤挑死。用枪把张井元打死，用毒气把躲在单阴背山一个洞里的刘俭、卫殿英、刘宝和等熏死。又用毒气把躲在李有中房子后面山洞里的16个老百姓熏死，其中李长志家10口人被熏死6口。李长志的父亲被日本鬼子用木棒打、用香火烧，烧了四五个小时，烧得浑身是油，活活地被烧死。

这一次日本鬼子在我们村住了16天，烧死、熏死、打死的共有210余人，其中丰润县六区薛家屯的铁连发全家7口人到我村来躲难，他的两个儿媳、一个孙女、一个孙子，都被毒气熏死，他18岁的女儿中毒后又被轮奸致死。日本鬼子还烧了1900多间房子。

附件五：查询控诉人桂文隆的记录❶

（1954年11月11日）

为了查清前日本陆军第117师团中将师团长铃木启久（该战犯原在第27师团工作）所属部队在遵化县东新庄镇杀人放火等罪行，遵化县人民政府刘德荣于1954年11月11日询问了控诉人桂文隆。桂文隆自称：今年70岁，职业为农民，家住遵化县东新庄镇。

问：请你把铃木启久部队侵占东新庄镇后，对你残害的

---

❶ 查询控诉人桂文隆的记录，1954年11月11日，原件存中央档案馆，档案号119-2-1-2-7。

情况谈一谈。

答：1942年旧历九月十三日（10月22日）早晨，铃木启久的步兵部队把我们镇包围了，把镇上的人都关到粮食市场里去了。在我到粮食市场去的途中，日寇用铁棒子打了我一顿，把我身上都打肿了。到市场之后叫我找出八路军隐藏的枪支弹药，因为我不知道，又打了我一顿，叫我站了一上午。到下午又把我拉到村市场旁的井边上，把我扔到井里去了。与我同时被扔下井的还有13个人，把我们扔到井里之后，日本兵又向井里放了毒瓦斯，用席子盖上井口，除我之外，其余13个人都死在井里了。

问：你是怎么侥幸避免的呢？

答：因日寇把我扔到井里之后，我拉住水井上的石头了，头在水上边，身子在水里，脸上弄了很多水，棉衣也都湿了，毒瓦斯熏得我出不来气，我不断地用湿棉袄袖子堵鼻子，因而未死。日寇走了之后，洪波文把我救上来了，我休养了四个多月才渐好，身上也才消肿。

三、井陉县老虎洞、黑水坪毒气杀人惨案

1943年9月15日至12月15日，日本华北方面军集中4万余兵力，对晋察冀边区抗日根据地北岳区进行了"毁灭扫荡"。晋察冀边区党政军民经过3个月浴血奋战，作战5600多次，毙伤日、伪军1.1万余人，攻克、逼退敌点碉207处，破坏敌铁路5公里、公路950公里、铁桥13座、封锁沟墙50多公里，开辟和恢复村庄1071个，宣告了日军"蚕食""扫荡"计划的彻底破产。日本侵略军对北岳区抗日根据地实施了空前的灭绝人性的大摧残，人民群众伤亡1.6万

第五章 日军使用毒气武器残害华北民众

多人，焚毁、抢走粮食30万担，烧毁房屋49 785间，杀死、抢走牲畜7万多头，毁坏农具17万多件，制造了阜平平阳惨案，易县寨头惨案，涞源走马驿惨案，平山岗头、焦家庄惨案，灵寿大寨惨案，井陉老虎洞、黑水坪惨案。井陉的老虎洞、黑水坪惨案是日军在"毁灭扫荡"中制造的使用毒气惨杀群众的最大惨案。

井陉县位于河北省西部太行山东麓，北连平山县，东邻获鹿县、元氏县、赞皇县，南接山西省昔阳县，西接山西省平定、盂县，面积1381平方公里，人口约30万。当时，井陉县被正太铁路所分割，以北地区属晋察冀边区抗日根据地，以南地区属晋冀鲁豫边区抗日根据地。黑水坪、老虎洞处在井陉县西北部的深山区，是北部地区抗日根据地的中心地带。

日军对晋察冀边区抗日根据地北岳区展开"毁灭扫荡"后，1943年11月11日起，开始由阜平地区逐步南犯，侵入井陉地区。日、伪军约1万余人分为14路，从北边的平山县，南边的正太铁路，东边的井陉煤矿，西边的山西省平定、盂县，向井陉县路北抗日根据地实施"分进合击"，企图捕捉八路军主力，毁灭抗日军民的生存条件。11月12日上午，日、伪军4000余人包围了黑水坪、大洛水、米汤崖等村庄。日军押逼民夫踏雷带路，当晚进入黑水坪村。此时，这一带各村群众早已在抗日政府组织下转移隐藏起来。日军进村后发现空无一人，遂放火烧村，大火彻夜未灭。11月14日，日军开始大肆搜山。祥子山位于黑水坪、桃五庄、大洛水、胡仁、菩萨崖之间，是日军"搜剿"的重点。该山纵横不过5公里，日、伪军将一梁一谷、一洞一沟全部搜查

· 249 ·

毒气战

一遍，一处也不肯放过。虽然各村群众绝大多数已经随抗日政府和部队安全转移，但仍有一些老弱病残村民和零散山民，以及平山县温塘一带逃难来的村民，还来不及转移，分散隐藏在大山各处，被搜山日、伪军抓住。日军将这些被抓住的无辜村民，不分男女老幼，一律令其扒光衣服，冻立在严寒之中，肆意蹂躏，最后就地惨杀，或押驱至黑水坪村。

日、伪军在搜山中，惨杀了很多分散隐藏的老弱村民。在老虎洞东北的山梁上，胡仁村的范来来一家遇上了日军，全家10口被抓住，只有8岁的儿子范石保一个人在草丛中逃脱。日军把范来来怀孕的妻子等9口人推下山崖，摔死5口，摔伤4口，又强迫范来来带路。结果，范来来把日军引上绝壁悬崖，日军将他推下悬崖，又用石头砸死。范来毛与他80岁父亲住山上的窝棚里，被日军紧紧捆绑，点燃窝棚，活活烧死。在琵琶洼种山地的范石昌一家被日军抓住后，被日军刺杀，其妻被日军轮奸后，又被压上石头，堆上干草，点火烧死，两个哭喊着的孩子也被日军踢进火中烧死。日军抓住胡仁村的范聚英时，他头上还戴着为其叔父戴孝的孝帽。日军把范聚英与大洛水村的郄春春、郄双毛拴在一条绳上，让他们马前带路，两个日军比试刀锋取乐，一个日军一刀砍下了郄春春的右膝盖骨，一个日军一刀割下了郄双毛的前额皮，两个鬼子还狂笑着争抢范聚英的孝帽来揩去刀上的血迹。

黑水坪是日军这次"毁灭扫荡"井陉路北抗日根据地的暂时驻地，日军将抓捕的各村村民押到这里后，全部以极其野蛮、残酷的手段进行杀害。日军将大洛水村的郄存子扒光衣服，反绑双手，来回往火堆里推搡，郄存子在火堆里痛得蹦来跳去，直至晕倒，围观日军拍手狂笑，随后用冷水把他浇醒，用刀割下他的头，用手捉住耳朵把头放在村民的面前，又用石头把他的头砸烂。日军见曹家庄村一个姓赵的老人头上还留着清朝时的长辫子，就将他的辫子与他的生殖器捆在一起，把他推进井里。日军又看见黑水坪村的印毛楼又胖又壮，就用铁丝将他的头与他的生殖器紧紧拧在一起，把他塞进井内。凡被日军押到黑水坪的村民，都被扒光衣服，捆住双手，蒙住双眼，或在井旁来回推搡，最后掉下井去，或在火堆旁推来搡去，最后晕倒烧死，或被狗咬、刀砍而惨死。凡妇女，不论老幼，均被奸污，甚至往阴道里钉木楔，致使她们含恨惨死。至11月24日，在黑水坪村的3口水井、2个猪圈内已经塞满了尸体，被日军残杀的无辜村民已达400多人。黑水坪一带的各村庭院与村外，处处尸横遍野，无法计算。

老虎洞位于菩萨崖村后北柴沟500多米高的半山腰，分为内外两洞。外洞狭长，深10余米，宽能容2人并立通过。内洞较大，深有30米，宽3～5米。内外两洞相连之洞口仅能容一人钻过。自日军搜山以来，逃到北柴沟的几百名村民一直隐藏在这个山洞内，白天躲在洞里，晚上出来寻找食物。11月19日，日军发现了老虎洞外洞，抓住了数十名老人和儿童。日军严刑逼供，一无所获。于是，日军抢走村民们的被褥，找来干草，一并堆在洞口，点燃火，用烟熏烤。当时，洞内胡仁村一名小孩范满祥被烟熏死。天黑后，日军撤去，村民们觉得在洞中已不安全，便乘黑夜成群结队地向桃树坪村一带转移。由于有日军封锁墙阻挡，穿越不过去，不得已又返回北柴沟，除有少数村民另找地方隐藏起来以外，有150余人又钻入老虎洞中。11月20日上午，20多个日、伪军又来搜山，最后发现了内洞。日军用手榴弹、刺刀把洞中的村民逼赶出洞外，全部扒光衣服，分成男女两群，在寒风中立在洞外两侧。对男人，日军捆绑、毒打、逼问。日军再三毒打、逼问第二区区公所炊事员李昌生粮食藏在什么地方，李昌生大骂日军，敌人将他推下山坡，用石头砸死。日军将妇女们拖入洞中，进行强奸、轮奸，搜抢妇女们的首饰。最后，日军把全部村民赶回内洞，然后投放毒气弹，150余人被毒死，只有范羊羔一人幸免。第三天人们去收尸，洞内的毒气依然弥漫，很难进出，尸体都腐烂了，惨状目不忍睹。

日军从1943年11月14日开始搜山，至11月底撤退，在半个月时间里，井陉路北抗日根据地各村庄遭受严重损失，据不完全统计，仅在老虎洞、黑水坪一带烧、杀、放毒致无辜村民约1000人死亡。

黑水坪、老虎洞毒杀惨案发生后，中共中央北方分局机关报《晋察冀日报》于1944年1月15日以《敌在井陉造成重重惨案——黑水坪三口井里填满尸首 老虎洞中毒同胞尽成血水》为题，公开报道和控诉了日军这一反人类暴行。

本报特讯：

"扫荡"井陉之敌，自十一月十四开始至二十四日即大部撤走。时仅十天，但遭敌屠杀之群众近四百人。其手段暴虐残忍远过野兽，有的要我群众悬空坐在井上用刺刀挑脐落井而死；有的用麻绳绑住两腿吊在井里直至淹死；有的用石头缚在身上沉在水底复用大石砸烂；有的被铡刀铡成几节或砍了头倒悬树梢；有的被撕成数片为洋狗咬成粉碎。敌人撤出黑水坪时，一里路外可闻扑鼻的血腥。绿麦田，兽踏点。街头院内，到处有焦头烂额，或为斧锯肢解四肢不全的尸体。村口草房散挂有女人之血发缕缕，有被奸污后复遭毒杀的年轻女尸，有被烧焦的裸体，六七十岁老太婆下身还插着木棍。最惨的是村西三口三丈余深的水井，今天已被尸骸填满。捞出之尸骸，血肉混杂，面目已不可分辨，该村印全宝、印成保二家八口人，全被杀绝。

又讯：

井陉菩萨岩（崖）北车沟老虎窝中，敌用毒瓦斯残杀我群众百余人之惨案，已传遍五专区各地。据记者采访所知：老虎窝为一陡险深远之山洞，敌在井陉反复"清剿"时，该洞曾躲藏民众约四五百人。十一月十九日敌集结洞口，初则以"良民不杀"做钓饵引诱我民众，后则用大量被服干草焚烧，意在使烈性烟火致我群众呼吸窒息而死。但我群众一面用被子蒙住石缝，一面以石块予敌打击。对峙直至日落，敌无奈怅怅而去。是夜我群众大部转移，第二天清早敌复来，山头密布岗哨，至洞口以死威胁，群众坚决不应。敌即施其匪兽惯技，用毒瓦斯向洞内喷射，拍手狞笑而去。我群众在洞内熏得呼吸困难，知己中"毒炮"，齐急呼"拼了吧！"向洞口冲杀。但中毒已深，未及逃出洞口即倒地毙命。全洞百余人，仅邢永贵夫妇两人因冲出洞口较早幸免于难。事后死难家属至洞内认尸安葬，但中毒同胞除了全身肌肉变成紫黑而腐烂外，大都已化为血水仅剩骷髅。洞内恶臭，使人不能接近。现当地政府正设法堵塞，并拟在洞口篆一石碑，为抗日军民留一血的记忆。惨案传至专区各地，人人目眦尽

毒气战

裂,肺腑欲迸,振臂高呼"控诉!复仇!"

1984年,虎口余生的范羊羔回忆了这场惨无人道的毒杀案,他说:

我叫范羊羔,今年68岁。原籍井陉县桃王庄胡仁村,后来搬家到菩萨崖住。41年前,日本侵略者大"扫荡",在老虎洞放了毒气,躲藏在洞里的男女老幼150多人就我一个人活下来。事情过去40多年了,那悲惨的往事就像是发生在眼前。

那是1943年旧历十月后半月的一天,日本兵杀过来了。天不明,我赶着牲口往山梁上跑。刚到山梁,就听到枪声一片。这时候,从平山逃难的人也一窝蜂似的涌了过来。我白天钻到山里,黑夜回到窝棚。这么过了几天,看日本人搜山搜得紧,山上没个好藏身处,就想到北柴沟的老虎洞。它在半山腰,日本兵不容易搜,我们全家人就上了老虎洞。到了那里,才听说,头天日本兵把老虎洞搜到了,点上被子、柴草,熏了一通,熏死了一个孩子。眼看着这里也躲藏不成,我父亲说,要不然到桃林坪你妹妹那儿躲几天吧。桃林坪是敌占区,这时我正病着,走不动,没走成。眼看着天明了,没处躲,没处藏,急得团团转,想来想去,还是只有老虎洞离得近,再去那儿躲一天吧。吃过早饭,我和我妻领上两个孩子又钻进了老虎洞。洞里已经藏了一百大几十人。我心里总是嘀咕,踏实不下来,就对妻子说:"咱走吧,这儿不保险。"她愁眉苦脸地说:"天都这会儿了,能走脱?出去就叫日本人抓住了。咱躲上一天,躲过今儿,明儿说啥也不出

第五章 日军使用毒气武器残害华北民众

来了。"

还不到晌午,日本兵就来了,围了洞口。有几个鬼子打着手电钻进洞,拿刺刀逼着,把人们一个个往外赶。赶出一个男人,就用绳子拴一个,等把我赶出来时,已经拴了七八十个了。妇女孩子没拴。这时我心里忽地一沉,想起我身上还揣着个皮包,里边装了四五十块边区票。我想这不怕,边区人用的就是边区票嘛!怕的是别的东西。这年,我当了村民政委员,皮包里还掖了不少粮条子,就是群众交公粮的收据条子,没来得及发下去。如果一搜身就露馅了。就凭这东西,日本人还不逼着我要粮食?当时把我愁坏了,我就蹲在地上,抱着头。一个日本人狠狠地踹了我一脚,让我站起来。我说我有病,日本人不依,我只得摇摇晃晃地站起来。

这时,日本兵把许多年轻的妇女拉进洞里糟蹋了,男人们个个受到了毒打。敌人把黑水坪一个叫二贵的拉出来,说他教过书,是个八路军,把他衣服撕开,要豁死他。二贵说:"我不是八路军。不信你们问我们村里的人。"二贵的父亲和其他很多人都站起来,担保二贵不是八路军。我五爷范富良,种山地,他并不知道二贵的底细,也站出来说:"你们可别杀他,他确实是个老百姓,成天上山割柴,常在我这儿打歇。"

日本兵放了二贵,又把李昌生拉了出来。李昌生是咸州人,当过八路军,后来住在了胡仁村。敌人用枣木棍子打他,让他指出藏粮食的地点,他死不吐口,日本兵又让他带路去挖粮,他不去,日本兵将他推下山崖,用石头将他活活砸死了。

毒气战

接着,范羊羔说出了那时日本兵向老虎洞投放毒气弹杀害无辜百姓的惨状:

敌人逼问拷打了一气,什么也没得到,就又把女人孩子往洞里赶。在洞里,碰上了我妻子,我急忙把我身上披的破被子扯下给了她,顺手把身上的皮包递到她手里。她一接住,心里也就明白了,看了我几眼,泪水止不住流了下来。我给她使眼色,让她快走。她含着泪,钻进了洞里。

赶进去了女人和孩子,又把男人往里赶。我一直低着头蹲在地上。这时又被一个日本兵踹了一脚,一看,人们都进去了,我也只得往里钻。一边钻,一边心里就嘀咕:这回日本兵不把人带走,也不杀,都往洞里赶,是啥意思?平时就听说,日本人用臭炮熏人,是不是这回轮到熏我们了?我妻听到我也进了洞,想我有病怕冷,就喊着我,要把被子传递给我。洞里很黑,谁也看不清谁。我喊了一声:"你披着吧,别管我了。"喊完,我就从内洞里爬出来。老虎洞分内洞、外洞,我爬到外洞,向一个石头缝中钻去。这里边已钻进了人,我一直往里挤,爬到了一个高坎上,钻进另一个石缝中。我钻得深,敌人没发现。这时,我因有病,只想咳嗽,又怕敌人听见,就双手紧紧捂着嘴,也不敢动弹。

不一会儿,只听"砰"的一声响,一股难闻的气味只往嗓子里钻,呛得我出不了气,胸口憋得要炸了一样。我顾不了别的了,连滚带爬,从高坎上跌到下面,也辨不清东西南北,直朝透亮处跳去。跑出洞口,我赶紧伏下身子,见敌人走远了,又钻回洞里,想喊洞里的人快往上跑。这时候,我站不起来,喊不出来,只是一声接一声咳嗽,鼻涕、眼泪止不住流。我只得滚爬出洞。一会儿，洞里又爬出一个老头，是米汤崖的，叫三贵子。我叫他快跑，可是说不出话，急得打手势，乱比划，他也比比划划，要我走。我正要走，又爬出来两个人来，认得一个是黑水坪的，忘了叫啥名字；另一个人，我不认得，长的圆脸，几个人中数他最胖，一出洞，"嗬、嗬"喘个不停，鼻孔里、口里全是血。一共就爬出我们4个人。

我们分散着往外爬。我爬到离洞口不远，就被日本兵发现了，日本兵冲上来就给我两枪。我急忙躺下装死，直到日本兵走远，看不见了，才又向东梁上爬去。我只觉得心里火烧火燎，嗓子里像冒烟，只想寻口水喝，跌跌绊绊爬到东洼里一家住在山庄的窝棚，见锅里有水，可能是煮白萝卜的汤，我一口气喝了两碗，歇了一会儿，身上才有了点力气，脑子也清醒了一点，试着站了站，能站起来。心想：赶紧去喊人救洞里的人。四下寻找，也不见一个人。这时，天已经黑了，也转得不认识路了，就在野地里蹲了一宿，第二天一早，才跑到胡仁村，人们见了我，说："你不是死到老虎洞了？"我说："我跑脱了。"

后来知道我父母逃到小作，我也到小作，才一块回到胡仁村。我病倒了，不想吃，也不想喝，昏昏迷迷，像要死的样子。我母亲整天含泪守着我，听说老虎洞逃出来的3个人都死了，6天以后，我才有些好转，能吃点东西了，大便全是黑的，十几天后才能下地。我心痛地想："钻洞的时候，是一家4口，她还怕我冻着，喊着给我那条破被子。这会儿，只剩下我一个人，她和两个孩子全没了，一洞子150多

毒气战

人，就活下了我一个……"❶

读着这血与火的讲述，凡有一点良知的人，不论中国人，还是外国人，哪个能对侵略者这种丧尽天良的反人道行径不从内心发出愤怒与谴责呢？

再看一看范庚羊的亲历讲述吧。范庚羊是范羊羔的叔伯兄弟，那年26岁，是胡仁村的武委会主任。那天，他把一家6口送进老虎洞，就一人钻出洞，到山上集合民兵，组织群众隐藏去了。他得知日本兵在老虎洞内投放了毒气弹后，就马上跑去救人。他回忆起那段往事，心情特别沉重，他说：

我们一家9口当时也都逃往北柴沟。天寒地冻，又冷又饿，为躲避敌人，不得不来回转移。我奶奶、我媳妇跑不动，就轮着背他们。后来听说不少人都上老虎洞了，里边冬暖夏凉，较隐蔽。就在出事的那天一大早，除我父亲和我哥哥外，我领着其他6口爬上了老虎洞，把他们安顿好后我要走，当时我媳妇不愿让我离去。我想，咱当了武委会主任，还有好多事要做，不能光顾自己一家，安慰他们几句就钻出洞，顺着沟的西侧跑上西梁。就在这一天，米汤崖的冯树军领着敌人摸到了老虎洞，投了毒气弹。

我听说日本兵向洞里投了毒气弹后，当时急得没着落。等敌人一走，我就从西梁爬下来向洞里扑去。黑水坪一个叫

---

❶ 《虎口余生——井陉县老虎洞惨案中唯一幸存者范羊羔口述》，刘育书、栗永整理，载中央党史研究室第一研究部：《抗日战争时期全国重大惨案（第12册）》，中共党史出版社2014年版，第195-197页。

贵丑的也跟了上来，他是在找他父亲。我赶到洞口一看，见爬到洞外的人都死了，有的满嘴流血水。我钻进外洞后就接着往内洞钻，里面的死人都拥挤在洞口，进不去，我用脚蹬开，爬了进去。呀，呛得我气都换不过来。在内洞口的一侧，见到了我丈母娘，她是从大洛水逃来的，只见她翻着眼，微喘着气，已变样了。我推了推她，她不说话，只是用手轻轻向里摆了摆就不动了，那意思是说她闺女还在里面。可容不得我再挪半步，呛得我不得不赶快退出内洞。这时外洞又钻进几个人。我喘了一口气还想进，被别人拉住了，说："别进了，人都死了，救个啥？不能再用活人去换死人啊！"不知谁说了一句：往衣服上撒点尿，捂住嘴再进。可是，都两三天没吃没喝了，谁能尿得出！没办法，外洞也呛得很，我们只得退出老虎洞。隔了一天，我又进去收尸，具具尸首都辨认不清了，动也不敢动，手一捏就剩骨头了。看那情况，人被熏后，都急得往里钻，人压人，都叠在一起，情景真是太惨了。在老虎洞共熏死无辜群众 150 余口，光我们家就死了 6 口，有我奶奶、母亲、媳妇、兄弟、弟媳和我 4 岁的儿子。❶

四、沁水县西山毒气杀人惨案

山西省是日本华北方面军实施毒气战的重灾区中的重灾

---

❶ 《老虎洞惨案亲历记》，范庚羊口述，刘育书、栗永整理，载广濑龟松：《燕赵悲歌——侵华日军在河北省的暴行》，天津社会科学院出版社 1995 年版，第 91－93 页。

毒气战

区。日军不论在战场上对抗日部队,还是对无辜平民,均频繁地、大规模地使用了毒气武器。日军在沁水县西山村对村民使用毒气弹,是日军对无辜平民使用毒气武器的例证之一。这一例证,是山西省委党史研究室以《沁水西山毒气杀人》为题,于1988年在《侵华日军在山西的暴行》一书中首先揭露出来的。

沁水县西山村位于沁水县城东南的一个半山腰,距县城约10公里,全村仅有一座院落、40余间房子。由于偏僻,日军入侵后,周围群众常来此避难。1940年4月12日,日军第41师团有岗部队侵占了沁水城后,侵略者把魔爪也伸到了西山村。

该文详细地揭露了日军制造这次毒气杀人的惨烈景况。

这年(1940年)7月9日上午8时左右,天下着雨,驻在县城的5个日军,由汉奸便衣队领路,携带着毒气弹、防毒面具和枪支,杀气腾腾地闯进了西山村。

这天,在西山避难的有西关、廉坡、杨山等村的群众80余人。整个院子的各房间里,都住满了难民。日军一进村,立即架起机枪将大门封锁。3名日军冲进院内,在大庭广众之下,竟对一些年轻的妇女进行强奸。目睹日军的兽行,院内几十名群众无不愤慨,气得咬牙切齿。

3个日军兽性发泄后,戴上了防毒面具,把被奸者驱赶进人群,然后便在院里投放了两枚毒气弹。顿时,窒息性的毒气充满了院内各个房间,呛得人们透不过气来。这时,全副武装的日军像恶狼一样,不许人们走出房间。一些受不住毒气熏呛的群众刚刚跑出房门,就被敌人用刺刀捅死。各个

第五章 日军使用毒气武器残害华北民众

房间毒气滚滚，可怜的群众在死亡线上挣扎，有的人用湿布捂住口鼻，日兵就冲进房内抢去湿布扔在院里。廉坡村崔凤安的妻子马喜风带着12岁的小女儿躲在牛圈里，母女俩被毒气呛得喘不上气来，只好用湿牛粪堵住鼻子。日军看见了，就恶狠狠地用脚踢她们，还用枪托砸她们，强迫她母女俩放下湿牛粪。马喜风拼死相抗，日军就在她身上连刺三刀，又对其女儿肚子猛刺一刀，这位少女惨叫一声倒在血泊中。

惨无人道的日军用毒气把人们熏得气息奄奄，但他们并没有就此罢休，几个日本兵挨个房间搜捕，不论男女老幼，逢人便刺。西山村的房东老二和妻子正在炕上全力救护被毒气熏得奄奄一息的婴儿，凶残的日军闯进去，用刺刀戳透了这对年轻夫妇的胸膛，可怜的小生命躺在父母的血泊中挣扎着。被日军困在山院里的廉坡村崔凤国一家7口人，已被杀死5口，其妻拖着受伤的身躯，拉着8岁的儿子崔学恭，不顾一切地向门口跑去，刚跑到大门，就被把门的日军一刺刀捅死在地上。崔学恭吓得跑回房后，和一个姓张的老汉钻进了谷草堆，日军两次来草堆上乱戳，崔学恭被刺伤。毒气熏得人们实在忍受不下去了，一些群众挣扎着，艰难地爬到了屋外。日军看见了，扑过来又是一阵刺杀，这些挣扎出来的群众全部惨死在雨天的大院中。院里的尸体横七竖八，惨不忍睹。鲜血和着雨水，染红了院子，也染红了院外的道路和土地。

午后，穷凶极恶的日军开始纵火烧房。霎时间，浓烟滚滚，火光冲天，中毒、受伤未死的群众在熊熊的火堆中呻吟着，挣扎着，大都被活活烧死。大火一直烧了几个小时，直到全院几十间房子全都化为灰烬，日军才扬长而去。

在这次惨绝人寰的血案中，从出世几天的婴儿到年逾古稀的老人，从身强力壮的男子到温柔善良的妇女，被杀人不眨眼的日军毒死、刺死、烧死的共80多人，只有崔学恭等3人死里逃生，幸存下来。❶

五、定襄县上零山毒气杀人惨案

定襄县上零山毒气杀人惨案，是山西省委党史研究室在《侵华日军在山西的暴行》一书中揭露出来的日军使用毒气武器残杀无辜平民的另一个例证。那时，定襄县的山区是八路军的根据地，日军占据着定襄城、南王村、王进村、蒋村、史家岗、土岭口、芳兰、季庄、受禄、河边等十几个据点，斗争非常艰苦。这本书首先写出了当时日军包围上零山村的情景：

1941年2月8日晨，日本侵略者包围了定襄上零山。全村人正在清晨的睡梦中，闻听日军来袭，纷纷夺门而出，往村外跑。哪知各个要道和路口都已被敌人卡死，逃出村的人全被日军抓了回来，押着向学校走去。

接着，该书详细揭露了日军用毒气弹杀害无辜平民的罪恶事实：

---

❶ 中共山西省委党史研究室：《侵华日军在山西的暴行》，山西人民出版社1986年版，第106-107页。

第五章　日军使用毒气武器残害华北民众

日军把一百多名群众驱赶进学校的两间教室，把门从外面紧紧地关住。蓦地，人们发现窗口外的日军戴上了一种奇怪的面具。紧接着，一个敌人手提一个一尺多长、七八寸宽、四五寸厚的木匣子走进教室来，从匣子内取出一个圆筒，用火点燃。霎时，屋内浓烟滚滚，一种异样的气味钻进了人们的喉咙，屋里咳嗽声、叫骂声响成一片。中毒的群众不约而同地朝门口与窗子拥来。但是，门紧关着，窗子紧关着，哪能跑得出去。突然，有人看到教室内有一个烧水的灶，急中生智，冒着毒烟的熏呛，急忙把毒气筒塞进了灶门。但是，很快就被屋外监视的日军发觉了，敌人第二次进入教室，从灶内抽出了毒气筒，开始有人晕倒了，过了一会儿，中毒晕倒的人也越来越多了。眼看屋里的人们没有活着的了，日军开始向院外撤走。濒临绝境、生命垂危的人们用尽最后一点力气，冲破门窗，向院外拥去。可是，由于中毒过深，拥到院外的人们呼吸极度困难，浑身好像被烈火燃烧，有的人把衣服撕破，有的人在地上打滚。然而，这并不能减轻少许痛苦，人们嘶天嚎地，在生命线上挣扎着。

敌人走后，村里未被劫持的人们赶来，把中毒的人一个个背出毒区，进行急救。但45名群众终因中毒过重，抢救无效身亡。❶

---

❶ 中共山西省委党史研究室：《侵华日军在山西的暴行》，山西人民出版社1986年版，第132－133页。

六、文安县叩岗村毒气杀人惨案

1942年8月11日凌晨，文安县徐黄铺据点的日、伪军100多人，突然包围叩岗村，挨门挨户搜查，把全村男女老少300多人驱赶到村南大场中，在人群四周架起了机枪，逼问谁是八路军、村干部，但村民们无一人回答。日、伪军从人群中拉出李树鹏等5人，逼着他们带路去村干部的家，又未能得逞。日、伪军开始对这5人进行残酷折磨，把他们的头按到水桶里，在后脑勺上放一个蒲墩儿，然后上去一人往下踩，直把人憋昏呛昏方止。他们苏醒后，又被捆在长凳上灌凉水，再用杠子往外压。这5人被折磨得死去活来，但始终没有屈服。日、伪军便将44名男青壮年驱赶至一小屋内，又想再赶进30名妇女，但因屋内人预感到进屋凶多吉少，死死扣住门不让她们进去才算作罢。日、伪军将小屋门窗关严堵死，往里面扔了两枚圆桶状蝴蝶牌毒瓦斯。顿时小屋内黄烟弥漫，呛得人们头晕目眩，窒息难熬。这时屋内有一叫李树春的村民对毒瓦斯有一定了解，他迅速将两枚毒瓦斯投入锅灶中盖上盖，滚滚浓烟顺着烟道排出室外，同时他告诉人们赶紧采取自救措施以避免中毒。尽管如此，人们仍口吐黄沫，晕倒在地。半个小时后，日、伪军将人们拖出时，村民赵文起已中毒身亡。一个小时后，人们苏醒过来，又被日军用木棍、枪托毒打。又有21个人因中毒太深而死亡。侥幸活下来的22人，均留下后遗症。

看一看幸存者李树春对日军这次用黄剂杀害无辜平民的回忆吧。他回顾了叩岗惨案发生时的情况，说：

第五章 日军使用毒气武器残害华北民众

1942年8月11日（农历六月三十日），日本侵略军为搜捕抗日军政人员，制造了骇人听闻的叩岗惨案。他们灭绝人性地使用了化学武器，残害无辜村民22人。

我们村位于文安城东南方12里，向东南7里有大赵据点。我抗日军政人员经常在我村隐蔽、休整和开会。不久前，一区区长王兰惠带区小队在我村边将伪军一个班缴械，因此，引起了敌人的注意。尤其是1942年正月初九姜庄子斧头战，日本侵略军遭受严重打击之后，怀疑缴获的枪炮弹药隐藏在我村，妄图对我抗日军民进行疯狂的报复。

1942年7月1日，日本侵略军对我文新县（现文安县）实行了残酷的扫荡，妄图将从冀中腹地突围到文安洼的我冀中区8分区主要领导人及文新县党政军机关人员一网打尽。但是，由于我抗日军政人员已撤离文安洼，转移到东淀苇塘，敌人的阴谋又一次破产了。然而穷凶极恶的敌人并没有就此罢休，反而更加疯狂地对我抗日军民进行血腥屠杀。叩岗惨案就是在这种情况下发生的。

接着，李树春老人回忆了自己的所见所闻，他说：

1942年8月11日（农历六月三十日）晨，驻守徐黄铺据点的30多名日军、100多名伪军突然将我村包围，然后三五成群闯入村中，挨门挨户搜查我抗日军政人员，并用刺刀把全村男女老幼驱赶到村南大场中，在人群四周架起机枪，日、伪军端着寒光闪闪的刺刀，将全村300余人团团围住。日军指挥官腰挎指挥刀骑在马上，一双眼珠滴溜溜乱转，像饿狼寻找猎物一样扫视人群。一个胖翻译官腆着大肚子向前走两步，先朝日军指挥官献媚地一笑，日军指挥官朝他一挥手，嘴里呜哩哇啦不知说了些什么，翻译官喊道："太君说了，谁是八路军？谁是村干部？谁是八路军家属？谁给八路军藏东西（指姜庄子斧头战缴获的枪支弹药等）？统统地交出来。"连喊数次，人群鸦雀无声。无声的反抗，与敌相持一时。鬼子忍耐不住了，遂将李树鹏、赵庆宇、张壮、李万廷、王树田等5人拉出来，由日、伪军押着去找村干部的家。这5人中的李万廷有点傻，我真担心他说出来。结果，傻人却有个傻心眼，他把敌人领到我村西头的一间独屋前说："这就是村干部的家。"狡猾的敌人一看觉得不像，定是"刁民"戏耍他们。于是，怒从心头起，恶向胆边生，先将李树鹏的头按到水桶中，还在他后脑勺上放一个蒲墩，上去一个人踩在蒲墩上，直到把李树鹏呛昏方才停止。接着，又将5人分别捆绑在凳子上，用毛巾把嘴绑住，一边灌凉水，一边逼问，灌得5人肚子鼓鼓的，后用杠子压肚子，将水挤出来，挤完了又灌，灌了又挤，把这5人折磨得死去活来，也没问出一丝一毫关于八路军的线索，于是，又将这5人押回大场的人群中。

然后，李树春老人以十分沉重和愤怒的心情回忆了敌人用毒气残害44名青年的惨景，他说：

日本侵略军从5人中没有问出什么，气急败坏地从人群中挑出44名男青壮年，其中有我，被驱赶到场北边的一间小屋内。然后，又从人群中挑出30多名青壮年妇女往小屋内赶。小屋内的人深知进来的人越多，灾难就会越深重，因

第五章　日军使用毒气武器残害华北民众

此，我们故意将小屋门挤得风雨不透，任凭敌人怎样驱赶，这些妇女也挤不进来，敌人只好将她们赶回人群中。接着，日本兵用船塎仓板将窗户堵住，将门关好用耙顶住，并调过机枪封锁门窗。

一切准备好后，翻译官在日军指挥官的授意下，手中举着一枚毒瓦斯筒，面对大场中的人群说："你们看见了吧，要是再不说，把这玩意在小屋里一扔，你们可就完蛋了。"人们虽然不知道敌人手里拿的是什么，但都明白一定是比机枪还残酷的武器。为了拖延时间，与敌人周旋，只听大场内有人喊道："我有一篓子麦子藏在北大沟了。"小屋内也有人喊道："我有辆自行车藏在村北稻池子里了。"……七嘴八舌，说藏什么的也有，就是没有说藏八路军及武器的。

最后，李树春老人又讲述日军用毒气熏杀的惨痛遭遇，他说：

鬼子发疯了，他们灭绝人性地向小屋内投进两枚蝴蝶牌毒瓦斯，小屋内顿时黄烟弥漫，人们立即感到窒息难熬，头晕目眩。当我看到从门上坎捅进两个圆筒时，马上认出是毒瓦斯。因为，有一次我用大船运送县大队，大城县大队的李队长、马队长和储国恩同志给战士们上军事课，讲解过毒瓦斯的性能及预防措施，我在一旁听得清清楚楚，今日一出现，我马上辨认出是毒瓦斯，并意识到严重的后果，我迅速将两枚毒瓦斯筒拣起，投进锅腔子内，并用盖垫将锅腔子盖好，滚滚的黄烟大部分顺烟筒排出室外。接着，我告诉大家，用大蒜及尿尿和泥堵住鼻孔。同时，将门用力向外一推

· 267 ·

毒气战

露出空隙，招呼大家趴在门边，呼吸无毒空气。尽管采取了上述措施，人们中毒程度大大减轻，但是，惨案还是酿成了，半小时过后，一个个被熏得口吐黄沫，瘫倒在地，奄奄一息。我虽中毒较轻，因我趴在底下，但被上边的人压住，胸部被硌了一道血印。此时，伪军带上防毒面具，把小屋门打开，从小屋内把人一个个拖出来，当时我装作昏迷不醒，也被抬了出来，只见场上横七竖八地躺了一大片人。在场群众见此情况，怒不可遏，但面对荷枪实弹的敌人，只得忍悲含泪，强压怒火。

又过一个小时，被熏倒的人们渐渐苏醒，但39岁的赵文起已经停止了呼吸。日军并没有就此罢休，又用木棍、枪托把已苏醒过来的43人轰起来，押往徐黄铺据点，边走边打，途中李吉和胡文二人先后倒下，再也没有起来。到敌据点后，又有19人先吐黄沫，后吐鲜血，含恨死去。敌人拖着死者的两腿往外拉，过门坎或地不平时磕得脑袋"嘣嘣"响，所走之处，留下了道道血迹，其惨状令人目不忍睹。在这次惨案中幸存下来的22人，也不同程度地留下了后遗症。

李树春老人在这篇回忆的最后，说出了被日军用毒气残杀的22个人的名字：大王头村的张俊起、张铁、张万良、张锁、王俊选、王连第、王永章；封头村的张设、赵文起、胡文、赵天然、张木恩；姚头村的姚寿录、任二子、姚春迎；蒋头的李万元、李吉、李全福、李文广、李长顺；高头村的高树荣、高树须。

叩岗村毒气杀人惨案是侵华日军使用毒气战的又一罪证。

第五章　日军使用毒气武器残害华北民众

第二节　以各种方法用毒气残害民众

一、以开会为名用毒气杀害民众

日本华北方面军在所谓"治安战"即反抗日游击战中，不论在占领区、抗日根据地，还是游击区，为摧毁人民的抗日意志，总是以各种借口和卑劣手段，驱集民众，使用毒气进行集体审讯和残害，据不完全统计至少达12次以上。

1939年12月4日，河北蠡县日军200余人，将车里营、王辛庄、林堡、潘营等5村部分民众驱赶到王辛庄，把80多名壮年男子关进3个房间，用窒息性毒气全部毒死。❶

1940年1月5日，河北唐县日军400多人开往望都途中，路过常早村时，强令老百姓开会，当场施放毒气5筒，使60余人中毒，毒死、刺死10人。❷

1940年5月某日，日军第20师团侵占晋城，在坚水村烧杀施毒，村民278人中毒死亡。❸

1941年农历五月初三（5月28日），山西平鲁县警察队指导官神野久吉，借口三里庄乡大破石村间长卢福财没有去伪警务科开会报告，带领日军和伪警察队60余人包围该村，让村民集中到村当沟湾，名义开会，实际上把42名男子圈

---

❶ 《抗敌报》1939年12月29日。
❷ 《晋察冀日报》1940年1月7日。
❸ 晋冀鲁豫救济委员会：《三千万人民的血泪与仇恨》，1948年4月，原件存中央档案馆，档案号167。

毒气战

到东窑内,将门窗闭住,从窝眼外将毒瓦斯射入窑内,致使人们昏迷不醒,五六天后才能下地劳动。下面是山西省平鲁县大破石村群众卢福则、筑成、筑艮成等20人于1954年12月27日对日军神野久吉施放毒气的控诉书。

平鲁县前日伪县公署警察队等指导官神野久吉,于1941年阴历五月初二,调我们村间长卢福财去日伪警务科开会,结果间长卢福财去五家沟村他表侄王映家中娶媳妇办喜事,未去,让其子卢恒去日伪警务科开会,只参加了会议,未报告。因此,神野久吉于初三,即带领日本人十二三名和伪警察3纵队长李梅带领警察队50余名,来把我们村包围住,把我们村男女一齐集中到村当沟湾,名义上说叫开会,其实际上把42名男子一齐圈到筑成的东窑内,将该窑的门窗全部闭住,从窝眼外将毒瓦斯射入窑内。只听得响了三声,即满窑洞内黑烟,味气酸辣,我们感到呼吸困难,双眼流泪(20分钟左右),才把我们放出来。放一个人,就拿铁钯头打一个,连抽带打,以致好多人昏迷不醒,差点丧命。我们村的毒瓦斯的臭气味在半月之后才消散。事实确凿,在实施上述罪行时,我们认为神野久吉应负主要责任。请山西省平鲁县人民政府予以神野久吉应得的法律处分。❶

居住在山西省平鲁县三里庄乡三百户村的农民范全等人1954年12月28日写了见证书。他写道:

---

❶ 山西省平鲁县大破石村群众指控日军神野久吉施放毒气,1954年12月27日,原件存中央档案馆,档案号119-2-17-2-11。

第五章 日军使用毒气武器残害华北民众

前日伪平鲁县公署警察队指导官神野久吉,于1941年阴历五月初二日调大破石村间长卢福财去城内日伪警务科开会,因卢福财去了五家沟村行礼办喜事,未去开会。因此神野久吉于初三日率领警察队等到大破石村,集中全村群众,把男人们都圈到筑成窑内,然后往窑内放毒瓦斯。同日,我村魏三、杨冈、谢全柱去大破石村探亲,也受过此毒害。我村相距大破石村5华里远,所以了解此事件,完全确实,如有虚伪,愿受法律处分。❶

山西省平鲁县三里庄乡人民政府乡长张君于1954年12月28日出据了《关于群众控诉神野久吉罪行的鉴定书》:

山西省平鲁县三里庄乡人民政府于1954年12月27日收到本乡大破石村农民筑成、李茂、卢喜财等20人的控诉材料,控诉侵略我国前日本伪山西省平鲁县署警察队等指导官神野久吉(日本国籍),于1941年阴历五月初二日,调大破石村间长卢福财去城内警务科开会,该卢间长让其子卢恒去参加了会议,因此神野久吉借口卢福财本人没去开会于初三率领所属警察队及日本军到我乡大破石村,名义上是集中全村农民开会,实际上他用无耻手段将该村筑成、李茂、卢喜财、卢福财等42人全部圈到筑成的东土窑内,并将该窑的门窗全部闭住,从窗眼将3发毒瓦斯射入窑内。以上神野

---

❶ 范全等的见证书,1954年12月28日,原件存中央档案馆,档案号119-2-17-2-11。

毒气战

久吉的罪行，经我乡特派梁万荣同志前往查询，证实无误。❶

1941年，日本关东军派遣独立守备队4个大队，协同独立第27师团，进行"冀号"作战，多次对无辜民众进行集体审讯、毒杀。据小川政夫的笔供，关东军司令官"命令各大队要携带毒瓦斯和防毒面具"，他所在的独立守备步兵第7大队各中队携带红筒5个、绿筒100个、绿棒100个、发烟筒100个和防毒面具50个。此外，大队武器委员还携带各种毒气筒200个。他写道：

在"冀号"作战期间，他指挥的独立守备步兵第7大队第4中队，于1941年6月中旬，在河北丰润县城北方约12公里的某村，将7名农民置于房屋之内，使用毒气拷问。1941年7月中旬，独立守备步兵第7大队400多人，在河北省玉田东南母庄村，为彻底搜查兵器，同时拘留在该村东北道路上的村民（男，老人约30名，35岁至40岁上下的约20名；女，老人约30名，35岁至40岁上下的约30名，15岁至23岁上下的约30名；一二岁的幼儿约10名），并在其四周配置监视兵，使用毒瓦斯对他们进行拷问。

他依照大队长及中队长的命令，将村民150人赶到路旁洼地里，命令士兵四周监视，点燃了小型绿筒1个、绿棒5个、发烟筒2个，进行凶狠的大规模集体拷问。孩子们哭喊，流泪，拿草塞鼻子，头往土里钻；抱着幼儿的母亲用自

---

❶ 关于群众控诉神野久吉罪行的鉴定书，1954年12月28日，原件存中央档案馆，档案号119-2-17-2-11。

第五章 日军使用毒气武器残害华北民众

己衣服裹孩子，拼命地保护着孩子。其中不堪痛苦折磨而爬上土堤想逃走的人，被日军踢下土堤。村民被置于这种悲惨的境遇里达 30 分钟以上，呼吸器官受到严重伤害，有半数呕吐，十几人不能走路，还有 3 名幼儿因被母亲的衣服包得过紧窒息而死。❶

　　据鹈饲房照的口供，1941 年 6 月下旬，在"扫荡"河北遵化沙堡营村时，日本兵召集村民 200 多人开会，找出 10 人，说他们隐藏八路军武器，进行拷问，但农民一句话也不说，于是将 1 名农民推到土坑活埋，2 名灌水拷问死去。后逮捕五六十名农民，扣留在一间民房里，投放了 1 个催泪性瓦斯弹，其中 10 名被毒死，其余都处于半死状态。❷

　　据张成明的控诉书，1941 年 9 月，日军独立混成第 15 旅团船木健次郎大队高野小队，在河北宛平（今属北京市）杜家庄，以伪组织"联合会"的名义，召集塔河、梁家铺、黄安、张家庄、齐家庄等村村民举行"运动会"，共六七百人，其中一半是小学生。"运动会"有各村的学生参加比赛项目，从早晨 10 点左右一直到傍晚，最后日本侵略军表演刺杀，同时施放无毒烟幕。傍晚，高野等在风头施放毒瓦斯，大家还以为是无毒烟幕，以致来不及逃跑都被熏上了。

---

❶ 小川政夫的笔供，1954 年 8 月 10 日，原件存中央档案馆，档案号 119-2-779-1-5；小川政夫的笔供，1954 年 8 月 22 日，原件存中央档案馆，档案号 119-2-873-1-25。
❷ 鹈饲房照的口供，1954 年 9 月 20 日，原件存中央档案馆，档案号 119-2-1032-1-4；鹈饲房照的口供，1954 年 9 月 21 日，原件存中央档案馆，档案号 119-2-1032-1-4。

· 273 ·

当时大家乱成一团，有的不停咳嗽，有的在地上打滚，鼻腔流血，晕倒在地上，约有四五百人中毒。他说：当时我在小学二年级念书，被迫去参加了这次"运动会"，上述情况是我亲眼看到的，而我也被熏倒了的，幸亏父亲把我救了回去。❶

据李月彬控诉，1942年4月30日，日军第59师团第42大队包围山东武城县小曲里店村，"把男女老幼106人集合在一个空场内，用毒气熏，谁敢动就刺杀谁。结果，有的群众当场就没法呼吸了。幸而，日军走后人民政府及时挽救，人都未死"❷。

据桂文隆控诉，铃木启久的步兵部队，在1942年农历九月十三日（10月22日）早晨，在遵化县东新庄镇将村民14人扔进井里，施放毒气，除了桂文隆，其余13人都死在了井里。

二、向地道内放毒残杀民众

日军在对华北各抗日根据地进行"扫荡"、"蚕食"、封锁、"围剿"时，特意向老百姓藏身的山洞、地道、地窖、矿坑中施放毒气，除前述在河北定县北疃村地道中一次放毒杀死800余民众的大惨案外，在华北各省区均制造了多起骇人听闻的毒杀惨案，据不完全统计，仅在地道、地洞中制造的毒杀惨案即达25起以上。

---

❶ 查询控诉人张成明的记录，1954年12月6日，原件存中央档案馆，档案号119-2-1032-1-4。

❷ 李月彬的控诉书，1954年8月8日，原件存中央档案馆，档案号119-2-203-1-7。

第五章　日军使用毒气武器残害华北民众

1941年2月5日，山西崞县原平镇日军强令附近村民集合在姚咀子村指定的窑洞内，施放毒气，村民130余人遭毒杀。❶

1941年7月，日军某部"扫荡"时，在河北平山白龙池村向地道内的村民施放毒气，当场毒死10人，严重中毒10人。❷

1941年8月6日，日军在山西沁源县韩洪村向煤窑内施放毒瓦斯，村民186人中毒死亡。

1941年10月，日军第1军在"沁河作战"中，山炮兵第41联队第2大队第6中队向山西浮山南孔山煤矿坑道内藏的逃难民众，投入2个小红筒毒瓦斯弹，致使居民200人中毒，死亡老人、幼儿4人。❸

1941年5月12日，驻山西省日军第1军第37师团第227联队一部在平陆县上坪村属田滹沱自然村向石洞内40多名村民投放赤筒毒瓦斯。据长井觉（时任军曹）的笔供，1941年5月5～26日，日军第1军中原作战，他在华北方面军第37师团步兵第227联队本部（安达部队上田部队本部）为军曹，充任下士联络官与地上部队联络。他说：

同年5月12日，到达山西省平陆县上坪村，到上坪村北

---

❶ 中共山西省委党史研究室：《侵华日军在山西的暴行》，山西人民出版社1986年版，第207页。
❷ 《晋察冀日报》1941年8月10日。
❸ 市毛高友的笔供，1954年9月16日，原件存中央档案馆，档案号119-2-521-1-5。

毒气战

方 700 米左右的山沟后，发现在山沟中段有一个洞，为了到内部检查，令部下 6 名立在外部警戒，带领 2 名进入洞内。这时，由洞内扔出一块石头，因为不能够再进入洞内，在洞口喊叫"出来"。但是（村民）还不出来，又进入洞内，又有石头扔出来，一名部下被石头砸着脚。于是，令部下用步枪向洞内射击 3 发，射杀了中国老妇人一名，但洞中的人们还不出来。

他令一名部下到联队本部兵器系联络，带来小发烟筒 1 筒和赤筒（中型催泪性瓦斯）1 筒。先将小发烟筒着火投入洞内，但没有发烟，又将赤筒点着投入洞内后，约 5 分钟左右，40 多名村民流着泪跑出来。

他令全体村民赤身坐在河滩，说："刚才是谁投的石头，如果不说全都杀死。"他对坐在中间的一名村民（男，25 岁左右，不胖，中等身材，长脸）说："是你吗？"一面说着一面用九五式军刀鞘殴打这个村民头部，当时头部被打出血，躺倒不能动了。有一名老妇人站起来要来援助这名村民。他一面说着"干什么"，一面用脚踢老妇人的背部，老妇人向后倒下，部下酒井上等兵用直径 150 毫米大小的石头投在老妇人头上，将头打裂而死去。又有一个妇人有 20 来岁左右、圆脸，想要援助这老妇人的样子，部下古川上等兵用刺刀将她刺死。他把手中拿着的木棒插入一名妇人阴部，部下一名亦照样对另外两名妇人这样做了。

长井觉接下来写道：

他对部下说："这个样做没有什么意思，使他们交媾。"

第五章 日军使用毒气武器残害华北民众

于是,他们拉出来两名男人(一个40岁左右,一个18岁左右),又拉出两名妇人(一个20岁左右,一个25岁左右)。其中一名妇人抱着小孩,他把小孩夺过来,弃于当场,使他们性交两次,并叫部下在周围看,一面笑,一面对部下说:"想强奸者可以强奸。"于是,他的部下强奸了8名妇人,他强奸了一名20岁左右的妇人。他奉命令,从现场与传令者一起回联队本部的时候,命令一个部下(酒井上等兵)将这些村民,全部带回本部。部下回到本部,报告在途中刺杀了3名想要逃走的男子。❶

平陆县上坪村属田滹沱自然村田胡法等人于1955年3月10日向平陆县人民政府呈报了长井觉在田滹沱施放毒气等罪行的证明材料。田胡法等人在这份证明材料中写道:

1941年阴历四月十三日(5月8日),日军侵犯我村时,我村男女老幼40余名,都藏在下河田家窑石洞内。不料,四月十九日,日军在沟内反复搜索,发现老刘坐在洞口,日军到洞口杀死了老刘。田和尚惊怕,扔出石头打伤日军,日军随即向洞内打了几枪,村民惊慌不敢出来,日军又放射毒气,因此,洞内村民出不上气,几乎要死,不得已都从洞中出来,出来后就被日军用枪威逼带到河中大石头旁,日军拿着指挥刀威胁男女一同脱光衣服跪在一起,并逼着问哪里有中国兵,我们不懂,日军就用刀将村民张老四的头部打了个

---

❶ 长井觉的笔供,1954年,原件存中央档案馆,档案号119-2-742-1-6。

窟窿,又追问谁在洞里把石头扔出来,无人敢回答,日军威胁:你们不说统统杀了,小孩杨治全吓得说是田和尚用石头打的。日军就把田和尚拉出要杀,田和尚的母亲扑去急救,被日军用石头砸死,当时妇女祁叶也因抢救田母被日军用刀刺死,然后日军又用枪打死田和尚。以后,日军把我们都带到小饿沟要用机枪射死,当时有翻译官的解释未杀,最后带到村中,将男子抓苦力,把20多个妇女(内有老人和小孩)留在村中仙家庙内,几十个日军把七八个青年妇女进行了轮奸长达3天之久,并将洋腊塞入其阴道。❶

上述日军在田潩沱村的罪行,山西省平陆县人民委员会梁福东于1955年5月27日对证人田小委的询问笔录中,也有明确的记载:

证人田小委,男,39岁,平陆下坪乡田潩沱村人,农民。

问:请你谈谈日本陆军杀死你村居民的情况。

答:1941年农历四月十九日,有八九个日军在下河反复搜索,我躲在龙崖被日军抓住,当时我们有6个人(妇女2人),日军强迫4个男人与2个妇女性交,日军拍手围观。又在前边发现石洞口有人,日军就刺死老刘,田和尚惊怕用石头打住日军,日军向洞内打了几枪,并放毒气,熏出男女40余人,脱光衣服跪在河滩,问谁是中国兵?谁扔石头?我

---

❶ 田胡法等人对长井觉在田潩沱施放毒气等罪行的证明,1955年3月10日,原件存中央档案馆,档案号119-2-742-2-11。

第五章 日军使用毒气武器残害华北民众

们不懂日语,日军打伤张老四,用石头砸死田和尚母亲,刺死祁叶,用枪打死田和尚,把全村人带到小饿沟准备用机枪射死,有一个翻译解释未射。然后,把我们带到本村仙家庙,男被拉苦力(老少 20 多名),内有七八个妇女在仙家庙被几十个日军轮流强奸 3 天之久,最后用洋腊塞住妇女阴道。❶

1942 年 5 月下旬,日军第 110 师团第 163 旅团在冀中滹沱河北岸"扫荡"时,在安平某村向地道内施放赤筒和绿筒,毒死村民、战士 300 人。❷

1942 年 9 月上旬,菊地修一指挥日军一部路经五台白兔村时,下令向山腰窑洞中发射毒瓦斯弹 3 发,洞内至少有 40 名村民死亡。❸

1943 年 9 月 16 日,日军长沁部队"扫荡"河北平乡,在户村抓住村民 56 人,赶进李三害的北屋里,从窗眼里放毒瓦斯,当场村民全部严重中毒,李小贞等 4 人死亡。❹

1943 年 11 月 20 日,日军荒井部队"扫荡"井陉地区,在普萨岩以北的老虎洞,将村民 150 多人逼出洞外,全部扒光衣服,冻立在洞外,对男人捆绑毒打逼问,将年轻妇女拖入洞中轮奸,然后把村民赶回洞内投进毒气弹,除范羊羔一

---

❶ 询问田小委的笔录,1955 年 5 月 27 日,原件存中央档案馆,档案号 119 - 2 - 742 - 2 - 11。

❷ 上坂胜的笔供,1955 年 5 月,原件存中央档案馆,档案号 119 - 2 - 3 - 1 - 5。

❸ 菊地修一的口供,1954 年,原件存中央档案馆。

❹ 晋冀豫救济委员会:《三千人民的血泪与仇恨》,1948 年 4 月,原件存中央档案馆,档案号 167,第 270 页。

人幸免外，其余均被毒死。❶

1944年3月14日，日军由柳林、穆村、高村、李家垣等据点出发进扰，在山西离石二区施放大量毒气，仅兴旺和后坪两村毒死男女老少71人，有10余人被杀，并纵火焚毁了5个村庄的民房。❷

1944年3月26日，日军村山隼人带领500余人包围山西壶关常行村，在村附近农民藏身的窑洞内，烟熏、放水、施放喷嚏性毒气，当场毒死5人。据壶关县常行乡乡长侯春贵等人的证明书：

前日军村山隼人，职务为日本独立步兵第14旅团第246大队（代号垒子1477部队）第1中队少尉，在山西省陵川县郎寺岗驻扎时，与伪剿共军指导官佐藤中尉，于1944年（阴历）三月初三（3月26日），率领全队及保安队约500余兵力，从陵川县出发，到常行村进行抢杀。民兵发觉后，向日伪军进行了射击，并掩护全村群众到磨圪倒窑洞躲藏。日伪军进村后不见人影，便纵火抢掠。之后，日伪军发现窑洞有人，便向窑洞口射击，用谷草将窑洞口堵塞，放火烟熏，结果无效。又将冷水灌入窑洞，同样无用，于是将毒气放入洞内，致使张小孩、邱二计、徐双红、徐礼中之妻及其5岁小孩等5人活活毒死在洞内，其他群众也被熏得头晕休克。当时，常行村老人王扎根逃至西池沟隐蔽，徐中德躲藏

---

❶ 李秉新等：《日军侵华暴行总录》，河北人民出版社1995年版，第319-320页。

❷ 《晋察冀日报》1944年5月7日。

第五章 日军使用毒气武器残害华北民众

在水池后,均被日伪军搜出,遭受拷打后,被刺死在山坡。这次日伪军还抢去群众衣服380件,牲口40余头,粮食12石5斗,烧毁房子30间。日伪军退走后,我们才回到村里,将张小孩等5人的尸体埋葬。❶

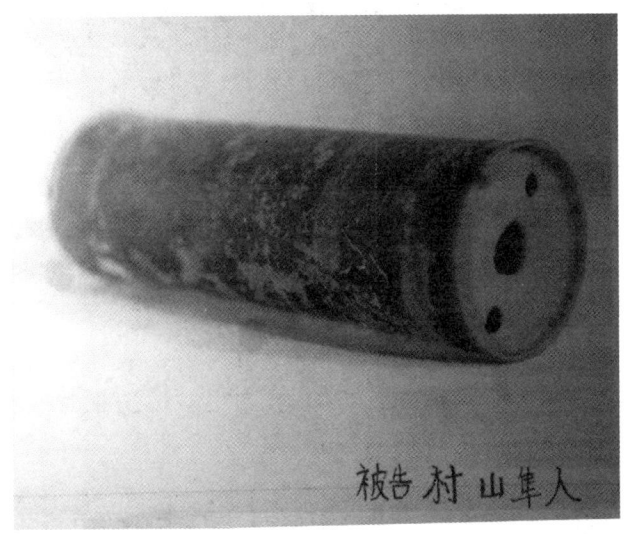

图5-10　村山隼人所放喷嚏性瓦斯筒的空筒之横放侧面图
（中央档案馆馆藏照片）

以上图片,是喷嚏性瓦斯筒照片两幅（原物另外保存）,此筒是1953年6月6日由壶关县常行村调查而获得的证物,此证物是1944年3月26日日军村山隼人率队出发到常行村,向村附近藏居民的洞内施放了瓦斯筒而留下的遗壳,此证据足以证明村山隼人施放毒气的杀人罪行,故村山隼人对

---

❶ 侯春贵等人的证明书,1954年6月6日,原件存中央档案馆,档案号119-2-412-2-9。

毒死 5 人之罪行应负全部责任。

检查员：冯玉庄
1955 年 5 月 10 日

图 5-11　村山隼人所放喷嚏性瓦斯筒的空筒之立放正面图
（中央档案馆馆藏照片）

请再读一读村山隼人的认罪书吧：

小赤筒的空筒实物一个及其照片两张，我已经看过，确系我于 1944 年 3 月 26 日在山西省壶关县常行村毒杀居民 5 名时，使用喷嚏性瓦斯后留下的空筒，我对毒杀 5 名居民负完全责任。

被告：村山隼人
1955 年 5 月 24 日

1944年4月11日，河北易县塘湖日军40余人，突然包围白岭村，村民钻入地洞暂避，敌向地洞内施放毒气，洞内50余人全部中毒，其中3人死亡，38人重伤。❶

1944年5月22日，河北完县、望都日军400余人，配合唐县、满城日军，包围向水、魏村，对隐蔽的民众大量施放毒气，当场毒死18人，20多人中毒。❷

1944年8月23日，日军关口部队200余人突然包围河北肃宁前后丰乐堡村，杀害村民82人，烧毁房屋三四百间，在后丰乐堡将男女老幼70余人赶进一间房子里，锁上门，施放毒气全部毒死，并纵火灭迹。《解放日报》1944年10月12日报道了日军这次毒气杀人惨案：

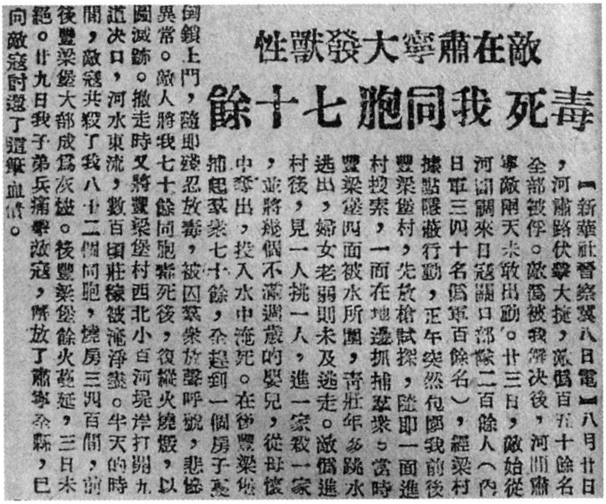

敵在肅寧大發獸性

毒死我同胞七十餘

【新華社晉察冀八日電】八月廿日，河肅路伏擊大捷，斃偽百五十餘名全部被俘。敵偽被我殲決後，河間肅寧敵兩天未敢出動。廿三日，敵始從河間調來日寇關口部隊二百餘人（內日軍三四十名偽軍百餘名），經梁村據點隱蔽行動，正午突然包圍我前後豐梁堡村，先放槍試探，隨即一面進村搜索，一面在地邊抓捕群衆，當時豐梁堡四面被水所圍，青壯年多跳水逃出，婦女老弱則未及逃走。敵偽進村後，見一人挑一人，進一家殺一家，並將幾個不滿週歲的嬰兒，從母懷中奪出，投入水中淹死。在後豐梁堡捕起群衆七十餘，全趕到一個房子裏倒鎖上門，隨即殘忍放毒，被囚群衆放聲呼號，悲慘異常。敵人將我七十餘同胞毒死後，復縱火燒燬，以圖滅跡。撤走時又將豐梁堡村西北小白河堤岸打開九道決口，河水東流，數百頃莊稼被淹淨盡。半天的時間，敵寇共殺了我八十二個同胞，燒房三四百間，前後豐梁堡大部成為灰燼。後豐梁堡餘火蔓延，三日未絕。廿九日我子弟兵痛擊敵寇，解放了肅寧各縣，已向敵寇討還了這筆血債。

图5-12 日军制造肃宁县丰乐堡毒杀惨案

---

❶《解放日报》1944年4月27日。

❷《解放日报》1944年6月19日。

毒气战

（1944年）8月20日，河（间）肃（宁）路伏击大捷，敌伪百五十余名全部被俘。敌伪被我解决后，河间、肃宁敌两天未敢出动。23日，敌始从河间调来日寇关口部队200余人（日军三四十名，伪军百余名），经梁村据点隐蔽行动，正午突然包围我前后丰梁（乐）堡村，先放枪试探，随即一面进村搜索，一面在地边抓捕群众。当时丰乐堡村四面被水所围，青壮年多跳水逃出，妇女老弱则未及逃走。敌伪进村后，见一人挑一人，进一家杀一家，并将几个未满周岁的婴儿，从母怀中夺出，投入水中淹死。在后丰乐堡，捕捉群众70余，全赶到一个房子里，倒锁上门，随即残忍放毒，被困群众放声呼号，悲惨异常，敌人将我70余同胞毒死后，复纵火烧毁，以图灭迹。撤走时又将丰乐堡村西北小百河堤岸打开9道缺口，河水东流，数百顷庄稼淹没净尽。半天的时间，敌寇共杀了我82个同胞，烧房三四百间，前后丰乐堡大部成为灰烬。后丰乐堡余火蔓延，三日未绝。

1944年9月30日晚，日军某部窜至山西兴县八区蔡家庄宿营，将该村藏匿在地窖中的老幼26人（60岁以上老妇、两岁幼儿各11名，青年妇女4名），用窒息性毒气全部毒死。❶

1944年11月28日早晨，日军某部进袭河南洛阳小寨村，向王八家的地洞里放毒气，段子萍一家11口人，其丈夫王仲卫，哥王复兴，侄王世俊，儿子王捞、王小捞，弟王

---

❶ 《解放日报》1944年11月2日。

文兴等 7 人被毒死。❶

三、使用毒气报复威吓民众

日本华北方面军时常对无辜村民使用毒气，企图以此报复、威吓民众放弃对八路军抗日斗争的拥护和支持。

日军战俘市毛高友供认，1940 年 2 月，第 41 师团第 2 大队"讨伐"窜扰时，他曾借口山西翼城仪门村容许抗日军路过，是所谓"敌对的村庄"，指挥第 5 中队第 2 小队以 1 门山炮从离村北边 4 公里远的地方，向村内发射喷嚏性毒瓦斯弹 8 发，使村民 500 人中毒受伤。❷

日军战俘斋藤清供认，1941 年 9 月，在河北宛平杜家庄一带，日军强迫农民 200 多人集合在一起，在距离 50 米的地方，点着了 10 个绿筒催泪性瓦斯弹，致使农民流泪、痛苦不堪，小队长石井明少尉对农民说："告诉八路军，我们有这样的兵器。"1942 年 2 月上旬，他是兵器系军曹，于河北省宛平县塔河村修筑工事，由于民工来得少，由小队长工藤兵卫指挥，逮捕了 1 名村长和 1 名农民，交给他进行刑讯，他用木棒拷问后，根据小队长的命令，将这 2 人锁在一个房子内，他点着一个小赤筒喷嚏性瓦斯，三四分钟后这 2 人被毒死。❸

---

❶ 段子萍的控诉书，1954 年 7 月 27 日，原件存中央档案馆，档案号 119 - 2 - 3 - 5 - 2。

❷ 市毛高友的笔供，1954 年 9 月 16 日，原件存中央档案馆，档案号 119 - 2 - 521 - 1 - 5。

❸ 斋藤清的口供，1954 年，原件存中央档案馆，档案号 119 - 2 - 1022 - 1 - 4。

毒气战

日军战俘涩泽久七在笔供中说，1941年11月中旬，日军第59师团第54旅团第111大队在鲁西作战中，为捕捉抗日战士，奉命向山东省蒙阴县某村庄放毒。于蒙阴石桥附近，在一个13户左右的村庄上风方约100米地方点着4根赤筒，致使4名村民及七八名儿童中毒。❶

据第110大队检举长岛勤的材料，1942年7月中旬，日军第59师团第54旅团第110大队在拂晓前对山东省莱芜县九顶山东北山麓的村庄发动了进攻，但没有发现八路军，大队长藤崎秀一以为是居民给八路军通风报信了，为恐吓群众，便命令用联队炮向村庄中心地点放了3发赤弹，杀害了老人妇女15名。❷

日本华北方面军还企图使用毒气威逼、镇压群众，要群众给日军当"顺民"，供出钱粮，当苦役。

据日军战俘神野久吉供认，他任山西平鲁县警察队附候补警尉指导官时，于1941年6月13日，指挥山西平鲁县警察队与"驻蒙军平鲁警备队"130余人，在平鲁三百户村，逮捕约20名村民禁闭在窑洞里，投入了2个喷嚏性瓦斯，约15分钟后，才以日军、警察队行动时"必须不逃、一天一报"厉行的条件，把他们释放了。❸

据日军战俘角唱韵在笔供中说，1941年8月中旬，于山

---

❶ 涩泽久七的笔供，1954年8月12日，原件存中央档案馆，档案号119-2-998-1-5。

❷ 第110大队检举长岛勤的材料，1954年，原件存中央档案馆，档案号119-2-5-2-3。

❸ 神野久吉的笔供，1954年，原件存中央档案馆，档案号119-2-17-1-9。

东泰阴县盘踞期间,日军独立步兵第44大队第2中队第2小队,在县城外南关河套趁农民赶集,以借口"盘踞队建筑望楼"而不供给劳动力为理由,对200名农民施放了喷嚏性瓦斯中型筒1个、小红筒2个,农民吸入毒气后流泪、咳嗽,陷入呼吸困难。然后将和平农民集合在南关村入口处,莲尾少尉讲毒瓦斯的效力,威胁如果不协助日本军,就用新武器全部杀掉。这样,强迫农民承诺供出劳动力。❶

《晋察冀日报》1944年4月9日载文,揭露日军在外出"扫荡"中,还以对村民施放毒气作为抢粮、棉及各种物资的新方法。为此,日军在涞源城内及王安镇、紫荆关、金坡等地据点内,均已设立小规模制毒厂,其所放毒气多为喷嚏性及催泪性之瓦斯,中毒者涕泪交流,当时失去知觉,历30分钟始能恢复。文中指出:

自2月中旬以来,敌寇在北岳区边缘地带涞源城附近各村庄,强迫征集粮食,每亩摊派12斤至18斤不等,每村勒交300斤以上。当地人民久受敌寇勒索无法生活,多数抗交。敌寇征集所得,寥寥无几,乃恼羞成怒,以武力压迫,并施放毒气,威胁村民,以图达到其抢粮目的,且乘机掠夺其他物资,抓捕青年壮丁。3月16日前后,王安镇的敌人曾两次包围马家屯,大量施放毒气,群众中毒者甚多,敌即乘势冲入村内,大肆掠夺,迫令群众交出粮食、棉花,并捕去青壮年20余人。18日晚,涞源城敌人在南关一带施放毒气,

---

❶ 角唱韵的笔供,1954年8月20日,原件存中央档案馆,档案号119-2-600-1-5。

勒索粮食与物资。20日，王安镇敌人又在附近各村继续此种暴行。

四、其他毒杀平民的方法

日本华北方面军对民众使用毒气，其方法无所不用，除上述方式外，还有以下种种恶毒办法。

日伪军及其特务人员，经常在抗日根据地及边缘地区，在村口、房屋、河流、水池、水井投放大量毒质，使群众随时都会遭受毒伤、毒杀。

1939年1月2日，八路军第129师致电各兵团，日军进犯山西辽县时，连日战斗中均施放大量毒气，并在沿途经过的水井中投放毒药。[1]

1939年3月，日军自山西夏县败退中，在沿途各村投放毒物，中国军民中毒伤亡达数千人。[2]

1940年10月，日军第36师团第222联队在山西夏店镇编成"毒药投下班"，用3头驮马载青酸、里加、升汞毒药，于"扫荡"沿途，投入水井、水池中。1941年11月，第222联队"扫荡"山西黎城黄崖洞时，其毒瓦斯队在民房、炕上、水井中、粮食内撒放糜烂性毒液、青酸、里加。[3]

---

[1] 第129师致各集团的电报，1939年1月2日，原件存中央档案馆，档案号109-7。

[2] 纪道庄、李录：《侵华日军的毒气战》，北京出版社1995年版，第213页。

[3] 郭士杰：《日军侵华暴行录》，联合书店1951年版。

第五章 日军使用毒气武器残害华北民众

1942年春天,日军"扫荡"太行区撤退时,在辽县、武乡、黎城、涉县等地大肆使用糜烂性芥子毒气,涂置在门侧、房屋、炕席、桌椅及草地等各种物具上,军民回村时,不经意间就中毒了,清漳河下游两岸及武乡东部地区遭毒害者颇众,军民中毒者达百数十人,家畜家禽也死伤一部。❶

1943年5月,日军第222联队扫荡太行时,在自山西辽县麻田到河北涉县河南店50余里的途中,向村庄、水井、水窖、水池内撒放了20多箱(每箱40袋)毒药,抗日干部20多人中毒,有3人毙命;河南店群众中毒者100多人,一个7岁小孩在街前一块大石头上坐了一会儿,由屁股遍及全身,初发红疼,后即溃烂,当晚死亡;在索堡,群众回到家里有一股甜味,掀起席子都有液体和黄色粉末,有34人中毒,杨全水、郝景福等5人中毒身亡。❷

日、伪军为了大量毒杀和平居民,还把各种毒质放在粮食、食盐等食品里和毛巾、牙刷等用品上,群众吃了、用了就会中毒。例如,平津沦陷后,日军在天津销售掺毒的面粉,市民吃后即腹泻。

据日俘供称:在山西省,日本人在纸烟里注入毒汁,吸者"其强健减半"。日本人还把大批含有毒质的饼子、糕点、糖果、茶叶、火柴等,运到强占地区抛售,以毒杀老百姓。日本人还极端残忍地强迫民众注射所谓"防疫针"、哑针等

---

❶ 第十八集团军总司令部1942年3月14日致各兵团的电报;蒋介石1942年4月9日致何应钦的电报。

❷ 郭士杰:《日军侵华暴行录》,联合书店1951年版。

毒针，驱使他们给日军当特务、做苦役。❶

日军甚至在发给沦陷区群众的"居住证"里暗放毒药，河北定兴某村一居民，做早饭时，误将"居住证"掉在锅里，一家五口食粥后，全被毒死；还有一人将"居住证"装在衣衫里，因走路出汗，"居住证"被汗水湿透，即全身发青、瘙痒，很快死去。❷

1941年6月，日军在冀中武强刘庄大量向儿童发放含毒的糖果、饼干，有30多名儿童被毒杀。❸

1942年3月上旬，日伪散发含毒的食盐，河北井陉薛家山村凡食用此盐者大部鼻孔流血，面部水肿而暴卒，死亡13人以上。❹

1943年，敌人利用汉奸向各根据地投放毒药。例如，太行根据地武安一区木作村，特务白林堂把毒药放在马铃薯中，毒死了24人；曹老玉将毒下在面粉中，毒死1人；郑圮、叶玉兰在19家的水缸中下毒。据五十岚猛口供，他于1945年7月，任日军第114师团直辖炮兵大队兵长联络员期间，由山西临汾旅团司令部领回毒药一箱，内装毒药盒约100个，并先后在翼城城内向5眼井内、在曲沃城西某村2眼井内，各投入两盒毒药，还将毒药掺入面粉做成馒头扔在去临汾的火车上。❺

---

❶ 《日军暴行论》，现代出版社1938年版。
❷ 《解放日报》1942年6月15日。
❸ 《解放日报》1941年8月16日。
❹ 《解放日报》1942年3月23日。
❺ 五十岚猛的口供，1954年9月2日，原件存中央档案馆。

日军甚至随意向无辜平民投放毒气弹。例如,1939年1月23日,日机3架在河南商城南门外投放糜烂性毒瓦斯弹10余枚,民众中毒数十人,均周身发疱,毒疱形似黄包,内有油质。❶ 1941年5月14日,日军一部对山西阳城的"维持村"苏村无端发射毒瓦斯弹,致使男女老幼500余人中毒。❷ 1942年4月23日,山西万泉日军在某村向正在洗衣的妇女投掷毒气弹,当场中毒死者4人,伤者3人。同年8月19日午前,山西灵丘古之山之敌向村边田地放射了2个恶性毒瓦斯弹,农民当场中毒而死者30余人,日军见状鼓掌大笑。同年9月16日,该敌又向村民放射毒瓦斯弹多枚,致村民25人中毒。❸

五、日军用毒气杀害了多少华北民众

读到这里,你对日军在华北地区使用毒气残杀无辜民众的残忍手段和反人类罪行一定有了深刻的了解,一定会问日军在华北究竟用毒气残杀了多少无辜民众呢?

这确实是一个应该回答也必须回答的问题,但是,这也是迄今很难准确回答的问题。

在战争年代,日本使用毒气,特别是对民众使用毒气,是绝对保守秘密的。战后在东京国际审判时,由于美国的庇

---

❶ 廖磊致重庆军委会的电报,1939年1月25日,原件存中国第二历史档案馆,档案号787,2892。
❷ 晋冀豫救济委员会:《三千万人民的血泪与仇恨》,1948年4月,原件存中央档案馆,档案号167,第254-255页。
❸ 《解放日报》1942年4月25日;《晋察冀日报》1942年9月18日。

护，日军的细菌战犯与毒气战犯均逃脱了远东国际军事法庭的审判。特别是日本政府长期以来拒绝公布有关毒气战的档案资料，一再阻挠和平人士揭露日军实施毒气战的罪恶历史。而在中国及亚洲其他地区，由于科学卫生条件的限制，战时及战后长期以来对日本毒气战的研究与揭露还很不深入、很不系统、很不全面。因此，对于侵华日军在华北地区究竟用毒气武器惨杀了多少无辜民众，迄今还无法精确统计，只能根据局部资料，作出一个大致的统计。

据笔者目前的资料，自1937年卢沟桥事变至1945年日本投降，日军在华北地区对无辜民众使用毒气武器，仅对110次的不完全统计，即致使华北无辜民众中毒伤亡17 366人以上（见表5-1）。

表5-1　日军对华北民众用毒简表

省区	用毒时间、地点	驱集	拷问	洞穴	威吓	活靶	其他	民众中毒伤亡人数
河北省	1939-5-10，廊坊铁路附近						施放毒气	60余人
	1939-9月某日，灵寿县陈庄与慈峪镇附近						施放毒气	38人
	1939-12-4，蠡县王辛庄	窒息性毒气						80余人
	1940-1-5，望都常早村	毒气筒5个						60余人
	1941-6月中旬，丰润某村		放毒气					7人
	1941-6月，石家庄北方某村					红筒15个		20人

续表

省区	用毒时间、地点	驱集	拷问	洞穴	威吓	活靶	其他	民众中毒伤亡人数
河北省	1941-6月下旬，遵化沙堡营村	催泪性毒气弹						50余人
	1941-7月中旬，玉田母庄洼地	毒气筒19个						150人
	1941-6月"冀号"作战，丰润某村	催泪性毒气						40人
	1941-6月，武强县刘庄						毒糖果	30余名儿童
	1941-7月某日，平山白龙池村			放毒				20人
	1941-8月中旬，满城						放毒	30余人
	1941-8月中旬，满城三村一带						毒气筒数十发	20余人
	1941-8月某日，固安牛驮镇附近某村					毒气实验		30人
	1941-9月某日，宛平杜家庄				毒气筒10余个			600~700人（战俘交代200余人，按600人计）
	1941-9-23，易县南北淇村						施放毒气等	数百人
	1942-2月上旬，宛平塔河村	喷嚏性毒筒1个						2人

续表

省区	用毒时间、地点	用毒方式及种类、数量						民众中毒伤亡人数
		驱集	拷问	洞穴	威吓	活靶	其他	
河北省	1942-3月下旬,井径薛家山						毒食盐	13人以上
	1942-4月中旬,遵化鲁家峪			放毒				235人
	1942-5-27,定县北疃村			放毒				800余人
	1942-5月下旬,安平某村			放催喷毒气				300人
	1942-7-24,平乡南侯伶村				放毒气筒			全村民众(按500人计)
	1942-8-11,文安叩岗	放毒气						74人
	1942-10-22,遵化东新庄						放毒	14人
	1943-7月某日,雄县某村			毒气筒				2人
	1943-7月某日,易县东娄山村					毒气试验		30人
	1943-7~8月,青龙板城亮甲台					放毒瓦斯		20余人
	1943-9-16,平乡户村	放毒气						56人
	1943-11-20,井陉老虎洞			放毒				150余人
	1943年,武安木作村						投毒	24人

第五章 日军使用毒气武器残害华北民众

续表

省区	用毒时间、地点	驱集	拷问	洞穴	威吓	活靶	其他	民众中毒伤亡人数
河北省	1944-3-11、16，涞源马家屯				放毒气筒7个			300余人
	1944-4-11，易县白岭村			放毒				50余人
	1944-5-22，满城向水、魏村						放毒	38人
	1944-8-23，肃宁后丰乐堡	放毒						70余人
	1944-10月某日，满城大固店村、段旺村			放毒				4人
	1945-5-1，定县大小近同村			放窒息性毒气				24人
	1945-6-13，易县北七村、石相村			放毒				70余人
小计	37次	5次	5次	10次	3次	3次	11次	4511人
山西省	1938-4-14，阳城城关			放毒放烟				700余人
	1938-4-15，武乡西营			放毒气				70余人
	1938-11-17，灵丘义泉岭						发射毒气弹	80户（按320人计）
	1939-3月某日，夏县大台等村庄						放毒气、毒物	数千人
	1940-2月某日，翼城仪门村						喷嚏性毒气弹8发	500余人

· 295 ·

续表

省区	用毒时间、地点	用毒方式及种类、数量						民众中毒伤亡人数
		驱集	拷问	洞穴	威吓	活靶	其他	
山西省	1940-3-13,平鲁张崖沟			放毒气				16人
	1940-5月某日,晋城坚水村						放毒气	278人
	1940-7-9,沁水西山	放毒气						80余人
	1940-8月下旬,河津上岭黄河对岸						糜烂性毒气弹800余发	100余人
	1940-9-13,襄垣西营村			放毒气				13人
	1941-2-5,崞县原平镇附近	放毒气						130余人
	1941-2-8,定襄上零山	放毒气筒						100余人
	1941-3月下旬,临汾姚家庄、李家庄一带						放毒气	100余人
	1941-5-12,平陆田滹沱村			投毒气弹				40余人
	1941-5-14,阳城苏村						放毒气	500余人
	1941-5-28,平鲁大破石村	放毒气						42人
	1941-5-28,平鲁三里庄			放毒气				42人

续表

省区	用毒时间、地点	用毒方式及种类、数量						民众中毒伤亡人数
		驱集	拷问	洞穴	威吓	活靶	其他	
山西省	1941-6-13,平鲁三百户村	喷嚏性毒气弹2枚						20余人
	1941-7-29,太谷某村	放毒气						20余人
	1941-8-6,沁源韩洪村	放毒气						186人
	1941-10月下旬,浮山南孔山煤矿			投毒气弹				200余人
	1942-4-23,万泉某村					毒气弹		7人
	1942-4-30,武城小曲里店	放毒气						106人
	1942年春,辽县、武乡、黎城、涉县						放芥子气	一百数十人
	1942-5-12,平陆上坪村			毒筒2个				40人
	1942-8-19,灵丘古之山附近	投毒气弹						30余人
	1942-9月上旬,五台白兔村			毒弹3发				40人
	1942-9-16,灵丘古之山附近					投毒气弹		25人
	1943-1-10,汾阳上古池村	放毒气						48人

续表

省区	用毒时间、地点	用毒方式及种类、数量						民众中毒伤亡人数
		驱集	拷问	洞穴	威吓	活靶	其他	
山西省	1943-5月某日，山西辽县麻田至河北涉县河南店						向水井、水池放毒	154人
	1943-11-2，阳城南乡			放毒气				10余人
	1944-3-4，柳林石家峁村						向井内投毒	39人
	1944-3-14，离石二区						大肆放毒	71人
	1944-3-26，壶关常行村			放毒气				5人
	1944-5-30，壶关玄庙村			投毒气弹				20余人
	1944-5-30，壶关常行村			红筒2个				20人
	1944-9-30，兴县蔡家庄			放毒气				26人
	1945-4月某日，壶关刘寨村			放毒气				3人
小计	38次	10次	0	14次	1次	2次	11次	9251人
山东省	1940-6-17，高唐柳子王庄						毒气弹	60余人
	1940-9月中旬，峰县朱沟						毒气弹	500人
	1941-2月某日，堂邑以西某村						毒气弹10发	200余人
	1941-3-1，惠民马颊河、徒骇河以北						施放毒气等	200余人

续表

省区	用毒时间、地点	用毒方式及种类、数量						民众中毒伤亡人数
		驱集	拷问	洞穴	威吓	活靶	其他	
山东省	1941-4-7,嘉祥李家楼						毒气筒	400余人
	1941-5月上旬,蓬莱县莱村						放毒气	12人
	1941-6-22,馆陶塔头村						放毒气等	42人
	1941-8月中旬,泰阴南关村				放毒气筒3个			200余人
	1941-8月下旬,德县车站				毒气筒13个,烟27个			150余人
	1941-8月,泰安六郎坡附近				放毒试验			8人
	1941-8月某日,堂邑某村						放毒气	300人
	1941-9月上旬,莱芜朱彪崮						放毒气	10余人
	1941-10月中旬,新泰某村						催泪性毒气	120余人
	1941-11月中旬,蒙阴县石桥附近一村庄						放毒气	11人
	1942-4-30,武城小曲里店村	放毒气						106人
	1942-5月中旬,泰安大众桥附近				瓦斯试验			1人

续表

省区	用毒时间、地点	用毒方式及种类、数量						民众中毒伤亡人数
		驱集	拷问	洞穴	威吓	活靶	其他	
山东省	1942－5月中旬，泰安车站兵营					瓦斯试验		3人
	1942－5月中旬，泰安兵营附近					瓦斯检阅演习		16人
	1942－6月中旬，临清城南公园					试验瓦斯呼吸法		1人
	1942－7月中旬，莱芜九顶山						毒气弹3发	15人
	1942－8月下旬，53旅团42大队2中队监禁室					九三式瓦斯效力		5人
	1942－11月上旬，蒙阴城南某村						红筒4个	13户（按52人计）
	1942－12－31，邹县峄山	瓦斯15筒						2人
	1943－2月上旬，临清大张官营庄						毒气弹	50人
	1943－5月某日，冠县孔村						毒气弹	30人
	1943－5~6月，冠县大金村						毒气弹	20人
	1943－7月下旬，馆陶县某村						放毒气筒50个	750余人
	1943－8月，济南张庄					演习毒气攻击		150余人
	1944－7月上旬，山东某村					瓦斯训练		50人
小计	29次	2次	0	0	1次	9次	17次	3464人

续表

省区	用毒时间、地点	用毒方式及种类、数量						民众中毒伤亡人数
		驱集	拷问	洞穴	威吓	活靶	其他	
河南省	1939-1-23，商城南门外						机投糜烂性毒气	数十人
	1940-9月下旬，开封城内东南角广场					烟内耐久教育		3人
	1944-11-28，洛阳小寨村			放毒气				7人
小计	3次	0	0	1次	0	1次	1次	60人
内蒙古自治区	1940-2-16，临河善坝至杨村						机投催泪性毒气弹40余发	20余人
	1940-2-16，临河地区						机投毒气弹20余发	10余人
	1940-2-23，临河地区						投毒气弹数百枚	数十人
小计	3次	0	0	0	0	0	3次	80人
合计	110次	17次	5次	25次	5次	15次	43次	17 366人

说明：（1）民众中毒伤亡人数，未计余数，如中毒伤亡100余人，只计100人；数十人、数百人、数千人等，计为50人、500人、5000人。
（2）原军民中毒伤亡数合计者，依具体情况，只计入军队中毒伤亡数内，或只计入民众中毒伤亡数内，以免重计

注：本表依据现有档案资料编制。

第六章 毒气武器仍遗患华北人民

第一节 毒气战遗害是日本侵华战争的遗留问题

一、华北是日军毒气战的实验场和重灾区

前面几章,从纵向方面考察了日本侵华战争实施毒气战的历史及其反人类罪行,由此我们深知华北是日本侵华战争实施毒气战的重点地区之一。但还需要从横向方面对此加以分析与概括,这样才能把握日军在华北实施毒气战的基本特点。

从纵、横两个方面来考察,日本侵华战争在华北地区实施毒气战具有什么样的基本特点呢?可以概括为六个字:"实验场"和"重灾区"。

怎样理解这六个字呢?简言之,可以概括为三句话:在时间上,从日本全面侵华战争之初的1937年7月7日开始,至日本宣布投降后的1945年10月5日止,日军在华北实施毒气作战达8年零两个多月;在地域上,日军实施毒气作战遍及华北五省(区)二市239个县区;在所致伤亡上,日军在华北实施毒气战约1000次,制造了大量毒杀惨案,给华北军民造成的中毒伤亡极其惨重。

具体来说,有以下几点:

第一,从七七事变至武汉失守,是日军在华北进行毒气

战的实验并向中国各战场推广的时期。1937年7月7日，日本帝国主义发动全面侵华战争。7月28日，日本空军在河北省宛平县（今属北京市）卢沟桥投掷了毒气炸弹。同一天，日军大本营参谋总长闲院宫载仁以临参命第65号命令，下达了在侵华日本陆军中设置毒气部队的命令。从此，拉开了日本全面侵华战争的毒气战序幕。到1937年9月，日军大本营派往华北地区参战的毒气部队已有1个野战瓦斯队本部、2个迫击炮大队、3个乙种迫击炮中队、2个迫击炮小队、2个野战化学实验部和2个野战毒气工厂，做好了侵华战争实施毒气战的准备和部署。这一时期，据不完全统计，日军在华北战场实施毒气战达170余次。如山西省曲沃作战，日军第20师团于1938年7月4~7日，向中国第二战区部队进攻，据八路军晋察冀军区第一军分区部队在河北易县大龙华战斗中所缴获日军文件，其中《日中事变中发烟攻击战例》记载，日军共发射毒气弹2197发，施放毒气筒12 600个，致使中国守军中毒甚多，被迫撤离阵地。又如第一次围攻晋察冀根据地作战，日本华北方面军5万余人，自1938年9月20日至11月7日，向五台、阜平地区围攻，据晋察冀军区第一军分区在大龙华战斗中缴获的日军绝密文件记载，日军使用毒气作战13次以上，发射毒气炮弹数百发，仅在阜平、定襄方向上即使用各种毒气筒达3236个。晋察冀军区部队中毒者有第1团大部、第3团1个营、第717团4个连。日军通过这一时期在华北地区毒气作战实验，摸清了中国军队基本没有抵抗毒气战的能力和预防措施，积累了在战场上使用毒气武器的手段与经验。

第二，在前段实验的基础上，1939年和1940年，日军

毒气战

在华北和整个中国战场上进入全面实施毒气作战的新阶段。由前段主要使用催泪性、喷嚏性等刺激性毒气，扩大为全面使用包括窒息性、糜烂性等各种毒气，还在军、师团、联队中组建了各种临时毒气队，将毒气武器大量配备给步兵大队、中队、小队乃至战士。据中国方面资料的不完全统计，此两年间，日军在华北地区使用毒气武器达400余次。如百团大战期间，自8月20日开始交通破袭战，至翌年1月24日反"扫荡"结束，历时5个多月，日军使用毒气武器达20次以上，致使八路军官兵中毒者达21 182名，其中旅级干部中毒者有陈赓、周希汉、陈锡联、范子侠、谢富治、尹先炳等8人。

第三，1941年和1942年，侵华日军在华北进入了更加残酷的实施毒气攻击的作战阶段，由主要针对部队转变为主要针对民众，由间隔使用为主转变为经常使用为主，由较小规模使用为主转变为大规模使用为主。据中国方面资料的不完全统计，1937~1940年，日军在华北使用毒气作战570次以上，八路军中毒官兵10 475名；❶ 1941和1942年，日军在华北地区进行毒气作战280余次，仅第129师在抗战第四周年即有官兵4390人中毒，比前三年官兵中毒总数还多532人。❷

第四，由于中国战局与世界战局的变化，1943年和1944年，日本华北方面军使用毒气每年减少为40余次，

---

❶《解放日报》1944年7月22日。

❷ 刘伯承、邓小平："关于一二九师抗战四周年的战斗收获损耗统计的报告"，1941年6月26日，原件存中央档案馆，档案号267-2。

第六章 毒气武器仍遗患华北人民

1945年更减少为10余次。但为挽救其命运，1944年1月29日，日军参谋总长杉山元以大陆指1822号命令，下达了"化学战准备要纲"。因此，日军使用毒气武器，虽转入低潮，但表现出更加依赖毒气武器以负隅顽抗的特点。1945年8月15日，日本宣布无条件投降，9月2日签署投降书。但是，8月23日，八路军晋绥军区第120师第17团进攻汾阳城，日军第114师团第201大队为阻止八路军攻城，向地道内连续施放毒气，致使八路军官兵67人全部中毒殉国。10月4日，八路军冀中军区部队对石家庄外围日军据点藁城发动攻击，5日拂晓，日军施放毒气，掩护其反扑，至7日上午，才解放藁城。

在华北战场上，日军使用毒气武器达1000次之多，仅据90次已查明其毒气武器种类、数量者，日军就使用催泪性、喷嚏性毒气12 921筒、毒气弹1384发以上，窒息性毒气弹（毒气筒）103发（个）以上，糜烂性毒气弹1037发及液体630公斤，未记录种类的毒气弹4292发，毒气筒21 989个；仅据132次已查明中毒伤亡人数者，即致使中国军队中毒伤亡达4.4万人以上。

第五，在华北地区，日军使用毒气武器的一个突出特点是毒杀了大量和平居民。为了对八路军和人民群众进行毒气战攻击，日军从师团到联队、大队、中队，乃至小队，不论步兵、炮兵，不仅使用抗日战俘做"活体"实验，还广泛且大量地把和平居民作为毒气战训练的"活靶"。据日军战俘加藤喜久夫、木村初雄、清水永吉、村山隼人等19人的供词，1940年9月至1944年7月，仅在河北、山西、山东、河南，他们在亲自参与的瓦斯教育训练中，就将和平居民当

毒气战

作"活靶"进行训练达18次之多。例如，1941年8月，日军一个大队在河北固安县牛驮镇受毒瓦斯教育时，30名受训下士官候补者到附近某村做瓦斯效力实验，施放了10个小红筒毒气，有30名村民中毒，呈现呕吐、眼睛红肿、流泪的惨状。1943年7月，日军第66旅团第78大队第2中队木村小队，到河北易县北山约6公里某村，拂晓时对村民进行毒气试验，逮捕约30名老百姓，用枪刺威逼到一间小庙内，施放了约10个小红筒瓦斯，老百姓中毒严重，一人两三天后死亡。❶

日军不论在其占领区、抗日根据地，还是在游击区，为摧毁中国人民的抗日意志，总是以各种借口和卑劣手段，驱集和平民众，使用毒气进行集体审讯和毒杀。1939年12月4日，河北蠡县日军200余人，将车里营、王辛庄、林堡、潘营等5村部分民众驱赶到王辛庄，把壮丁80余人关进3个房间，用窒息性毒气全部毒死。❷ 1941年7月中旬，独立守备步兵第7大队400多人，在河北省玉田东南母庄，为彻底搜查兵器，将村民150人赶到村东北路旁洼地里，命令士兵四周监视，点燃了小型绿筒1个、绿棒5个、发烟筒2个，进行大规模集体拷问。村民被置于这种悲惨的境遇里达30分钟以上，呼吸器官受到严重伤害，有半数呕吐，十几人不能走路，还有3名幼儿因被母亲的衣服包得过紧窒息而

---

❶ 关口藤治口供，1954年12月22日，原件存中央档案馆，档案号119-2-1054-1-3。

❷ 《抗敌报》1939年12月29日。

死。❶据不完全统计，日军在华北以集合开会为名，使用毒气进行集体审讯、毒杀至少达17次以上。

日军对华北各抗日根据地进行"扫荡"、"蚕食"、封锁、"围剿"时，特意向老百姓藏身的山洞、地道、地窖、矿坑中施放毒气，制造了多起骇人听闻的毒杀惨案。如前述，在河北省，1942年4月，在遵化县鲁家峪毒杀村民235人；1942年5月27日，在定县北疃村地道中一次放毒惨杀800余民众；1943年11月，在井陉县老虎洞放毒惨杀村民150多人。据不完全统计，日军仅在地道、地洞中制造的毒杀惨案即达26起以上。为了毒杀华北民众，日军还经常在抗日根据地及边缘地区，在村口、房屋、河流、水池、水井中大量投放毒质，使群众随时会遭受毒伤、毒杀，甚至把各种毒质放在粮食、食盐等食品中和毛巾、牙刷等用品上，以致群众吃了、用了就会中毒。日军甚至随意向无辜平民投放毒气弹而取乐。

自1937年"七七事变"至1945年日本投降，日军在华北地区对无辜平民使用毒气武器，据笔者手头资料，对110次的不完全统计，即造成华北平民中毒伤亡达1.7万人以上。

二、毒气战罪证迄今仍被隐瞒

华北不仅是日军实施毒气战的实验区和重灾区，而且其罪行被隐匿最久、最诡秘。日本侵略者深知，使用毒气武

---

❶ 小川政夫的笔供，1954年8月10日，原件存中央档案馆，档案号119-2-779-1-5；小川政夫的笔供，1954年8月22日，原件存中央档案馆，档案号119-2-873-1-25。

器，违反了国际公法，罪恶深重。因此，日本天皇和大本营自发动毒气战之始，就把使用毒气武器作为"绝对秘密"，三令五申"严格保密"。1938年4月21日，日本华北方面军司令官寺内寿一，向下属第1军、第2军传达了日军参谋总长闲院宫载仁4月11日下达的关于使用赤筒、赤弹并严格保密的大陆指110号命令，随即第1军、第2军制订了毒气与烟混用的计划，并规定了严格的保密措施。第1军司令官香月清司于5月3日《关于混用特种烟资材以及保守秘密的指示》中，严格地规定了隐蔽使用毒气及彻底销毁证据的具体措施。这一方面，在前边的几章中，已经作了详细的揭露，这里仅将日本华北方面军第1军当时下达的保密措施再抄录如下：

1. 将毒气资材的筒及包装箱的标记擦掉；
2. 使用过的赤筒须收集带回；
3. 教育时不使用文字资料，无关人员一律不得参加、参与；
4. 使用时，尽量全歼用毒地区之敌，不留痕迹；
5. 避开居民区和交通便利之地区；
6. 不使毒气资材落入敌方手中；
7. 不得使用当地居民之马匹车辆运输器材；
8. 针对敌方攻击我用毒之宣传，我应称只使用烟，未使用毒气。

侵华日军不仅在作战中"严格隐匿用毒事实，注意不留痕迹"，而且在1945年战败投降时，根据日军大本营的指令，彻底销毁一切罪证。在华北地区，由于美国允许日军只

第六章 毒气武器仍遗患华北人民

向蒋介石单方面受降，蒋介石甚至授命日伪军维持地方治安，日本华北方面军有充足的时间和条件，彻底毁灭了档案、文件等战争罪证，焚毁了各地毒气工厂，埋藏了所有剩下来的毒气弹、各种毒剂和防毒装备。

自 1938 年起，中国国民政府就不断地向国际社会发出呼吁，谴责日本军队使用毒气武器的犯罪行为，并督促美国政府对日本这一行为进行警告。事实上，早在日本进攻珍珠港以前，美国政府已经掌握日本军队在中国战场使用毒气武器的情报。当时，根据中国国民政府的资料，美国陆军参谋部军事情报部于 1941 年 11 月 15 日整理了《关于日本在中国使用毒气情况给总参谋长的备忘录》。同年 11 月 27 日，美国国防部远东部 R. 别昆还拟了一份文件，提出由于日本对中国使用毒气，应对日本进行抗议。但是这一文件，一直在美国国防部、国务院内的讨论中，直至珍珠港事件前还没有提出来。日美战争爆发后，1942 年 5 月 9 日，蒋介石致电外交部部长宋子文：浙赣作战时日本军队使用了毒气，1941 年 10 月在宜昌使用了芥子气。如果国际社会对其行为不进行谴责或对我国的抗议不立即给予支持的话，日本军队有可能变本加厉地大规模使用毒气。因此，"需谋求对我国抗议的舆论支持"。6 月 1 日，宋子文会见美国副国务卿威尔斯，转交了电报，并希望美国在日本继续使用毒气的情况下提出严厉的报复声明。6 月 5 日，美国总统罗斯福发表了谴责和警告日本使用毒气的声明：

美国政府已经得到了确凿的情报，证实日本军队在中国的许多地方使用了毒气（pisonous gas）和有害的气体（noxious gas）。如果日本继续对中国或其他盟国使用这一非人道的战争手段（inhuman form of warfare），我国政府将视其为对美国的战争行为，因此毫不犹豫地使用同样的手段给予最大规模的报复。我想对此是毫无疑问和明白无误的。现在正在进行报复的准备，由此产生的一切后果，应由日本方面承担。❶

然而，中国抗日战争和世界反法西斯战争胜利后，由于世界格局的变化，美国出于争霸世界与美国国家利益的需要，力图将日本变为反对苏联的桥头堡，因此在远东国际军事法庭上采取了庇护日本战犯的偏袒态度和做法。当时，联合国在远东国际军事法庭对日本战争犯罪进行审判的过程中，关于毒气战责任，美国陆军上校T.摩洛负责的调查组曾在中国各地搜集证据材料。1945年12月，摩洛来到日本后，热心追查日军细菌战与毒气战的实际状况。他在为公审进行的检察活动中，为了寻找证人和得到证据资料，于1946年3~4月，到中国进行了调查旅行。摩洛回到东京后，根据中国国民政府的正式报告，写成了《日军对中国的毒气战的说明（昭和十二年至二十二年）》，概括了日军在中国进行毒气战的情况。从摩洛的报告中，可以得到有关日军实施毒气战的统计：1937年9起，1938年105起，1939年455起，1940年259起，1941年232起，1942年76起，1943年137起，1944年38起，1945年2起。这个统计，不包括日

---

❶ 吉见义明：《日本军队的毒气战与美国——美国国家档案馆资料调查》，载《抗日战争研究》2004年第12期。

军在中国共产党领导地区进行毒气战的情况。但是，美国政府出于政治的考虑，暗中进行操纵、阻挠，幕后决定免予追究日本细菌战和毒气战的罪责，远东国际军事法庭检查局最后决定不在法庭上追究日军毒气战的罪责，美国陆军上校摩洛于1946年8月12日离开检查局而回国。事实上，毒气战问题没有在远东国际军事法庭上被提出来。❶

在这样的情况下，加之战后日本政府一直严密保守日本军队毒气作战的一切文件、档案资料，使日本军队毒气作战的真相被掩藏了半个多世纪之久。

但是"纸里包不住火"，到20世纪80年代，由于中日两国及世界一切正义人士的努力，情况发生了重大的改变。日本立教大学粟屋宪太郎、中央大学吉见义明两位教授，在美国的档案馆和图书馆及日本防卫厅研究所的图书馆里，发现、搜集到当年详细记载日本军队大量使用毒气的绝密资料，整理、编纂为《关于毒气战资料》，于1989年由不二出版社出版；几乎同时，在中国国内，中央档案馆、中国第二历史档案馆、吉林省社会科学院合编的《细菌战与毒气战》资料集由中华书局出版。从此，日本军队在中国大陆及东南亚地区进行毒气作战的真相开始被揭露出来，再也掩藏不住了。今天，揭露侵华日军的毒气战的事实，追究日本政府毒气战的责任，已经成为中、日两国人民和世界一切正义人士瞩目的一个热点。

---

❶ 谢忠厚、张瑞智、田苏苏：《日本侵略华北罪行档案6·毒气战》，河北人民出版社2005年版，第271－273页。

第二节　遗弃毒气武器还在危害华北人民

一、日军将大量毒气武器遗弃在中国

日本军队不仅在侵华战争期间，对中国军队和无辜平民大量使用毒气武器，而且在战败投降时，以隐蔽的方式将大量毒气武器遗弃在中国领土上，使中国人民继续遭受日本军队遗弃毒气武器的无穷祸患。

日本军队究竟把多少化学毒气武器运进了中国？又将多少毒气武器遗弃在中国？这个问题，至今没有具体记载，也没有精确的答案。但是，根据日本和美国的统计，侵华战争期间日本国内生产了各类化学毒剂总数量为7376吨，遗留在日本国内的化学毒剂有3647吨，而运往日本国外的3729吨化学毒剂大部分被运到中国。这样大量的化学毒剂，1945年日本战败投降时，除已用于毒气作战之外，侵华日军根据上级命令，将剩余的毒气武器和毒剂全部隐蔽地遗弃在中国领土上。

由此可见，日军在中国领土上遗弃的化学毒气弹和毒剂的数量之大，种类之多，分布之广，是世界战争史上极为罕见的。仅据中国人民在各种建设施工过程中已发现的侵华日军遗弃毒气武器的事实来看，遍布中国东北、华北、华东、华中、华南18个省（区）、70多个县（市），据不完全统计，经有关专家检验鉴定，日军遗弃的化学毒气弹约有200万发、化学毒剂100吨，主要有糜烂性芥子气、芥子气与路易氏气混合剂、二苯氰胂、苯氯乙酮、氢氰酸和光气等。实

第六章　毒气武器仍遗患华北人民

际上，还有不少日军遗弃的化学毒气弹和毒剂尚未被发现。

华北是日本军队遗弃毒气武器最多的地区之一，分布地域广、种类多、数量大、贻害严重。据已发现的情况，日军遗弃的化学毒气弹和毒剂，分布于山西、河北、河南、内蒙古等地，约有毒气弹上万发，毒剂数百公斤。

二、在山西省遗弃的毒气武器

1958年8月26日，山西省太原市兴安化工材料厂39名职工因挖掘废铁发生严重"路易氏气"中毒事件。造成中毒事件的原因是该厂工人在大炼钢铁中为更多地收集废铁炼钢，误将日军遗留的毒气弹当成普通炮弹，在回收运输过程中造成毒剂泄漏所致。

1959年9月2日，山西省太原市化学材料厂在施工时，发现了日军当年埋藏在地下的毒气炮弹，因炮弹严重锈蚀导致内部毒剂泄漏，造成作业人员80多人中毒。❶

在此前后，山西省为集中力量搜寻和处理日本军队遗弃的化学毒气弹和毒剂，在几个地区分别组织了数十人、数百人的专门作业队伍，用了近半年的时间，耗费了大量的人力、物力和财力。

据《山西晚报》2004年5月15日报道：

今日早晨7时许，太原市西峪东街晋源区义井街办办公楼工地，民工们像往常一样开始了自己一天的工作，一声闷

---

❶ 纪道庄、李录：《侵华日军的毒气战》，北京出版社1995年版，第381页。

毒气战

响后突然间浓烟滚滚,整个办公楼笼罩在一片白色烟雾中。随着一声尖利的哨音,在带班工人的带领下,工地30余名民工迅速撤出。

接警后,太原市政府、公安局鸣爆科、消防支队、环保局、卫生局和疾控中心工作人员火速赶到现场。经过有关部门近8个小时的通力合作,下午3点险情终于被初步排除。幸无人员伤亡。

此工程承建方中化二建第十分公司施工队技术负责人李林刚告诉记者,昨天施工人员从北堰拉了三车土倒置在院中,今晨他和几名工人正在院中把土往施工楼里填,突然听到"砰"的一声闷响,刚扔出去的那锹土发出了异样动静,循声望去,一个易拉罐大小的罐状物燃烧起来,并不断冒出呛人的浓烟,不到3分钟,白色烟雾便笼罩了整幢楼。情急之下,工人们铲了几锹土盖住了这个罐状物。

义井派出所7点20分接警之后,迅速组织民警到现场勘察,一面与分局联系,一面疏散附近人群,对西峪东街实施交通管制。

身穿防化服的消防人员进入施工楼中勘察,小心翼翼地铲开覆盖在罐状物上的土层,用军事毒品侦检仪检测出该不明罐状物正散发出有毒气体。因不能断定此物体的危险性,消防人员将圆柱体再次用土掩埋,迅速撤出,向领导汇报现场情况。

相关领导和爆破专家们听取汇报后,开始在现场外围紧急商量对策,确定排险方案:先派专家检测罐状物是否具有放射性,若无,即由消防人员依照适当方法将其带出;若有,则再商讨相应对策。14时30分,环保部门2名专家携带仪器和3名消防官兵再次穿上防化服深入现场，经检测，该罐无放射性，并且已无烟雾冒出。14时45分，消防队员将罐置于特定密封容器内，带出工地，交予环保部门处理。

在现场的消防部门领导一致认为，该罐状物形似炸弹，极有可能是日军当年遗留下来的毒气弹。虽然险情已被初步排除，西峪东街交通也恢复正常，但义井街办办公楼工地将被继续监测，排查还有无危险。

三、在河南省遗弃的毒气武器

据《浙江日报》2001年4月11日报道：

3月上旬，在开挖万亩龙湖施工中，淮阳县郑集乡民工在县城西平信桥北50米处的施工地域，发现有股白烟不停地冒出，并伴有强烈的辣眼刺鼻气味。县人武部有关人员立即奔赴现场，指导民工把异物挖了出来，并及时把情况上报军分区和省军区。后经专家确认，这些炮弹是日军侵华时遗弃的毒气弹和常规炮弹，共202枚，其中化学毒气弹72枚。经国际公约组织和有关方面专家确认，这些桶状物为侵华日军遗留的五个品种的化学武器。

经调查检验，日本军队曾在淮阳盘踞6年11个月零9天，除烧杀奸淫抢掠外，由于在周围地区投下了大量的炸弹和毒气弹，战败投降时隐蔽遗弃的各种化学毒气武器开始锈蚀泄漏，致使这一地带的地下水及龙湖水含有各种有害物质，威胁着人民的生命安全和身心健康，影响着经济建设正常进行。

毒气战

另一批日军遗弃毒气弹是于2004年8月在河南信阳市被发现的,共73枚。据河南省《大河报》2004年8月24日报载:

6月28日夜,在白果树住宅小区内,建筑施工人员用挖掘机挖出类似炮弹的物体,其散发的白色烟雾和强烈的刺激性气味,引起施工人员的警觉。信阳市公安部门接到报告后随即对现场进行封锁,实行严格的交通管制。信阳市政府迅速成立突发事件应急处理领导小组,济南军区、河南省军区和信阳军分区迅速派人赶到信阳,协助当地处理。

8月中旬,由外交部、总参谋部派出的专家团专程赴信阳清理回收这批可疑炮弹,总后勤部也派出专家参与作业。应中国政府要求,日本政府派出专家参与这次清理回收。专家们先后清理出73枚此类炮弹、400多枚零配件和2吨因为部分炮弹破损而遭受污染的土壤。经中日专家联合鉴定,这批炮弹被确认为侵华日军遗弃的二苯氰胂化学毒气弹(又称红弹)。

目前,这批毒气弹连同被破损毒气弹污染的2吨土壤,均已被外交部、总参谋部和总后勤部等方面派出的专家转移到安全地带进行严格看管,并等待进一步销毁处理。

据了解,发现毒气弹的地方曾做过侵华日军的重要军事训练基地。该场地经专家们严格消毒处理后,目前水土空气等各类生态指标已恢复到安全值内,对居民没有影响。

四、在河北省遗留的毒气武器

1991年5月21日,河北省石家庄市附近的藁城中学在建宿舍楼挖地基时,当挖到1米多深的时候,突然发现了表面已经生锈的52发炮弹。当时,作业人员闻到一股怪味,有的炮弹因锈蚀严重,弹头与弹身已分离,其中一枚炮弹上面还注有"大阪"两字。现场作业人员和公安人员用手把炮弹搬运到距工地150余米的仓库里去。经总参防化专家化验确认为"光气弹"。接触炮弹的许多人出现不同程度的中毒症状。这所中学2000余名师生顿时一片惊慌,不得不停工、停课。为处理毒气弹,该校直接经济损失约人民币319 000元。经调查,日本侵华战争期间曾在藁城中学地方设置军队训练所。

据记载,这次毒气弹的发现经过是这样的:❶

1991年5月,藁城中学要在学校院内新建一幢男生宿舍楼。21日下午6时许,施工人员在楼基挑槽及钎探地基时,发现在距楼基50厘米、距地面1.5米的位置传出来异样的声音。工人再向下挖,一个个带着锈迹的"铁家伙"露出了地面,直径有10厘米,长度36~37厘米,足足有四五十枚之多,其间还"出土"了十来个小炸药包。

工人们以为是炮弹,向工地负责人作了汇报。负责工作的校总务处主任刘光耀在这些"铁家伙"的外体上看到了"大阪制造"及"昭和天皇"等字样。于是,马上向藁城市

---

❶ "河北石家庄毒气弹的旧闻新说 毒气曾伤过人",载《燕赵都市报》2003年9月5日。

公安局、武装部进行了报告。相关人员来到学校后，马上控制现场，将这些"不明身份物体"安置在学校的旧库房里，派专人昼夜值守，以防流失，发生意外。

据黄成才回忆说，"炮弹"存放在学校旧车库里约1个月后，因与空气接触，从炮体内流出一些淡黄色的液体，六七名当时曾进入车库的人，皮肤出现瘙痒症状。

后经我国外交部与日本有关方面联系，日本外务省及处置国外遗留问题专家组曾先后两次派专人来到藁城中学调查情况。经仔细鉴定得出结论：此系日本遗弃的化学武器。

据一位年长者介绍，藁城中学所在地原是日军侵华时的一个军械所。日本投降后，可能是为了销毁证据，将这些毒气弹埋了起来。

在藁城中学发现毒气弹后，当时日本朝日新闻社驻北京记者就此发了长篇报道。

据藁城中学档案室介绍说，一名藁城籍留日学生曾将当年朝日新闻社关于此事件的报道翻译了过来。

事件发生后，藁城中学曾于当年7月向中国外交部亚洲司递交了一份《河北藁城中学关于处理日本遗留光气弹善后事宜的请求》。其中记载：1991年5月21日，学校（指藁城中学）建宿舍楼挖地基时挖出炮弹52枚，经总参防化专家化验确认为"光气弹"……从挖掘、搬运、储藏到运走的一个月中共有90多人直接接触"光气弹"，因有一枚毒气溢漏，90多人均有中毒症状，其中6人症状较重……另有6个教室与储存"光气弹"的房子相距20多米，300多名学生出现不同程度症状……为处理毒气弹我校经济损失约人民币271 000元。

第六章 毒气武器仍遗患华北人民

1993年3月初,日本朝日新闻社派出记者五十川伦义来到藁城中学,就毒气弹一事进行采访,并发表了几篇报道。其中一篇题目为《中国被害的情况关系者的证言》,文中称:"……残留在中国的旧日本军的化学武器,对其处理成了两国的悬案。关于旧日本军的化学武器,中国方面申诉了特别危险的河北省(藁城)高中的情况,由于现场关系者的证言明确,还有从关系者那里发出的要求赔偿的呼声,(此事件)首先践踏了一月份日中两国签订的禁止使用化学武器的签字仪式。中国方面希望看到早期解决的积极姿态,日本政府(将)被迫作出新的反应。"

在另一篇题为《中国方面要求解决的姿态》的文章里,五十川伦义写道:2月中旬,陈英华校长接受了《朝日新闻》记者的采访,据陈校长说,……共52枚……炮弹呈并列状,有的弹头和弹体分开。在(其中)一枚的表面有

图6-1　1991年在建这栋楼时挖出52枚毒气弹

毒气战

"大阪"的字样。建筑工人和有关公安人员百十来人，将炮弹徒手搬运到不足 500 米远的仓库，从其中的一（枚）里漏出了液体，搬运后多数人申诉有头痛、呕吐等症状。

学校职员武庆玉说："手被割破了，开始两三天只是手的皮肤痛，以后变得呼吸难受，十几天才好转。"学校职员牛坪方说："挖出来的时候，只感觉到什么香味，第二天就头痛，一直持续了五六天。"

因为校址在战争中是日本军的训练所，就与日本大使馆联系，6 月 21 日，使馆人员和 4 名专家来进行调查……那以后，日本方面就没了音信，那些炮弹是由解放军运走的。

这篇新闻发表在 1993 年 3 月 2 日的头条位置上。文章竖排，在版面的左侧，还配发了一张图片，图片上是排列成两行的毒气弹，看上去触目惊心。

1994 年 4 月，藁城中学又向上级部门递交了《河北藁城中学关于处理日军遗留毒气弹造成经济损失情况的报告》。在报告中提出，学校各项直接经济损失达人民币 319 000 元。

2003 年 9 月 10 日，原藁城中学参与发掘、搬运、储存这批毒气弹的几位见证人，一起回忆了当时的具体情况。❶

原藁城中学校长黄成才（已退休）回忆了当时发掘、搬运毒气弹及工人、学生的受害情况，他说：

1991 年 5 月 21 日，藁城中学因盖学生宿舍楼挖出 52 枚毒气弹后，我和其他人员一起将它们搬进了学校的库房。当

---

❶ "石家庄日军遗留毒气事件追踪：寻访见证人"，载《河北日报》2003 年 12 月 17 日。

第六章 毒气武器仍遗患华北人民

时大概有六七名人员曾进入过该库房,这些人都出现了头晕、恶心、呕吐等症状。在搬运过程中,其中一枚曾流出黄色液体,我的左手不小心沾了些,随后就红肿起来,有灼痛感,还出现了脱皮现象,大概持续了8个月才见好。因为当时不知道挖出的是毒气弹,也就没太在意,只是到医院里做了个简单的心电图检查,没发现什么大的问题就回来了。

那时在校的是第二届初中班,因为同学们太小,很好奇,初二、初三年级的部分学生也参与了抬运毒气弹。

藁城中学档案管理人员江小虎(原藁城中学办公室干事)回忆了自己及部分民工当时中毒受伤的情况,他说:

当时挖出毒气弹后,我也抬运了,右手上沾了点儿流出的液体。闻到那种气味后,呼吸道会受刺激,有胸闷的感觉,有症状,但不明显。开始大家都以为是普通的炮弹,没把这些当回事儿,也没到医院里检查。

刚发现时,有五六个在现场施工的民工接触到了毒气弹。给学校盖宿舍楼的施工队的包工头叫鲍黑蛋,他是城内东街村人,现在身体行动不太方便了。我记得当时好像有两个初中生也参加搬运了,但当时接触过毒气弹的具体人员的名单没有列出来。说起索赔的事,我个人觉得,按理说应该赔吧,可症状都没了,恐怕不太好说吧。

原藁城中学保卫科干事武庆玉回忆了当时搬运毒气弹及自己双手中毒受伤的情况,他说:

毒气战

当时都没觉得是日本的毒气弹,发现后就停止了施工,向公安、武装部门报告了。从挖出地向学校的库房搬运时,约有200米那么远。当时看到从弹体流出液体,觉得是油儿,没太在意。我的左右手因为接触了这些液体,后来脱过皮儿,可当时并不知道是什么原因。印象里当年挖出毒气弹时,里边还散发出一种异味,可几天后就过去了,没有造成太大的影响,没去医院。

藁城市司法局工作人员牛坪方(原藁城中学保卫科干事)回忆了当时对这批毒气弹的搬运处理情况及要求赔偿的情况,他说:

这事儿日本人当然得赔偿呀!学校当时向上打了报告,大致意思是,提供埋藏毒气弹的图纸,或者给予勘探,得让人心里清楚(哪儿有)吧。对于这些接触过、有反应的人,(学校还要求)给予体检、治疗,可最后一条也没落实。

当时我在保卫科,宿舍楼停了1个月的工,保卫科只有2个人,昼夜在现场监控,后来等上级部门指示后才把这些毒气弹搬运走,我还去护送了。当时把这些毒气弹搬离学校时,所有搬运人员都穿戴上了防毒面具、防护服。

那时我也搬运了,有过头晕、嗓子疼的情况,去医院检查了一下,过一阵后就没事儿了。

在藁城中学发现日军遗留毒气弹后,经过中日两国政府交涉,日本政府于2003年8月25日宣布,将于9月6~19日派遣40名政府工作人员前往石家庄,对侵华日军遗弃在藁城的化学武器进行挖掘和回收。中日双方这次挖掘和回收日军遗留毒气弹在石家庄市鹿泉市白鹿泉乡某专用仓库进行。这次作业到 9 月 22 日结束。但是，这次也只是对毒气弹进行挖掘和封存后运到安全地点由专人看管。

为什么还是不能彻底销毁这 52 枚毒气弹呢？

据当时一位工作人员介绍，防化专家化验后分析，由于这 52 枚毒气弹并不是纯粹的光气弹，其光子成分里也含有芥子气和路易氏剂的混合气体，这些混合气体里有一种称为砷的化学物质，也就是通常所称的"砒霜"，还没有办法对其中和，所以，即使销毁这些毒气弹，还是会给当地的环境带来污染。后来中方通过外交途径要求日方尽快解决毒气弹遗留问题。❶

五、日本政府应负起销毁遗弃毒气武器的国际责任

在中国领土上隐蔽遗弃的化学毒气弹和毒剂，日本方面从未提供过有关资料，历经半个多世纪，这些毒气弹和毒剂大都早已锈蚀、渗漏，严重危害着中国人民的生命和财产安全，影响正常的社会生活秩序，严重污染生态环境，妨碍经济建设。中国人民对此理所当然地表示强烈愤慨，强烈要求日本政府妥善处理遗弃毒气武器，对因此造成的人民生命财产损失作出道歉和赔偿。

中国政府历来重视日本遗弃化学武器问题。中华人民共和国成立初期，中国国内发生过多次日本遗弃化学武器伤人

---

❶ "石家庄日军遗弃毒气弹目前无法彻底销毁"，载《北京青年报》2003 年 9 月 13 日。

❦ 毒气战 ❦

事件，中国政府曾力所能及地销毁了少量日本遗弃化学武器。但由于受当时条件所限，对发现的不少日本遗弃化学武器不得不暂做掩埋处理，待有条件时再做销毁，尽可能避免再给中国人民造成伤害。为解决日本遗弃化学武器问题，中国政府付出了艰苦的外交努力。在《禁止化学武器公约》的谈判中，中国政府坚持未来的公约中应该包括"解决遗留化学武器问题"的条款。1992年11月30日，第47届联合国大会通过了《关于禁止发展、生产、储存和使用化学武器及销毁此种武器的公约》。其中第一条第三款规定："每一缔约国承诺按照本公约的规定销毁其遗留在另一缔约国领土上的所有化学武器。"中、日两国是该国际公约的签字国。中、日两国政府于1999年7月正式签署《关于销毁中国境内日本遗弃化学武器的备忘录》，日本政府在"备忘录"中表示铭记中日联合声明和中日和平友好条约的原则和精神，承诺2007年前销毁其遗弃在中国领土上的所有化学武器。

　　但是，迄今日本政府并没有完全销毁其遗弃在中国领土上的所有化学武器。日本法庭在审理中国毒气战受害人诉讼案中，一直使用半个多世纪前日本天皇的法律，虽然不得不承认毒气战事实，但自相矛盾地宣判中国诉讼团败诉，拒绝进行赔偿。

　　日本政府能否兑现其承诺，妥善解决这一历史遗留问题，中国人民和世界一切正义人士正拭目以待！

参考文献

[1] 俞辛焞. 侵华战争时期日军的化学毒气战 [J]. 日本研究, 1985 (3).

[2] 闵大洪. 日本侵略者在侵华战争中使用毒气的一些情况 [J]. 历史教学, 1985 (6).

[3] 宋志勇. 日本军国主义研制与使用化学毒气的真相 [J]. 历史教学, 1987 (6).

[4] 李力. 关于日军大举进攻武汉期间实行的毒气战 [J]. 社会科学战线, 1992 (2).

[5] 闻慧斌. 侵华日军使用毒气弹 [J]. 民国春秋, 1995 (1).

[6] 赵延庆. 日军在山东的细菌战和毒气战 [J]. 军事历史, 1995 (6).

[7] 步平, 辛培林. 化学战 [M]. 哈尔滨: 黑龙江人民出版社, 1997.

[8] 李恩涵. 本世纪30年代前后日本对华北的毒化政策 [J]. 近代史研究, 1997 (4).

[9] 步平, 高晓燕. 阳光下的罪恶——侵华日军毒气战实录 [M]. 哈尔滨: 黑龙江人民出版社, 1999.

[10] 高晓燕. 日军在山西的毒气战 [J]. 文史月刊, 2002 (5).

[11] 张海泉. 太阳旗下的毒魔: 侵华日军毒气战真相 [M]. 北京: 解放军出版社, 2003.

[12] 吉见义明. 日本军队的毒气战与美国——美国国家档案馆资料调查 [J]. 步平, 译. 抗日战争研究, 2004 (1).

[13] 高士华. 日军山西毒气战研究的新进展——评粟屋宪太郎的《中国山西省的日军毒气战》[J]. 抗日战争研究, 2004 (2).

[14] 步平, 高晓燕, 笪志刚. 日本侵华战争时期的化学战 [M]. 北京: 社会科学文献出版社, 2004.

[15] 谢忠厚, 张瑞智, 田苏苏. 日本侵略华北罪行档案6·毒气战

［M］．石家庄：河北人民出版社，2005．

［16］谢忠厚．日本侵略华北罪行史稿［M］．北京：社会科学文献出版社，2005．

［17］谢忠厚．毒气武器遗患华北人民［J］．档案天地，2005（3）．

［18］纪学仁．侵华日军毒气战事例集：日军用毒1800例［M］．北京：社会科学文献出版社，2008．

［19］李东朗．简论裕仁天皇在日本化学毒气战中的责任［J］．民国档案，2009（1）．

［20］谢忠厚．日军对华北抗日部队实施毒气战史述［J］．抗战史料研究，2014（1）．

［21］高晓燕．侵华日军进行化学战铁证如山［N］．中国社会科学报，2015－03－16．

［22］粟屋宪太郎．中国山西省的日军毒气战［M］．东京：株式会社大月书店，2002．

［23］常石敬一．化学兵器犯罪［M］．东京：讲谈社，2003．

后 记

这本《毒气战》，作为《日本侵略华北反人类罪行丛书》系列之一，得到了知识产权出版社的大力支持，最终得以顺利出版，在此深表谢意。

1998年，河北省社会科学院晋察冀抗日根据地史研究中心的"日军在华北的罪行研究"被中日历史研究中心列为资助项目。我们迅即搁下正在进行的《河北抗战史丛书》及《晋察冀解放区史》的写作，而集中全力投入此项研究。

在中央档案馆和中国第二历史档案馆的鼎力合作之下，经过几年共同努力，在2005年纪念抗日战争胜利60周年之际，中央档案馆、中国第二历史档案馆、河北省社会科学院合编，谢忠厚、张瑞智、田苏苏总主编的《日本侵略华北罪行档案》10卷本由河北人民出版社出版。同时，笔者主编，田苏苏、何天义副主编的《日本侵略华北罪行史稿》一书，由社会科学文献出版社出版。这些工作为撰写这本《毒气战》，打下了较好的史料基础与研究基础。

2013年，知识产权出版社王润贵副总编一行与河北省社会科学院"日本侵略华北罪行研究"课题组，共同约定撰写出版一套《日本侵略华北反人类罪行丛书》。对于我来说，撰写一本面向大众的关于毒气战的通俗性著作是第一次，这无疑也是一个考验。为此，我主要依据中国档案史料，吸纳了《细菌战与毒气战》《侵华日军的毒气战》《化学战》《日本侵华战争时期的化学战》《中国事变中化学战例证集》等

· 327 ·

毒气战

中外专家、学者的研究成果及部分同事的建议,还试着撰写了《抗战期间华北敌灾情况的调研报告》《毒气武器遗患华北人民》《日军对华北抗日部队实施毒气战史述》等史料性文章。

在这本《毒气战》即将问世之际,特向多年来一直给予支持和帮助的中央档案馆、中国第二历史档案馆、河北省档案馆等图书档案单位,向中共中央党史研究室与河北省党史研究室等各有关国家和省市区党史部门,向郭成周、纪道庄、步平、辛培林、高晓燕、笪志刚等中国专家、学者与吉见义明等日本专家、学者,向曾先后参与有关工作的张瑞智、田苏苏、李翠艳、阎书钦、申玉山、何天义、孔繁龄、谢嘉等专家、学者,表示最衷心的感谢。

由于本书成稿时一些史料缺漏、不足,有的数据或表述可能有瑕疵或不妥之处,希望同行和专家,特别是知情者,给予批评与指正,以便再版时有机会加以补正。

谢忠厚

2020 年 4 月 25 日

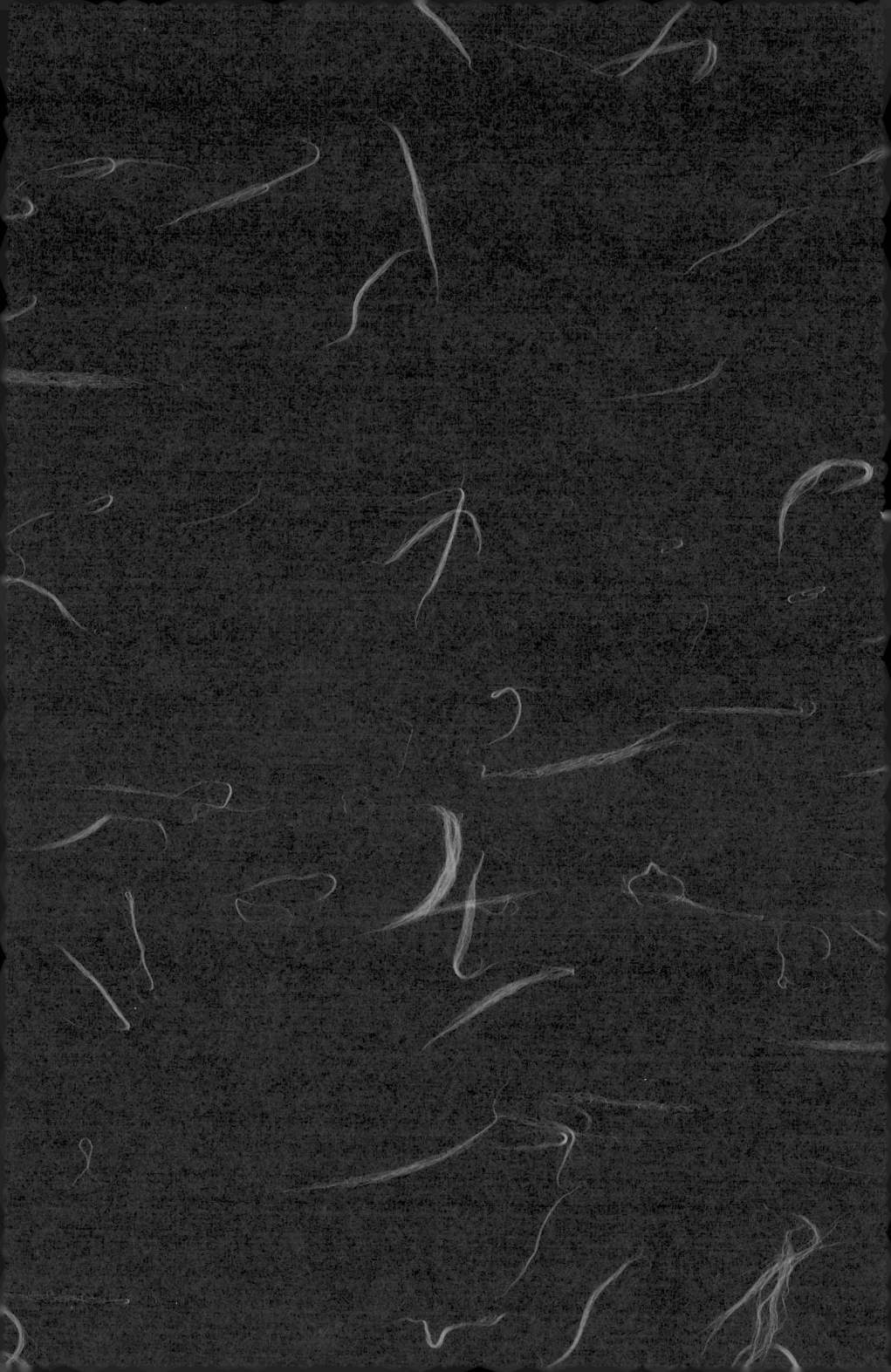